또래 괴롭힘과 주변인 행동의 이해

또래 괴롭힘과 주변인 행동의 이해

발행일   2016년 5월 27일

지은이   안 효 영
펴낸이   손 형 국
펴낸곳   (주)북랩
편집인   선일영   편집   김향인, 서대종, 권유선, 김예지, 김송이
디자인   이현수, 신혜림, 윤미리내, 임혜수   제작   박기성, 황동현, 구성우
마케팅   김회란, 박진관, 김아름
출판등록 2004. 12. 1(제2012-000051호)
주소   서울시 금천구 가산디지털 1로 168, 우림라이온스밸리 B동 B113, 114호
홈페이지   www.book.co.kr
전화번호 (02)2026-5777   팩스   (02)2026-5747

ISBN   979-11-5987-053-8 03370(종이책)   979-11-5987-054-5 05370(전자책)

이 도서의 국립중앙도서관 출판예정도서목록(CIP)은 서지정보유통지원시스템 홈페이지(http://seoji.nl.go.kr)와
국가자료공동목록시스템(http://www.nl.go.kr/kolisnet)에서 이용하실 수 있습니다.
(CIP제어번호 : CIP2016012357)

성공한 사람들은 예외없이 기개가 남다르다고 합니다.
어려움에도 꺾이지 않았던 당신의 의기를 책에 담아보지 않으시렵니까?
책으로 펴내고 싶은 원고를 메일(book@book.co.kr)로 보내주세요.
성공출판의 파트너 북랩이 함께하겠습니다.

또래 괴롭힘과
주변인 행동의 이해

실제 사례를 통해 본 학교 폭력의 실태와 해결방법

안효영 지음

북랩 book Lab

차례

▼

▼

제1장

또래 괴롭힘에서
주변인의 중요성

또래 괴롭힘에서 주변인의 중요성

　오늘날 한국의 청소년들은 친구들과의 우정 어린 인간관계보다는 경쟁에 내몰리고 있는 것이 현실이다. 상위 학교로의 진학과 공부의 소용돌이 속에 있는 청소년들에게 남에게 관심을 가지거나 이웃을 돌아보는 시간을 내는 것은 사치로 여겨진다. 다양한 것을 경험하고 사회적 관계를 배워야 할 청소년 시기가 스트레스로 채워지고 있다.

　근래 청소년 시기에 나타나는 또래 괴롭힘이 사회적 문제가 되고 있다. 또래 괴롭힘은 사소한 것부터 피해자의 신체적, 정신적 안전 자체를 위협할 정도의 폭력 행동까지 그 스펙트럼이 넓다. 가해 학생과 피해 학생 사이의 힘의 불균형이 지속되기 때문에 또래 괴롭힘은 쉽게 근절되지 않는다. 또한, 이것은 장·단기적으로 학생의 정신적, 신체적 발달에 부정적인 영향을 준다(Cosma & Baban, 2013).

또래 괴롭힘은 우리나라뿐만 아니라 세계적으로도 중요한 이슈 중 하나다(Adeoye, 2013; Chen & Cheng, 2013). Cooper와 Nickerson(2013) 이 미국 동북부의 공립학교 학부모를 조사한 결과 그들 중 90%가 학창시절 또래 괴롭힘의 당사자였거나 목격한 경험이 있다고 하였다. 그중 소수는 본인이 가해자였다고 응답하였으나, 대부분의 학부모는 피해자이거나 주변인이었다고 응답하였다. 이를 보면 서구 사회에서도 또래 괴롭힘이 지속적으로 이어져 왔음을 알 수 있다.

또래 괴롭힘에 관한 학문적 논의는 1970년대 북유럽에서 시작해서 다른 나라로 확산되었다. 한국에서는 또래 괴롭힘에 대한 연구가 거의 이루어지지 않다가 1990년대에 사회적 이슈가 되면서 본격적으로 학문적인 논의가 시작되었다. 1990년대 중반, 일진회 등 교내 폭력 사건이 사회적으로 공론화되면서 또래 괴롭힘에 대한 관심이 고조되었다(김종구, 박지현, 2014; 하정희, 전미이, 손재환, 2011). 2011년 12월 대구에서 발생한 또래 괴롭힘이 청소년의 자살로 이어진 사건을 계기로 사회적 관심이 고조되었다(류준혁, 2013; 정재준, 2012).

또래 괴롭힘 연구의 초기에는 주로 가해자와 피해자의 문제로 접근했다. 그러다가 가해자와 피해자의 주위에 있는 학생들에게 관심을 가지면서 주변인에 대한 연구가 시작됐다. Craig, Pepler와 Atlas(2000)는 '또래 괴롭힘은 일대일의 상황에서는 거의 일어나지 않으며, 일어났을 경우 그 상황을 지켜보는 주변인이 약 85% 이상 존재한다'고 하였다.

학자들은 또래 괴롭힘 상황에 가해자와 피해자 외에 다수의 학생들이 있다는 점과 또래 괴롭힘이 집단에 의해 발생한다는 것에 주목하게 되었다. 또래 괴롭힘은 가해자와 피해자 개인의 특성은 물론이고 주변인까지 관련되어 나타나는 사회적인 현상이기 때문이다. 또래 괴롭힘은 가해자와 피해자의 양자 관계보다는 주변인이 존재하는 집단적인 역동으로 나타나는 전체적인 과정으로 파악해야 한다(신지은, 심은정, 2013; 심희옥, 2008; Salmivalli 외, 1996).

또래 괴롭힘이 발생한 집단의 성격 또는 환경을 파악하는 것이 중요하다. 또래 괴롭힘 사건에는 개인의 특징과 사회적 요인이 혼합되어 있으므로, 또래 괴롭힘의 원인 진단과 해결에는 종합적인 접근이 필요하다.

주변인은 또래 괴롭힘 상황을 목격한 후 다양한 행동 반응을 보이는 사람으로 정의된다(이규미 외, 2014: 71). 주변인은 가해자의 행동을 지지하기도 하고 피해자를 도와서 괴롭힘을 증가시킬 수도 있고 중단시킬 수도 있다(한하나, 2014). 괴롭힘을 강화하고 동조하거나 방관하는 것은 괴롭힘을 부추기는 것인 반면에, 방어 행동을 하거나 어른에게 말하는 것은 괴롭힘을 단념시킬 수 있다(Barhight, Hubbard & Hyde, 2013).

Dunn(2009)에 따르면, 괴롭힘 사건은 또래에 의해 목격되지만, 대부분 멈추게 하는 행동을 취하지 않기 때문에 폭력이 암묵적으로 허용된다고 한다. 이 때문에 가해자와 피해자에 대한 관심 이상으로 주변인에 대해 관심을 가져야 한다(김지은, 2012). 따라서 또래 괴롭힘을 실질적으로 감소시키기 위해서는 개입을 통한 해결자 역할을 할 수 있는 주변인의 행동을 알아볼 필요가 있다.

또래 괴롭힘 상황에 있는 주변인이 취한 행동과 행동의 맥락은 다양하게 나타난다. 이러한 주변인의 행동에 영향을 미치는 요인은 여러 가지다. 주변인의 행동은 공감, 귀인, 성별, 연령 같은 개인 특성(권혜선, 2013; 김혜리, 2013; 오인수, 2010; 이상미, 유형근, 손현동, 2008; 임재연, 2013)에 영향을 받기도 하지만, 여러 요인에 영향을 받는다. 개인 특성, 가족환경, 학교환경(김경아, 2011; 김연화, 한세영, 2011; 류경희, 2006; 배미희, 2014; 신나민, 2012; 오환희, 2011; 유계숙, 이승출, 이혜미, 2013)에 영향을 받기도 한다. 또한 개인 특성, 가족환경, 도덕성(김지미, 2013)이나, 개인 특성, 학교환경, 도덕성(김지은, 2012; 백지현, 2010; 서미정, 2006) 등 복합적으로 영향을 받는다.

주변인은 또래 괴롭힘 상황에서 한 가지 역할만 하는 것은 아니다. Rock과 Baird(2011)는 미국 초등학생 대상 연구에서 괴롭힘 상황에 있는 주변인은 나이, 성, 괴롭힘에 맞닥뜨리는 유형에 따라 다르게 행동한다고 했다. 즉 주변인의 역할이나 행동은 고정된 것이 아니라는 것이다(이종원 외, 2014). 어떤 때는 방어자의 역할을, 다른 상황에서는 방관자의 역할을 하기도 한다.

주변인의 행위는 사회적 상호작용으로 나타난다. 또래 괴롭힘을 목격했을 때 주변인의 행동은 주위에 있는 사람에 의해 강화되기도 하고 축소되기도 한다. 서미정(2008)은 또래 괴롭힘이 집단에서 일어난다는 점에서 학교 또는 학급 내의 사회적 맥락을 살펴볼 필요가 있다고 했다. 이 글에서는 또래 괴롭힘을 목격한 주변인이 취한 행동의 의미를 상황 맥락적으로 파악해 보고자 한다. 상황 맥락적 관점은 주변인 행동의 유기적 과정을 이해하는 데 도움을 줄 수 있을 것이다.

또래 괴롭힘 상황에서 주변인의 바람직한 행동은 방어자 역할을 하는 것이다. 학교 당국은 주변인이 가해자의 가해행위를 막는 방어 행동을 할 수 있는 환경을 조성해 줄 필요가 있다. 또한, 또래 괴롭힘을 방지하기 위해서는 학생들을 교육하는 교사의 역할이 중요하다(문영희, 2013). 교사는 학생들에게 많은 영향을 미치기 때문에 교사의 또래 괴롭힘에 대한 태도와 노력은 이 문제 해결에 중요한 요건이 된다(손경원, 2008).

이 책에서는 또래 괴롭힘 상황에 있는 주변인의 경험과 행동의 맥락을 파악함으로써, 또래 괴롭힘 연구자, 학생들을 지도하는 교사, 청소년 자녀를 둔 학부모에게 많은 도움이 될 것으로 기대한다.

제2장

주변인 행동의
이해를 위한 배경

주변인 행동의 이해를 위한 배경

1. 청소년기와 또래 괴롭힘

아동은 유치원 또는 초등학교에 입학하게 되면서 또래와 접하게 된다. 이전까지는 가정이 생활의 중심이었던 아동에게 학교라는 새로운 사회가 생기는 것이다. 그리고 성인보다 또래 아동들과 더 많은 시간을 보내기 시작한다. 또래란 비슷한 연령이나 성숙도를 가진 아동 혹은 청소년을 말한다(박경애, 김혜원, 주영아, 2010). 또래집단은 빈번히 상호작용하는 아동들과 자신 혹은 남들에 의해 비슷한 정체성을 갖고 있다고 여겨지는 아동들로 구성된다.

학동기의 아동들은 또래의 생각이나 행동에 동조하고자 하는 욕구가 커서 또래의 행동기준이 사회적 압력으로 작용한다. 또래와의 접촉이 증가하면서 또래에 대한 동조성도 극대화된다. 동조성이란 집단 내부의 압력에 대해 개인이 이에 일치하려는 경향을 의미한다 (박경애 외, 2010: 127). 청소년기의 또래집단은 응집력이 강한 것이 특징이다(조복희, 1999). 그들은 또래집단에 있는 친구들과 강하게 동일시하며 그들 집단이 하는 것을 모두 따라 하려는 경향이 있다(Papalia & Olds, 1989; 이영외 역, 1991: 22, 588). 특히 우리나라 청소년들의 경우 '우리'라는 집단 속에서 조화를 이루며 생각하고 생활하도록 양육되고 사회화되어 왔기 때문에, 또래와의 집단 정체감을 형성하는 초등학교 고학년이나 중학교 시기에 집단주의가 심각하게 나타난다(강차연 외, 2010: 239).

아동이 신장과 체격이 발달하고 1, 2차 성징의 생물학적 변화가 나타나는 사춘기에 접어들면 청소년기가 시작되었다고 볼 수 있다. 사춘기는 일반적으로 11~12세경에 시작하는데, 여자의 경우 10세부터, 남자의 경우 12세부터 사춘기 징후가 나타난다. 이때부터 성인이 되기 전인 19세까지를 청소년기라고 말할 수 있다(한상철, 2009).

청소년은 자신의 욕구를 충족시키기 위해 부모보다는 친구들에게 더 의존하며, 또래를 통해 자신의 가치를 확인한다(강차연 외, 2010: 264). 따라서 청소년기의 문제해결에는 또래들의 도움이 가장 효과적이고, 교사나 부모의 도움은 그리 큰 것으로 생각되지 않고 있다(백지숙 외, 2009).

청소년은 환경과 그 속에 있는 사람들에게 영향을 받기도 하고 반대로 다른 사람과 환경에 영향을 미치기도 한다. 청소년 시기는 대인관계 영역과 생활 영역의 확대로 적응해야 할 복잡한 문제에 당면하게 되고 그에 따른 다양한 정서를 경험하게 된다(박경애 외, 2010). 청소년기를 흔히 '질풍노도의 시기' 또는 '감정의 격변기'라고 한다. 청소년 초기의 정서는 일관성이 없고 불안정하며, 정서의 기복이 아동기에 비해 비교적 넓고 격렬하다.

청소년은 신체적, 생리적 변화로 인해 불안을 겪게 되고 이로 인해 공격 행동과 자기 과시적 행동을 하게 된다. 정신분석학자들은 청소년 시기에 강한 원욕과 자아의 대결 과정에서 본능적으로 불안이 발생하고 감정의 급격한 변화가 생긴다고 설명한다(박아청, 2008: 321; 한상철, 2009). 청소년들은 정체성의 위기 속에서 적대감, 반항을 나타내기에 폭력은 이들이 도움을 요청하는 하나의 울부짖음으로 보아야 한다(박아청, 2008: 322). 청소년의 정서표현이 내면화되는 경우에는 우울함, 분노, 비행의 형태로 나타나기도 한다(박경애 외, 2010).

청소년기는 자아의식이 높아지면서 독선적이고 우월을 과시하며 현실을 부정하는 경향도 보인다. 그러므로 청소년들은 사건에 대해 충동적 반응을 억제할 수 있도록 충분한 자기통제력을 배워야 한다(Daniel & Wassell, 2002; 강문희외 역, 2008). 특히 또래관계의 어려움을 호소하는 청소년들은 본인의 노력이 가장 중요한데도 해결 의지와 노력이 부족한 경우가 많다. 나약한 성격을 바꾸도록 힘쓰고 자기 생각을 솔직히 말할 수 있는 것이 필요하다(백지숙 외, 2009). 대부분의 청소년들은 이러한 문제를 자발적으로 해결하지만, 일부는 부적응

행동을 일으키며 이는 또래 괴롭힘과 연관되어 나타나기도 한다.

괴롭힘의 역사적 근원을 거슬러 올라가 보면, 괴롭힘은 인류 역사의 시초부터 존재해 왔다. 인류 시초의 힘에 의한 약자의 착취는 성서에 있는 가인과 아벨[1]로 거슬러 올라간다(Lay, 2010). 채효정(2013)은 폭력의 역사를 기술하면서, 사회가 문명화되면서 폭력의 양상도 변해 왔다고 했다. 폭력의 형태는 신체에 대한 공격, 물리적 힘을 사용한 신체적 충돌, 주먹질과 발길질 같은 가시성을 특징으로 했다. 그러다가 사회가 문명화되면서 외현적 폭력에서 내현적 폭력으로, 신체적인 것에서 언어적인 것으로, 직접적인 괴롭힘에서 간접적인 괴롭힘으로 변화했다. 즉 사회가 문명화되면서 따돌림 같은 관계적 괴롭힘이 빈번해지게 되었다.

또래 괴롭힘에 관한 학문적 논의는 1970년대 북유럽에서 최초로 시작되었고, 이후 유럽과 호주, 북미에서 연구되었다. 1980년대 일본에서는 '이지메'가 관심의 초점이 되었고 1990년대 한국에서는 '왕따'가 사회적 문제가 되었다(채효정, 2013). 2000년 이후에는 고등학교 수준에서 주로 발생하던 또래 괴롭힘이 중학교와 초등학교로 확산되었다. 성별도 남학생에서 여학생으로 확산되었다(하정희 외, 2011).

---

1) 성경의 창세기 4장 1절~17절에 따르면, 아담과 하와의 자식으로 가인과 아벨이 있었다. 가인과 아벨이 하나님 앞에 제사를 드렸는데, 하나님은 아벨의 제사는 받으셨으나 가인의 제사를 받지 않으셨다. 그 때문에 가인이 화가 나서 아벨을 죽이는 사건이 발생한다.

또래 괴롭힘의 경우 남학생은 물리적인 폭력을, 여학생은 안 좋은 소문을 낸다든지, 따돌리는 행동을 하는 등의 관계 지향적 성향이 두드러진다(최지영, 허유성, 2008). 여학생이 좀 더 미묘한 방식으로 괴롭힘 행동에 관여한다고 볼 수 있다.

국내 또래 괴롭힘 연구자들은 영어의 bullying을 우리말로 다양하게 사용하고 있다. 학교폭력(엄명용, 송민경, 2011; 이지연, 조아미, 2012), 괴롭힘(오인수 2010; 최지영 외, 2008), 또래 괴롭힘(서미정, 2008; 이승연, 송경희, 2012), 집단 따돌림(이상미 외, 2008; 이신애, 김희정, 2013; 이희경, 2003), 집단 괴롭힘(김혜원, 임광규, 임동훈, 2013), 학교 괴롭힘(이종원 외, 2014)으로 쓰고 있다. Bullying은 괴롭힘, 따돌림 등 다양한 의미를 가지는 용어이므로 연구의 주제에 따라 달리 표현한 것으로 보인다. Bullying의 유형에는 따돌림만 있는 것은 아니므로, 집단 따돌림이라고 쓰기에는 한계가 있다. '또래 괴롭힘'으로 쓰는 것이 적절하다는 의견에 따라(김종구 외, 2014), 이 책에서도 또래 괴롭힘이라는 용어를 사용하였다. 또래 괴롭힘은 bullying 이외에 peer victimization(김동환, 2013), student harassment, peer harassment라는 용어가 사용되기도 한다(김종구 외, 2014).

괴롭힘은 힘의 불균형 상태[2]에서 공격적인 행동들을 고의적 그리고 반복적으로 자행하는 것을 말한다(Orpinas & Horne, 2005; 한유경 외 역, 2013). 힘의 불균형, 고의성, 반복성 중에서 하나 이상의 요건이 성립된다면, 그 행동은 또래 괴롭힘이라고 볼 수 있다(송재홍 외, 2013: 53). 우발적 다툼과 또래 괴롭힘은 학생들에게 미치는 영향의 정도가 매우 다르다. 세심히 관찰하고 맥락을 들여다보지 않으면 단순한 싸움으로 보일 수 있다(박종철, 2013: 24).

괴롭힘과 유사한 용어로 학교폭력이 있는데, 사회에서는 학교폭력이라는 용어가 더 많이 사용된다. 학교폭력은 서구에서 또래 괴롭힘에 대표적으로 쓰이는 용어인 bullying에 해당하는 동시에 폭력(violence)으로 다루는 문제도 일부 포함된다(이규미 외, 2014: 20). 학교폭력이란 학교 내외에서 학생을 대상으로 발생한 상해, 폭행, 감금, 협박, 약취·유인, 명예훼손·모욕, 공갈, 강요·강제적인 심부름 및 성폭력, 따돌림, 사이버 따돌림, 정보통신망을 이용한 음란·폭력 정보 등에 의하여 신체·정신 또는 재산상의 피해를 수반하는 행위를 말한다(학교폭력예방 및 대책에 관한 법률 제2조).

1998년에 서구 28개국 11~15세 학생을 대상으로 각국마다 4,000명 이상의 샘플을 통해 또래 괴롭힘에 대해 연구하였다. 그 결과 남

---

2) 힘의 불균형: 힘이 센 학생들이 약한 학생을, 다수의 학생이 한두 명 소수의 학생을 괴롭히는 것(송재홍 외, 2013: 53).

학생 18%, 여학생 15%가 또래 괴롭힘과 직접적으로 연관되었다. 개별적으로 보면 미국은 남학생 16%, 여학생 11%, 영국은 남학생 9%, 여학생 7%로 나타났다(Ttofi, Bowes, Farrington, & Lösel, 2014).

Díaz-Aguado와 Martínez(2013)는 스페인 남녀 청소년의 또래 괴롭힘 현황을 조사했다. 연구대상은 12세에서 18세의 청소년 22,114명이었다. 조사 결과 또래 괴롭힘과 직접적인 관련이 없는 학생은 73%였다. 가해 동조자는 13%였다. 피해자는 7.3%, 피해-가해자는 3.6%, 가해자는 3.1%로 나타났다.

국내의 경우 2012년 2차 학교폭력 실태조사에서 학교폭력 피해 경험이 있다고 응답한 학생의 비율이 초등학교 11.1%, 중학교 10.0%, 고등학교 4.2%로 나타났다(박효정, 이희현, 2013). 2008년부터 2010년까지 3년간 전국 학교폭력대책자치위원회에서 심의한 총 건수는 초등학교 589건(2.6%), 중학교 15,311건(68.8%), 고등학교 6,341건(28.5%)으로, 중학교가 차지하는 비율이 70%에 가까운 수준으로 가장 높았다. 이러한 현상은 2008년도부터 3년간 거의 비슷한 것으로 나타났다(송재홍 외, 2013: 30-31).

좌절된 청소년의 수가 증가하고 청소년들이 우월감을 왜곡해서 추구하려는 경향은 또래 괴롭힘 발생의 한 요인이다. 또한, 타인 수용 능력의 부족, 도덕교육의 부재 및 가정 교육의 왜곡이 원인으로 나타나기도 한다(강차연 외, 2010: 265).

Dodaj, Sesar, Barisic과 Pandza(2013)는 공감과 괴롭힘의 관계 연

구에서 정서적 요인인 공감이 인지적 요인보다 중요함을 보여주었다. 즉 공감을 잘하지 못하는 학생들이 다양한 유형의 또래 괴롭힘과 관련되어 있다는 것이다. Ttofi 외(2014)는 각국의 또래 괴롭힘 종단 연구를 분석하여 문제의 해결 가능성을 살펴보았다. 안정된 가정에서 부모와의 유대관계가 좋고, 친사회적 친구가 있는 청소년은 적절한 사회적 기술을 익힐 수 있고, 이는 학교에서의 성공적인 생활로 이어져 또래 괴롭힘과 연관 없이 생활했다는 것을 밝혀냈다.

2. 또래 괴롭힘 주변인의 역할 유형

또래 괴롭힘에 대한 연구는 Burk가 1897에 쓴 'Teasing and Bullying'이 최초로 여겨진다. 이후 노르웨이의 학자 Olweus가 1978년에 저술한 'Aggression in schools'가 현대 또래 괴롭힘 연구의 시작으로 볼 수 있다. 직후에 노르웨이, 스웨덴에서 연구가 이루어졌고, 1980년대 후반부터 일본, 영국, 네덜란드, 캐나다, 미국, 오스트레일리아에서 관심이 증가하였다(류준혁, 2013).

우리나라에서는 1990년대부터 또래 괴롭힘 연구가 본격적으로 진행되었다. 연구의 초기에는 또래 괴롭힘을 가해자·피해자의 개인적 일탈행위로 간주하였고, 또래 괴롭힘의 원인과 결과에 중점을 두어 예방과 해결책을 모색하는 연구가 많았다. 그러다가 또래 괴롭힘 현장에 가해자와 피해자 이외에도 이를 목격하고 있는 학생들이 있고, 이들이 개입해 또래 괴롭힘의 양상에 영향을 끼칠 수 있다는 점에서 주변인에 관심을 가지기 시작했다.

주변인은 괴롭힘 상황에서 괴롭힘 행동을 목격한 사람을 말한다(오인수, 2010). 서구에서는 가해자와 피해자 이외의 사람을 지칭하는 용어로 bystanders를 쓴다. 이 용어는 국내에서 연구자에 따라 다르게 사용되었다. Bystanders는 주변인이라고 쓰이는 이외에 방관자(류경희, 2006; 이신애 외, 2013; 현안나, 김영미, 2014), 일반 학생(양계민, 정현희, 1999), 주변 또래(서미정, 2006; 김지은, 2012), 동조집단(김현주, 2003)으로 표현되었다. 김현주(2003)는 가해자와 피해자 이외의 사람을 동조집단으로 불렀다. 이 동조집단을 가해자 동조, 피해자 동조, 방관자로 분류하였다. Bystanders는 현재 '주변인'이라는 용어로 정리되고 있으며, '방관자'는 주변인의 한 부류인 것으로 인식되고 있다.

학자들은 또래 괴롭힘을 목격한 주변인의 역할을 유형별로 체계화했다. Salmivalli 외(1996)는 가해자, 피해자, 주변인 모두를 지칭하여 '또래 괴롭힘 참여자'라고 했다. 즉 또래 괴롭힘 참여자는 가해자(bully), 동조자(assistant), 강화자(reinforcer), 방어자(defender), 방관자(outsider), 피해자(victim)의 여섯 가지 역할 유형이 있다. 이 분류에 의하면 주변인은 가해자와 피해자를 제외한 동조자, 강화자, 방어자, 방관자의 네 부류를 말한다.

동조자는 가해자를 동조하며 가해자의 괴롭힘 행동에 적극적으로 참여하는 집단이다. 강화자는 괴롭힘 행동을 부추기는 욕설이나 야유와 같은 행동을 통해 괴롭힘을 간접적으로 강화, 증가시키는 역할을 한다. 방어자는 괴롭힘을 멈추기 위해 피해자를 도와 피해자를 방어하는 역할을 한다(오인수, 2010). 방관자는 괴롭힘 상황을 목격하고도 자신과는 아무런 상관이 없다는 듯 행동적 반응을 보이지 않는 집단이다. 정리하자면 동조자는 가해자를 돕고, 강화자는 부추긴다. 방어자는 피해자를 도와 가해행위를 저지하려고 하고, 방관자는 괴롭힘에 신경을 쓰지 않는다(정제영 외, 2013).

또래 괴롭힘 주변인에 관하여 많은 연구를 한 Sutton과 Smith(1999)도 Salmivalli 외(1996)의 분류와 같은 방식을 사용하면서, 이 분류는 보편화되어 사용되기 시작했다. Goossens, Olthof와 Dekker(2006)도 또래 괴롭힘 참여자 유형을 제시하였다. 그들은 가해자(bully), 추종자(follower), 방어자(defender), 방관자(outsider), 피해자(victim)의 다섯 가지 역할 유형을 제시했다. 이 연구자들에게 주변인은 추종자, 방어자, 방관자로 구성된다.

국내에서도 또래 괴롭힘 참여자 역할연구가 진행됐다. 국내에서는 서미정(2008)의 분류 유형이 가장 많이 쓰이고 있다(권혜선, 2013; 신나민, 2012; 신지은 외, 2013; 이종원 외, 2014; 임재연, 2013 등). 서미정(2008)은 Salimivali 외(1996)의 참여자 역할을 수정하여 새로 유형 분류를 하였다. 서미정(2008)은 강화자와 동조자의 행동이 유사하다고 판단했다. 강화자는 부추기는 행동을 통해서 괴롭힘을 간접적으로 강화시키는 행동을 하고, 동조자는 가해자에게 동조해 괴롭힘에 적극적으로 참여하는 행동을 하므로, 이 둘을 합하여 '가해동조자'로 지칭하였다. 그 결과 주변인은 가해동조자, 방어자, 방관자의 3가지 유형으로 분류된다.

이 책에서도 서미정(2008)의 분류에 따라 주변인을 동조자[3], 방어자, 방관자로 정리하였다. [그림 2-1]에 이 책에서의 또래 괴롭힘 참여

---

3) 가해동조자를 이 책에서는 '가해'라는 단어를 빼도 의미 이해에 지장이 없으므로 동조자라고 쓰기로 한다.

자의 유형을 나타냈다.

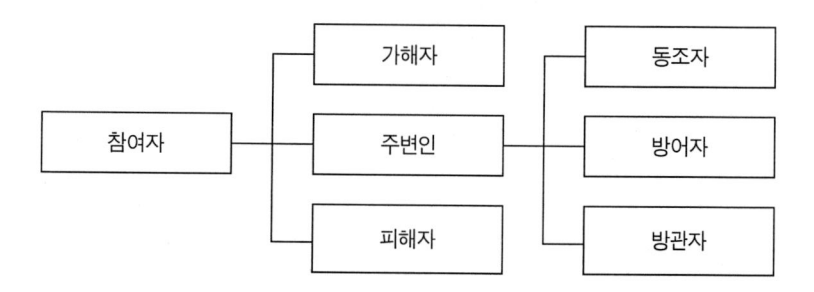

[그림 2-1] 또래 괴롭힘 참여자의 유형

주변인은 또래 괴롭힘을 목격했을 때 그 상황에 적극적으로 나서지 않는 경우가 많다. 초·중·고등학교 학생 중 56.3%는 또래 괴롭힘을 목격하고서도 모른 척했다고 응답할 만큼 또래 괴롭힘을 방관하는 것으로 나타났다. 모른 척하는 이유는 같이 피해를 입을까 봐(29.9%), 어떻게 해야 할지 몰라서(25.3%), 관심이 없어서(21.3%) 등으로 나타났다(송재홍 외, 2013: 42). 다수의 주변인들이 가해 학생 편을 들거나 방관하기 때문에 가해자와 피해자 간의 힘의 불균형이 더욱 심화된다(이종원 외, 2014).

〈표 2-1〉 주변인의 역할별, 남녀별 분포

(단위: %)

연구자 \ 유형		가해자	피해자	동조자	강화자	방관자	방어자	역할 없음	계
서미정 (2008)	남	19.4	16.8	20.1		18.6	17.9	7.2	100
	여	5.2	11.2	16.3		23.9	31.1	12.4	100
	전체	12.6	14.2	18.3		21.1	24.2	9.6	100
김경아 (2011)	남	11.4	14.9	10.9		20.0	25.7	17.1	100
	여	14.0	14.6	10.4		21.3	28.0	11.6	100
	전체	12.7	14.7	10.6		20.6	26.8	14.5	100
이인희 (2012)	남	10.3	14.0	13.6		20.3	25.1	16.8	100
	여	16.1	13.5	10.8		18.4	24.9	16.4	100
	전체	13.1	13.7	12.2		19.4	25.0	16.6	100
오지원(2013)		16.0	18.9	15.5		22.5	22.4	4.7	100
김연화 외 (2011)	남	14.0	20.9	13.5	12.9	16.0	22.7		100
	여	9.1	11.0	12.2	12.2	26.8	28.7		100
	전체	11.9	16.1	12.9	12.5	21.3	25.7		100
김혜리 (2013)	남	5.7	5.7	17.9	11.4	23.6	17.1	18.6	100
	여	7.7	5.2	4.5	0	25.2	23.2	34.2	100
	전체	6.8	5.4	10.8	5.4	24.4	20.3	26.8	100
신지은 외 (2013)	남	19.3	14.1	21.4		14.8	22.8	7.6	100
	여	8.3	7.1	16.6		36.8	20.2	11.1	100
	전체	14.2	10.9	19.2		25.0	21.5	9.2	100
임재연 (2013)	남	16	21	18		17	28		100
	여	15	21	13		26	24		100
	전체	15.7	21.1	15.7		21.5	26		100
하인진(2014)		17.6	18.5	18.0		23.8	22.0		100

또래 괴롭힘 상황에 있는 주변인 행동의 연구 동향을 살펴보기 위해, 주변인에 대한 연구가 본격적으로 진행된 2003년 이후부터 2014년까지의 학술지 논문과 학위 논문 57편을 분석하였다(안효영, 진영은, 2014). 주변인의 역할별 분포는 연구자마다 상이하게 나타난다(김경아, 2011; 김연화 외, 2011; 김혜리, 2013; 서미정, 2008; 신지은 외, 2013; 오지원, 2013; 이인희, 2012; 임재연, 2013; 하인진, 2014). 분석대상 연구물에서 가해자와 피해자를 제외한 주변인의 비율은 63~88%였다. 연구자에 따른 주변인의 역할별, 남녀별 분포는 〈표 2-1〉에 제시되었다.

방어자 역할을 한 학생들의 비율은 20%부터 27%까지 연구자에 따라 다양하게 나타났다. 방관자 비율은 낮게는 19%, 높게는 25%로 나타났다. 동조자·강화자[4]는 11~25%로 드러났다. 또래 괴롭힘 상황에서 동조자가 적고, 방어자와 방관자가 많음을 알 수 있다. 한편 이러한 양적 연구에 의한 수치는 자기 보고식이어서 사회적으로 바람직하다고 생각하는 곳에 응답하는 경향을 배제할 수 없는 점을 고려해야 한다.

동조자, 강화자, 방어자, 방관자는 또래 괴롭힘 상황에서 다른 행동을 보인다. 방어자와 피해자는 특징이 가장 다른 집단이며, 동조

---

4) 어떤 연구자는 동조자, 강화자 각각의 수치를 조사했지만, 다수의 연구자들은 서미정(2008)의 분류에 따라 강화자를 동조자에 포함시켰다.

자와 강화자는 유사한 집단이다(김연화 외, 2011). Salmivalli, Voeten 과 Poskiparta(2011)는 핀란드의 교실에서 주변인 행동을 연구했다. 77개 초등학교 385학급의 3학년에서 5학년(9~11세) 6,764명을 설문조사 하였다. 조사 결과 교실에 방어자가 많으면 또래 괴롭힘이 줄어들고, 강화자가 많으면 또래 괴롭힘이 늘어나는 것이 확인됐다.

  동조 성향이 높을수록 가해자의 인상을 긍정적으로 지각한다(이희경, 2003). 방관자는 또래 괴롭힘의 원인을 타인과 외부의 상황에서 찾는 경향이 있다(권혜선, 2013). 반면에 방어자는 대부분의 심리적 특성이 우수하게 나타나는 것으로 파악되었다. 방어자는 타인의 인지와 정서를 이해하고 추론하는 능력이 높고(차윤희, 2005), 감사와 공감, 학교 소속감이 높았다(한하나, 2014). 또한, 방어자들은 친절하고 아량이 많았으며, 높은 시민 정신을 가지고 있었다(임재연, 2013).

  방관자가 많을수록 또래 괴롭힘은 증가하고 피해자에 대한 도움 행동은 감소한다(이지연 외, 2012). 방관자에는 자기방어, 무관심, 쌍방 과오 태도의 세 가지 유형이 있다. 자기방어는 괴롭힘 상황을 모른 척하는 태도를 보이는 것이고, 무관심은 자기와 관계가 없다고 생각하는 것이며, 쌍방 과오는 가해자와 피해자 모두에게 잘못이 있다는 태도를 갖는 것이다(김현주, 2003).

3. 주변인의 경험

전술한 바와 같이 주변인 연구는 양적 연구가 대부분을 차지한다. 양적 연구의 대부분은 자기 보고식의 설문지 응답을 분석하여 주변인 역할에 대한 정보를 얻는다. 이렇게 하면 주변인의 역할 유형에 대한 특성을 알아내기 쉽다. 양적 연구는 주변인 행동 역할 유형 분류와 각각의 역할 유형에 따른 행동의 특징을 밝혀내는 데 공헌을 했다.

한편 주변인이 또래 괴롭힘을 목격하고 행동하는 데 어떠한 심리 과정을 거쳤는지, 행동에 영향을 미치는 맥락은 무엇인지에 대한 이해를 하는 데는 질적 연구가 적합하다. 질적 연구는 통계적 절차 방식 또는 다른 양화적인 방식으로 달성되지 않는 연구 결과를 산출하는 하나의 연구 종류이다(Hatch, 2002; 진영은 역, 2008). 2010년대 들어와 또래 괴롭힘 주변인 연구에 관한 질적 연구가 나타나고 있다.

또래 괴롭힘을 연구하는 질적 연구자들도 초기에는 또래 괴롭힘 문제의 실마리를 찾기 위해 가해자, 피해자에게 관심을 가졌다. 필자가 정리한 또래 괴롭힘에 관한 질적 연구를 [부록 1]에 제시했는데, 이를 보면 가해자와 피해자를 다룬 연구가 대부분임을 알 수 있다. 질적 연구에서 주변인에게 관심을 가진 것은 최근이어서 또래 괴롭힘 상황에서의 주변인에 관한 질적 연구는 많지 않다. Hageman(2005)과 Dunn(2009)의 외국의 연구가 있고, 국내 연구로는 이신애 외(2013)와 손강숙(2014)의 연구가 있다.

Hageman(2005)은 고등학생 7명을 면담 참여자로 하여 중학생 시기의 또래 괴롭힘과 주변인으로서의 의사결정과정에 대해 연구를 하였다. 연구 주제는 주변인이 또래 괴롭힘 피해 학생을 위해 개입하게 된 요인이 무엇인지를 알아보는 것이었고, 피해자를 도와준 경우 그 학생의 성향을 알아보는 연구였다. 또래 괴롭힘 상황에서 방어 행동을 한 경우 도움을 주게 된 동기, 경험, 의사결정에 관해 알아보았다.

Dunn(2009)은 캐나다의 중학교에서 발생한 또래 괴롭힘 상황에서 방어자 경험을 가진 주변인에 관한 연구를 하였다. 방어자 역할을 한 학생 9명의 방어자 행동 경험과 사고에 관해 면담 연구했다. 연구 결과 다섯 개의 주제를 이끌어냈다. 첫째, 또래 괴롭힘에 민감해지기. 둘째, 위험에 대면할지 결정하기. 셋째, 무엇을 해야 할지 알기. 넷째, 큰 그림 생각하기. 다섯째, '무엇이 차이점을 만드는가?'였다.

이신애 외(2013)는 여중생의 집단 따돌림 방관 경험과 해결방안 인식에 관하여 10명의 여자 중학생을 대상으로 면담연구를 하였다. 방관경험으로 '또래관계 갈등을 통한 타인과 나 돌아보기', 해결방안으로는 '배려와 실천을 통한 변화를 추구하기'를 제시하였다.

손강숙(2014)은 또래 괴롭힘 상황에서의 방어자 경험에 관하여 면담연구를 하였다. 연구의 참여자는 최근 1년 이내에 사건이 일어난 현장에서 피해자를 도운 경험이 있는 학생들 중에서, 교사와 또래에 의하여 지명된 10명의 중학교 남학생이었다. 연구 결과 또래 괴롭힘의 유형, 피해자와 가해자의 특징, 방어자의 도움 행동과 도움 당시

의 심리적 경험, 방어자의 도움 행동의 영향, 방어자의 개인적인 특
징을 도출하였다. 또래 괴롭힘 상황에 있는 주변인 행동에 대한 질
적 연구를 〈표 2-2〉에 나타냈다.

〈표 2-2〉 또래 괴롭힘 상황의 주변인 행동에 관한 질적 연구

연구자	연구 참여자	연구방법	주요 내용
Hageman, 2005	고등학생 7명	면담연구 중학생 시기의 주변인 경험	주변인이 또래 괴롭힘 상황에 개입하여 피해 학생을 도와주기로 결정하게 된 동기, 경험, 의사결정
Dunn, 2009	중학생 9명 (1학년 4명, 3학년 5명)	면담연구 방어자의 역할 질문 괴롭힘을 목격했을 때 행동 경험	방어자 행동 경험과 사고
이신애, 김희정, 2013	여중학생 10명	면담연구	집단따돌림 방관경험과 해결 방안 인식
손강숙, 2014	남중학생 10명	면담연구	또래 괴롭힘 방어자의 도움 행동

4. 주변인 행동의 맥락

학자들은 또래 괴롭힘을 목격한 주변인의 행동에 영향을 미치는 요인을 찾는 연구를 진행해 왔다. 초기에는 양적 연구자들이 주변인 행동에 영향을 미치는 요인을 규명해 내고자 했다. 또래 괴롭힘을 목격한 주변인의 행동에는 개인의 특성과 환경적 요인이 영향을 미치고 있다. 이러한 요인들을 분석하고 종합해 보면 개인 특성, 학교환경 및 사회적 인지, 가족 환경, 도덕 변인으로 정리할 수 있다. 최근에는 이러한 양적인 접근 이외에 주변인 행동의 상황적 맥락을 알아보는 질적 연구의 방법이 나타나고 있다. 주변인 행동의 맥락적 이해는 심층적 종합적 관점에서 참여자의 경험을 이해할 수 있게 해 준다.

이 장에서는 먼저 양적 연구자들의 연구 결과인 주변인 행동에 영향을 미치는 요인들에 관하여 살펴보고, 질적인 관점에서의 주변인 행동의 맥락에 대하여 서술한다. 그리고 주변인의 바람직한 태도인 방어자 역할의 모색을 위한 환경에 대해 기술한다.

1) 주변인 행동에 영향을 미치는 요인

학자들은 또래 괴롭힘을 목격한 주변인이 나타내는 행동을 개인이 지니고 있는 특성과 관련지어 연구하였다. 개인 특성으로 '공감'이 가장 많이 연구되었는데, 타인에 대하여 공감을 잘할수록 피해자를 긍정적으로 지각하고(이희경, 2003), 친구를 돕는 등의 친사회적 행동을 많이 한다고 한다. 공감에는 인지공감과 정서공감이 있다.

인지공감은 상대방의 입장에서 생각하는 능력이고, 정서공감은 상대방이 느끼는 감정을 정서적으로 동일하게 느끼는 능력이다. 방어자는 정서공감과 인지공감이 모두 높다(김혜리, 2013). 인지공감은 잘하나 정서공감이 떨어지는 청소년들은 또래 괴롭힘 상황에서 도움을 주지 않았다(오인수, 2010). 방어자는 감정이입이나 정서 활용을 잘하는 것으로 나타났다(김경아, 2011). 내향적 학생은 또래 괴롭힘에 대해 자기방어적이고 무관심한 태도를 취한다(손갑주, 2005). 또래 괴롭힘 참여자를 귀인 측면에서 연구한 장은영(2012)은 주변인이 피해 학생 성향의 내적 안정 귀인[5]을 할수록 방관적 태도를 더 많이 보인다고 밝히고 있다.

주변인 역할의 개인 특성으로 성별 차이가 있는지도 연구되었다. Taylor(2012)는 또래 괴롭힘 상황에 있는 주변인은 성별에 따라서도 행동의 차이가 있다고 하였다. 또래 괴롭힘 목격 상황에서 여학생이 남학생보다 더 방어적이고, 피해자에 대하여 적극적인 태도를 지녀, 피해자에 대하여 기꺼이 지원을 표시한다(Pozzoli, Ang, & Gini, 2011). 반

---

5) 귀인은 성공과 실패 그리고 행동의 원인을 어디에서 찾는 것인가 하는 것이다. 내적 귀인은 당사자의 내적 특성(성격, 능력, 동기 등)에서 그 원인을 찾는다. 즉 사건의 이유가 행동한 당사자 본인에게 있다고 보는 것이다. 안정 귀인은 시간의 경과나 상황의 변화 등에도 비교적 항상성을 유지한다고 보는 것이다.

대로 여학생이 남학생보다 방관자가 많다는 연구(한하나, 2014)도 있다.

방어 행동을 하게 만드는 공감은 여학생이 남학생보다 더 많았다 (김은아, 2011). 또래 괴롭힘 목격 상황에서 남학생은 동조자, 강화자의 친가해자 역할을 많이 하였다(심희옥, 2008; 유계숙 외, 2013; 한하나, 2014). 남학생이 여학생보다 방관 행동을 많이 하고(최기원, 2012), 여학생은 남학생에 비해 피해 학생을 돕고자 하는 성향을 가지고 있었다(오인 수, 2010; 이종원 외, 2014; Gini, Pozzoli, Borghi, & Franzoni, 2008).

규모가 큰 집단을 대상으로 연구한 경우를 보면 여학생은 피해자를 많이 도왔으나, 남학생은 그렇지 않았다(Levine & Crowther, 2008). 다른 결과로 남학생이 여학생보다 피해자를 더 많이 돕고(김지은, 2012), 여학생이 방관자 역할을 상대적으로 많이 하였다(손갑주, 2005; 심희옥, 2008; 유계숙 외, 2013; 한하나, 2014)는 연구도 있다. 성별에 따른 주변인의 역할에는 차이가 없다(서미정, 김경연, 2006)는 연구도 있다.

주변인 역할에서 나이도 연구되었다. Rigby와 Johnson(2005)은 또래 괴롭힘 상황에서 초등학생들은 직접적으로 피해자를 돕는 반면에 중학생들은 이를 무시하는 경향이 있다고 하였다. 나이가 많아질수록 또래 괴롭힘 상황에서 가해행위를 강화하는 동조자 비율이 많아지고(최유진, 2013), 방관자적 태도를 보인다(손갑주, 2005). 즉 또래 괴롭힘 상황에서 나이가 들수록 방어자 역할이 줄어드는 것이다 (Pozzoli 외, 2011; 최유진, 2013; 한하나, 2014).

신나민(2012)은 학생들의 가족, 경제수준, 건강 등의 배경 변인보다

공감이라는 개인 특성인 심리적 변인이 주변인 행동에 더 영향을 미친다고 하였다. 류경희(2006)도 개인적, 가족적, 학교 환경적 요인 중에서 동조자·방관자 행동에 공감, 사회기술, 불안 등의 개인적 특성이 가장 큰 영향을 미친다고 하였다. 주변인의 행동에 영향을 미치는 개인 특성이 연구자의 연구 결과에 따라 차이가 나기도 한다. 이는 다른 사회적 환경 등의 요인에 의해 그 효과가 달라질 수 있음을 시사하는 것이다. 또한, 개인 특성 이외에 집단 맥락으로서의 환경적 요인에 의한 영향도 받고 있음을 보여주는 것이기도 하다.

학자들은 또래 괴롭힘은 사회성의 문제이고, 이는 가족 상호작용에서 상당 부분 형성된다고 설명하고 있다. 어머니가 자녀를 양육할 때 보이는 온정·수용적 태도는 방어 행동의 수준을 높였다(오환희, 2011; 이정아, 2014). 방관 행동을 하는 청소년은 부모의 온정·수용적 양육태도를 낮게 지각 하였다(오환희, 2011). 방어자는 동조자에 비해 부모의 양육태도가 민주적이었다고 응답하였다(류경희, 2006). 가정이 화목하지 않고, 부모와의 대화가 없는 청소년일수록 방관자 역할을 많이 하였다(배미희, 2014). 방어자 집단은 부모자녀 의사소통이 긍정적이었으며, 동조자 집단은 부정적이었다(오주화, 2014). 가정 분위기가 좋지 않다고 응답한 청소년일수록 방관자 역할을 많이 하는 것으로 나타났다(신나민, 2012).

청소년이 사회 활동을 주로 하는 공간은 학교이므로, 많은 학자가 학교환경과 사회적 인지가 주변인 행동에 영향을 미치는 연구를 했다. 최기원(2012)은 집단의 성격이나 역동이 주변인의 행동에 영향을 미친다고 하였다. 청소년기의 사회 인지발달을 살펴볼 때 또래집단의 사회, 상황적 맥락이 주변인의 행동에 중요하게 작용한다(김지은, 2012; 한하나, 2014).

교실에서 생활하는 학생들 간의 선호도를 사회적 지위라고 한다(김연화, 2013). 사회적 지위는 인기도로 알 수 있으므로, 인기의 정도는 사회적 지위를 알게 해 준다(심희옥, 2008). 사회적 지위는 또래 간의 수용과 거부로 이루어진다. 또래 지위는 아동이 수용되고 거부되는 정도에 따라 측정되는 또래집단에서의 상대적 위치의 지표이다. 학교 교실에서 몇몇 학생들은 다른 학생들에 비해 학급 친구들에게 더 인기가 있다(Steinberg, Vandell, & Bornstein, 2010; 곽금주 외 역, 2012).

학생들은 사회적 지위에 따라 인기학생, 거부학생, 무시학생으로 구분된다. 남학생은 거부학생이 동조행동을 많이 하였고, 인기학생과 무시학생이 방어 행동을 많이 하였다. 여학생은 인기학생이 방어 행동을 많이 하였다(김연화, 2013; 백지현, 2010). 가해자는 친구들 사이에서 인기가 있고 자신만만한 경우가 많다(이종원 외, 2014). 인기가 높은 학생일수록 피해 학생을 돕는 방어자가 많고(심희옥, 2008; 오인수, 2010), 방관 행동을 하는 청소년일수록 인기가 적다(심희옥, 2008). 한편 방어자와 방관자 청소년이 인기가 가장 많고, 피해자의 인기가 가장 적다는 연구도 있다(이종원 외, 2014).

집단규준은 집단에서 기대되는 전형적인 행동양식이라고 할 수 있는데, 이 집단규준을 어떻게 인식하느냐에 따라 또래 괴롭힘 상황에 있는 주변인의 행동이 영향을 받는다(최기원, 2012). 집단규준의 경우 학생들이 생활하는 장소가 학교의 교실이므로 학급규준의 형태로 나타난다. 청소년기는 또래집단에 대한 소속과 인정욕구가 강한 시기이므로 학급규준에 대한 개인의 믿음은 주변인의 행동에 강한 영향을 미친다(김은아, 2011).

학급에 있는 학생들이 기대하는 학급규준이 방어 행동에 긍정적일수록 개인은 방어 행동을 많이 하고, 부정적일수록 방관 행동을 많이 한다(최기원, 2012). 또한, 괴롭힘에 대한 학급규준이 부정적이라고 인식할수록 주변인들은 방어 행동을 많이 한다(김은아, 2011). 즉 대부분의 학급 구성원들이 괴롭힘에 대해 부정적인 규준을 가지고 있을 것이라는 개인의 믿음은 자신의 방어 행동이 또래로부터 지지를 받는 긍정적인 결과를 가져올 것이라고 생각하게 만들어 방어 행동을 촉진한다(김은아, 2011).

한편 남학생 집단만이 학급규준에 대한 믿음에 영향을 받았다는 연구가 있다. 이는 남학생은 전체의 또래 압력을 받지만, 여학생은 전체 학생의 인식보다는 자신이 주로 어울리는 소집단의 인식에 더 큰 영향을 받는다는 것이다(김은아, 2011).

학급 분위기도 주변인의 행동에 영향을 미친다. 학급(학교) 분위기를 부정적으로 지각하는 학생은 동조자 역할을 많이 하였다(유계숙외, 2013). 방어자는 학교 풍토에 대해 긍정적으로 인식하고 있었다(차윤희, 2005). 교사와 관계가 좋은 학생은 방어자 역할을 많이 하였다 (유계숙 외, 2013; 차윤희, 2005). 방어자는 교사 지지가 높았지만, 가해자와 동조자는 교사 지지가 낮았다(김연화, 2013).

또래 괴롭힘을 환경적 요인으로 보는 학자는 가해자보다 힘이 약하거나 또래 사이의 지위가 낮은 학생이 피해자가 된다고 본다. 따라서 피해자가 또래 사이에서 지위가 높아지면 가해자로 변할 가능성도 있다(권혜선, 2013). 개인 특성과 학교 환경의 변인을 함께 다룬 연구도 있는데, 또래 괴롭힘 방어 행동에 남학생은 학급규준에 대한 믿음이 가장 큰 영향을 미쳤으며, 여학생은 개인 특성인 공감이 가장 큰 영향을 미쳤다(김은아, 2011).

주변인의 행동에는 도덕성을 비롯한 도덕 요인이 영향을 미치기도 한다. 또래 괴롭힘 상황에서 주변인은 자신의 도덕적 성숙도에 따라 행동하는 경향이 있다. 즉 또래 괴롭힘 상황에 있는 주변인이 가지고 있는 도덕적 요인이 행동에 영향을 미친다고 볼 수 있는 것이다. 김경아(2011)는 방어자 역할을 하는 주변인이 도덕적 가르침에 가장 민감하다고 하였다. 도덕성이 낮은 청소년은 타인에 대한 배려와 이해가 부족하므로 또래 괴롭힘 상황에서 쉽게 동조행동을 한다 (전주연 외, 2004).

김정현(2014)은 도덕성이 높을수록 방관자 역할을 적게 하고, 도덕성이 낮을수록 동조자 역할을 많이 한다고 하였다. 수치심과 죄책감은 부적절한 행동을 억제하고 도덕적 행동을 유발한다는 점에서 도덕적 정서로 일컬어진다(최기원, 2012). 남학생은 수치심이 낮을수록 방관 행동을 많이 하였고(최기원, 2012) 죄책감이 높은 청소년은 방어 행동을 많이 하였다(김연화, 2009; 최기원, 2012). 따라서 또래 괴롭힘을 줄이는 데는 건강한 죄책감을 느낄 수 있는 도덕성 발달이 중요하다(김경아, 2011).

도덕 판단력은 무엇이 옳고 그른가를 결정하는 데 필요한 도덕적 인지 능력이다. 피해자가 싫을 때 따돌릴 수 있다고 생각하는 친 가해자 집단은 도덕 판단력이 낮았고, 따돌리는 행동은 허용되어서는 안 된다고 생각하는 방어자적 관점을 가진 학생들은 도덕 판단력이 높았다(최지영 외, 2008). 자신이 한 유해한 행동을 비도덕적인 것이 아니라고 하면서 자신의 유해한 행동을 정당화하는 것을 도덕적 이탈이라고 한다. 도덕적 이탈은 또래 괴롭힘 상황에서 청소년의 방관 행동을 설명한다(김지미, 2013). 친사회적 도덕 추론은 법, 규칙 등의 역할이 최소인 상태에서 자신의 욕구와 타인의 필요 중 어느 쪽을 충족시킬 것인가를 선택해야 하는 갈등 상황에서의 추론을 의미한다. 방어자가 동조자에 비해 친사회적 도덕 추론 수준이 높았다(서미정, 2006).

2) 주변인 행동의 상황 맥락적 이해 및 방어자 역할의 모색

또래 괴롭힘 상황에 있는 청소년들이 동조자, 방어자, 방관자 중에서 어느 하나의 역할 유형만을 가진다고 말하기 힘들 때가 있다. 그러므로 주변인의 행동에 영향을 미치는 요인을 상황 맥락적 관점으로 바라볼 필요가 있다.

김지미(2013)는 또래 괴롭힘 참여자들이 한 가지 역할 행동만 뚜렷하게 갖고 있다기보다는 두 가지 혹은 세 가지 역할을 하고 있으므로, 이들을 역할 유형으로 구분하기보다 행동의 빈도에 초점을 맞출 필요가 있다고 하였다. 유계숙 외(2013)는 참여자 역할 유형을 범주형으로 분석하는 것은 단일 역할 유형에 귀속시킴으로써 각 유형 간의 배타성을 전제하는 제한점을 가진다고 하였다. 또한, 특정 학생이 실제적 측면에서는 방관자인 동시에 방어자도 될 수 있으므로 역할 유형 대신에 연속형 변인인 역할 수준으로 접근할 필요가 있다고 하였다. 상황 맥락적으로 보면 또래 괴롭힘을 목격한 주변인이 취한 행동은 또 다른 또래 괴롭힘 상황에서 다른 행동으로 나타날 수 있으며 서로 다른 행동을 동시에 수행할 수도 있다(신나민, 2012).

단기 종단연구를 한 심희옥(2005)은 주변인은 또래 괴롭힘 상황에서 유동적인 행동을 한다고 하였다. 그 이유는 또래 괴롭힘을 목격한 학생들이 대인관계, 집단규준 등에 따라 행동을 달리하기 때문이라는 것이다. 이승연 외(2012)는 단순히 방관 행동이 방어 행동의 반대라고 생각하는 관점에서 벗어나, 방관 행동을 하게 하는 요인들을 찾아 그 기제를 이해하는 데 보다 관심을 기울일 필요가 있다고 하였다.

또래 괴롭힘 참여자의 행동은 개인, 가족, 학교, 지역사회의 영향을 종합적으로 받는다(오환희, 2011). 또래 괴롭힘 이해를 위해서는 개인의 특성 이외에도 사회적 요인, 집단 역동 등을 종합적으로 고려해야 한다. 주변인이 나타내는 행동은 개인 특성, 사회적 요인, 가정적 요인 등의 다양한 원인과 위험요인을 지닌 복합적인 현상이기 때문이다(김국현, 2012; 신지은 외, 2013; 안태용 외, 2013).

또래 괴롭힘 상황에서 많은 학생들이 방관적 태도를 보이는 것이 현실이다. 학급에서 괴롭힘을 당하는 급우가 있음에도 불구하고 관심을 두지 않거나 피해자가 당하는 고통의 정도를 실감하지 못하는 경향이 있다. 이는 그 상황에 개입하였을 때 자기도 괴롭힘을 당하게 될까 봐라는(강차연 외, 2010: 239) 심리 때문이라는 분석이 있다.

Coloroso(2008; 염철현 역, 2013)는 주변인이 또래 괴롭힘 상황을 목격하고서도 이를 멈추기 위해 개입하지 않는 이유를 다음과 같이 설명했다. 첫째, 주변인들은 자신이 다치는 것을 두려워한다. 둘째, 주변인은 가해자의 새로운 대상이 되는 것을 두려워한다. 셋째, 주변인은 상황을 더 악화시킬 수 있는 일을 하는 것을 두려워한다. 넷째, 주변인은 무엇을 해야 할지 잘 모른다 등이다.

또래 괴롭힘을 허용하지 않는 학급규준이나 교실 분위기는 어떻게 조성하는지 알아볼 필요가 있다. 교사의 태도는 어떠해야 하는지도 파악되어야 한다. 교사의 또래 괴롭힘에 대한 인식과 대처는 학교폭력의 예방에서 핵심적인 요소다(손경원, 2008; 송재홍 외, 2013: 43). 교사가 교실에서 발생하는 괴롭힘을 무시하거나 공정하지 못한 태도는 괴롭힘을 부추기는 분위기를 형성한다(이보경, 2014: 46). 가해자와 동조자에게 학교나 교사가 아무런 제재를 하지 않을 때 청소년들은 또래 괴롭힘을 승인받았다고 느낄 수 있다(류경희, 2006).

또래 괴롭힘을 해결하기 위해서는 학생들이 방어자 역할을 하게 하는 환경을 조성할 필요가 있다. 방어자는 또래 괴롭힘 상황에 개입하여 피해자를 도와 괴롭힘 행위를 막는 역할을 하기 때문이다(임재연, 2013). 학자들에 의하면 방어자는 주변인 역할에서 대부분 긍정적인 결과를 나타냈다. 또래 괴롭힘 감소를 위해서는 주변인이 가해행위를 목격하고 동조하거나 강화하지 않고, 피해자를 위해 괴롭힘행위를 적극적으로 방어하도록 하는 것이 효과적인 방법이다(이정민, 2013; 정제영 외, 2013). 방관자가 암묵적 강화자 역할에서 벗어나 피해학생을 돕는 방어자 역할을 할 수 있는 환경은 무엇인지 모색되어야 한다.

제3장

또래 괴롭힘을 목격한
주변인의 이야기 듣기

또래 괴롭힘을 목격한 주변인의 이야기 듣기

    오늘날 또래 괴롭힘으로 인한 사건 사고와 그 심각성이 매스컴에 자주 등장하고 있다. 또래에 대한 괴롭힘은 청소년의 성장과 발달, 학교생활 적응에 적지 않은 영향을 주고 있다. 또래 괴롭힘 상황에는 사건의 당사자인 가해자·피해자 이외에 이를 목격하고 있는 주변인이 존재한다. 주변인은 또래 괴롭힘의 직접적인 당사자는 아니지만, 그 상황을 목격하고 있는 사람으로서 사건 해결에 큰 영향을 미친다. 힘 있는 무리나 개인이 약한 청소년을 괴롭힌다고 하여도 주변인들이 이를 용납하지 않으면 괴롭힘은 지속되기 힘들 것이다.

    청소년들이 사회생활을 하는 곳이 학교의 교실이므로, 교실에서 또래 괴롭힘이 발생했을 때 다수의 주변인들이 이를 목격하게 된다. 그런데 교실에서 급우가 따돌림을 당하거나 심각한 언어폭력에 노출되어 있지만, 주변인들이 그 상황에 개입하지 않는 경우를 흔히 볼 수 있다. 교실의 많은 학생들이 힘을 합쳐 가해자에게 대응하면 괴롭힘 행위는 발을 붙이지 못할 텐데, 왜 청소년들은 그렇게 하지 않는지 필자는 궁금했다.

가해자들이 힘이 세니까 나서기가 무서워서[6], 요즘 청소년들은 정의 의식이 부족하고 의인이 없기 때문에, 공부하기도 바쁜데 남의 일까지 신경 쓸 겨를이 없어서 그럴 것이라는 생각을 해 보았다. 이러한 문제의식을 바탕으로 또래 괴롭힘 상황에 있는 주변인은 어떤 행동을 하였으며 그렇게 행동한 이유가 무엇인지 파악하기 위해 이 책을 집필하게 되었다.

또래 괴롭힘 상황에서 주변인이 한 경험을 이해하고자 필자는 질적 연구의 방법을 선택하였다. 질적 연구는 현상을 이해하는 방법으로 그 상황을 겪은 경험자가 연구에 참여하여(Lay, 2010), 참여자 관점을 통해 실제적이고 자연스러운 상황에서의 정보를 얻을 수 있다. 또한, 질적 연구는 전체성과 복잡성, 주관성, 귀납적 자료 분석, 반영성 등을 특징으로 한다(Hatch, 2002; 진영은 역, 2008). 질적 연구는 연

---

6) 필자도 이 글을 쓰기 전에는 또래 괴롭힘을 목격한 주변인이 방어 행동을 못 하는 이유가 가해자가 무서워서라고 생각했다. 소설 '우리들의 일그러진 영웅(이문열, 1987)'에 등장하는 엄석대는 힘으로 반 학생들을 제압하여 군림한다. 많은 학생들은 가해자가 무서워 가해행위를 막을 엄두를 내지 못했으며, 주변인 자신도 피해를 입지 않기 위해 가해자의 비위를 맞추기에 급급했다. 이 책을 쓰기 전에 필자는 이런 엄석대류의 가해행위를 교실에서 발생하는 일반적인 가해행위라고 생각했다.

구하고자 하는 사회현상에 대한 해석이 심오하고 풍부하다. 복합성, 전체적인 서술, 말의 분석, 정보제공자 관점에서의 세밀한 보고, 자연적인 환경에서 연구를 수행한다. 즉 개개인의 삶에 들어가 보는 것이다(Prior, 2012). 질적 연구는 목적 표집을 통해 연구 참여자를 선정한다(Brown, 2010). 실제적인 상황에 있는 소수를 대상으로 현상에 대한 심층적인 분석으로 자료를 얻는다.

필자는 중학생을 대상으로 면담, 포커스 그룹 면담, 서술형 설문의 방법을 사용하였다. 학생들의 이야기는 주로 면담을 통하여 수집되었는데, 면담 참여자는 자신의 세계를 드러내는 언어와 그 밖의 실마리로 특별한 종류의 이야기를 만들어 낸다. 필자는 구성주의 관점에서 면담 참여자와 맥락의 세부 사항에 대해 충분히 상호작용하였다. 구성주의 패러다임에서 산출된 이야기는 구성된 해석을 기술하는 풍부한 내러티브로 제시된다.

면담의 기본 가정은 인간이 자신의 경험에 부여하는 의미가 그 경험을 수행하는 방식에 영향을 미친다는 것이다(Seidman, 2005; 박혜준외 역, 2009: 33). 필자가 마음속으로 생각한 질문을 가지고 면담에 들어가지만, 면담 참여자의 반응, 논의되는 사회적 맥락, 확립된 상호 신뢰성 정도에 따라 면담을 하는 동안 질문을 만들어 내기도 한다(Hatch, 2002/2008).

또래 괴롭힘 연구에서 면담은 다음과 같은 장점을 가진다(Solis, 2009 참조).

가. 또래 괴롭힘 상황에서의 주변인 경험, 역할 행동에 영향을 미치는 요인 등에 대한 심층적인 정보를 얻을 수 있다.

나. 답변이 이해되지 않으면, 다시 질문하여 답변을 들을 수 있다.

다. 면담 도중에 질문거리가 생각나면 바로 질문을 할 수 있다.

라. 제공한 정보를 비밀로 할 것이라고 참여자에게 확신시킬 수 있다.

마. 면담진행자는 면담 참여자에게 자료의 처리 방법, 면담 결과에 접근하는 사람, 자료 분석을 하는 사람, 결과의 보고 방법 등에 관해 명확한 정보를 주어 불안을 감소시켜 줄 수 있다.

바. 문제에 관해 정보를 얻고, 해결 방법을 찾을 아이디어를 만들어낼 수 있다.

사. 다양한 출처에서 정보를 얻는다.

또래 괴롭힘 연구에서 면담의 단점은 다음과 같다.

가. 시간 소모가 많고, 자료 분석에 특정한 지식과 기술이 필요하다.

나. 한 학교의 학생을 면담 참여자로 할 경우 익명성 보장이 필요하다. 그렇지 않을 경우 면담 참여를 꺼릴 수도 있어 면담 참여자 선정이 왜곡될 수 있다.

다. 참여한 학생이 전체 학생을 대표하는 것이 아니므로 면담 결과를 일반화하는 데 어려움이 있다.

1. 면담 참여자: 중학생들과의 만남

면담이 이 글의 주요 부분을 차지하므로 면담 참여자의 선정은 중요하다. 참여자 선정은 '전형사례표본'[7]의 방법을 사용하였다. Hatch (2002/2008)에 의하면 전형사례표본은 전형적이라고 여겨지는 것을 나타내는 개인을 말한다. 청소년기 또래 괴롭힘은 중학생 시기에 가장 빈번하게 발생한다(최미경, 도현심, 2001). 고등학교에서는 성숙 효과에 의해 자연스럽게 가해행위를 멈추는 학생들이 늘어나면서 또래 괴롭힘의 빈도도 줄어든다(이규미 외, 2014: 31). 때문에 또래 괴롭힘이 가장 활발하게 나타나는 시기인 중학생을 대상으로 또래 괴롭힘 주변인에 대한 글을 쓰게 되었다.

필자는 남녀공학 중학교 두 곳을 선정한 후, 그 학교 재학생을 대상으로 또래 괴롭힘 주변인에 관한 자료를 얻기로 계획하였다. 두 학교를 대상으로 한 것은 또래 괴롭힘의 유형, 또래 괴롭힘에 대한 분위기 등 학교마다 특징이 다를 수 있기 때문이다. 두 곳의 중학교는 안산과 수원에서 한 곳씩 택하였다. 안산과 수원은 수도권에 위치한 도시로서 대도시와 지방의 특징을 공유하고 있기 때문이다.

안산에 있는 동산중학교와 수원에 있는 호수중학교를 연구대상

---

7) 전형사례표본은 예를 들어, 전형적인 청소년이라고 교사에게 지목된 중학생을 면담하는 것이다(Hatch, 2002/2008).

으로 결정하고 방문하였다.[8] 2014년 9월 하순 안산에 있는 동산중학교를 방문하여 교장 선생님을 만났다. 다음날에는 수원에 있는 호수중학교를 방문하여 교장 선생님을 만났다. 양교의 교장 선생님으로부터 연구 허락을 얻은 후 교감 선생님, 상담선생님과 인사를 했다. 이때 '학교 동의서'를 지참하였다. 학교 동의서는 면담에 대한 학교 관계자의 허락을 요청하는 내용과 함께 학교를 방문하여 면담을 수행할 때 이 학교의 규칙을 따르며 면담 참여자인 학생들의 인권에 소홀함이 없도록 한다는 내용이었다. 면담을 하기 위해서는 양교 상담 선생님의 도움이 필요했다. 상담 선생님에게 쓰고자 하는 글의 개념과 취지를 상세히 설명하고, 참여자 선정, 면담 장소로서의 상담실 제공, 면담 참여자와 연락이 필요할 시 학생들에게 알려주기 등의 도움을 구하였다.

동산중학교는 안산의 구 도심에 자리잡고 있다. 이 학교는 비교적 최근인 2009년에 개교한 학교로 깨끗한 건물에 체육관과 식당을 보유하고 있다. 학생 수 1,060명에 남녀공학 30학급이며 교사동은 5층까지 있다. 학생들은 대부분 단독주택 단지에 거주하고 있으며, 사분의 일 정도는 아파트에 거주하고 있다.

수원에 있는 호수중학교는 전철역 앞 아파트 단지 안에 있다. 단지 안에 초, 중, 고등학교가 나란히 있는데, 가운데에 중학교가 자리

---

8) 면담 참여자를 보호하기 위하여 학교 이름, 학생 이름은 가명으로 하였다.

잡고 있다. 개교 25년 된 학교로 남녀공학이며, 전교생 790명에 22학급이다. 아파트에 거주하는 학생과 단독주택에 거주하는 학생의 비율은 반반 정도이다. 두 학교 모두 1학급씩 특수 학급이 있다.

면담 참여자의 선정은 두 학교 상담 교사의 협조하에 이루어졌다. 필자는 상담 교사에게 면담 참여자의 선정을 의뢰하였다. 선정을 의뢰할 때 또래 괴롭힘을 목격한 학생이 자신의 경험을 이야기하는 연구라고 설명하였다. 또래 괴롭힘을 목격한 학생 중, 다양한 학생들의 참여에 중점을 두었다. 가능하면 다양한 범주의 학생들이 참여하면 좋겠다고 생각했기 때문이다. 때문에 성적이 우수한 학생이나 모범생뿐만 아니라 평범한 학생, 조용한 학생 등을 고루 추천해 줄 것을 요청하였다.

상담선생님은 담임 선생님에게 추천을 요청하였고, 상담선생님이 알고 있는 학생을 일부 선정하기도 하였다. 동산중학교에서는 상담실에서 활동하고 있는 또래 상담사 학생들도 일부 면담 참여자로 선정되었다. 면담 참여자로 추천받은 학생을 대상으로 필자가 상담실에서 만나 쓰려는 글의 취지를 설명하고, 면담에 참여할 의사가 있는지 물었다. 선정된 면담 참여자는 각 학교당 10명씩 총 20명이었다. 성별에 따라 주변인의 역할이 다르게 나타난다는 연구(오인수, 2010; 이종원 외, 2014)가 있으므로, 남학생, 여학생을 동일한 수로 선정하였다.

⟨표 3-1⟩ 면담 참여자의 기본사항

번호[9]	학교명	이름	성별	학년	또래 괴롭힘을 목격한 시기[10]
1	동산중	박재형	남	중3	3학년 2학기
2	동산중	차예린	여	중3	2학년 2학기
3	동산중	박종인	남	중2	2학년
4	동산중	천혜경	여	중2	2학년 1학기
5	동산중	신민수	남	중2	2학년 2학기
6	동산중	오미연	여	중2	2학년 1학기
7	동산중	김영호	남	중1	초등학교 6학년
8	동산중	김미선	여	중1	초등학교 6학년
9	동산중	정재현	남	중1	초등학교 4학년
10	동산중	박유리	여	중1	1학년 2학기
11	호수중	전근영	남	중3	2학년
12	호수중	이유진	여	중3	3학년 2학기
13	호수중	강희성	남	중3	2학년 1학기
14	호수중	김지연	여	중3	1학년 1학기
15	호수중	현정우	남	중3	2학년
16	호수중	성은미	여	중3	1학년 1학기
17	호수중	박대현	남	중3	2학년 2학기
18	호수중	김수연	여	중2	1학년 1학기
19	호수중	박상호	남	중2	초등학교 6학년
20	호수중	이진희	여	중2	2학년 1학기

---

9) 면담 참여 학생들(가명)을 학교순, 학년순, 성별순으로 개인별 번호를 부여하였다.

10) 면담 참여자들은 한 가지 또래 괴롭힘 사례를 자세하게 이야기하였다. 면담 참여자 20명
중에서 16명이 현재 다니고 있는 중학교에서 목격한 또래 괴롭힘 사건을 이야기하였다. 1학년
학생 3명, 2학년 학생 1명 총 4명은 초등학교 때의 또래 괴롭힘을 이야기하였다.

선정된 면담 참여자에게 연구의 목적, 개요, 참여자의 역할 등 쓰고자 하는 글의 내용을 자세히 설명하고 학생의 연구 참여 동의서를 받았다. 학생의 부모에게도 학부모 동의서를 보내 부모의 동의를 받았다.

　필자는 면담 참여자에 대한 윤리적 고려를 하였다. 학생들에게 면담의 목적 및 자료수집을 위한 녹음기 사용에 관해 설명하고 사전동의를 얻었다. 참여자가 원하면 면담 중에 언제라도 참여를 그만둘 수 있음을 고지하였다. 그리고 모든 면담 내용은 집필목적 외에는 사용하지 않는다는 점을 알렸다. 책에서도 가명으로 처리할 것이며 면담 중 알게 된 사적 상황도 비밀로 할 것이라는 내용을 안내하였다. 면담 참여자의 기본사항을 〈표 3-1〉에 나타냈다.

2. 면담의 방법

　면담시간은 학생들과 일정을 상의하여 결정하였다. 중학교는 요일에 따라 6교시 또는 7교시까지 수업이 있다. 수업이 끝나고 집으로 가기 전에 학교의 상담실에서 면담을 진행하였다. 방과 후 바로 학원에 가는 학생들과 주말에 면담을 원하는 학생은 주말로 일정을 정하여, 토요일 또는 일요일에 학교에서 만나 면담을 진행하였다.

　개별 면담은 개인당 2회기, 1회기 당 면담시간은 40~50분으로 계획하였다. 면담 간격은 한 학생의 1회기 면담 이후 최소한 일주일 후에 2회기 일정을 잡았다. 1회기에 녹음한 내용을 들으면서 학생들이 말한 이야기를 정리할 시간이 필요했기 때문이다. 이렇게 하여 두 번째 면담에서 1회기 때의 미진했던 부분을 질문하는 데 도움이 되었다. 양교 학생들과 2014년 10월 13, 14일에 예비 모임을 가졌다. 예비 모임에서는 필자가 면담 참여 학생들에게 또래 괴롭힘 주변인으로서 이야기할 내용에 대해 설명을 했다. 그리고 면담 질문내용을 상호 검토하였으며, 추가적인 질문으로 무엇이 있는지도 토의해 보았다. 면담은 반구조화된 질문의 형태로, 질문은 개방형 응답이 가능하도록 구성하였다. 면담 참여자들이 자신의 독특한 관점으로 이야기할 수 있도록 하였다.

　첫 번째 면담은 2014년 10월 15일 동산중학교의 박재형 학생과의 면담이었다. 재형이는 자신이 경험한 또래 괴롭힘에 대해 이야기를 하면서 면담에 적극적으로 참여해 주었다. 11월 14일 박유리 학생과의 면담을 끝으로 동산중학교 면담 참여자와는 면담을 마쳤다. 호수중학교에서는 10월 26일 이유진 학생과 처음으로 면담을 하였다. 이유진 학생은 전학 온 학생에 대한 따돌림 목격 경험을 진솔하게 이야기해 주었다. 2014년 12월 5일 성은미 학생과의 면담을 끝으로 호수중학교 면담 참여자와의 면담을 마쳤다. 면담을 진행하면서 연구진행일지를 활용하였다. 연구진행일지에는 언제, 어떻게 면담을 했는지 기록하였다. 또한, 면담을 하는 도중에 떠오른 생각과 느낀 점을 적었으며, 이 메모는 분석할 때 참조했다.

학생들에게는 필요하면 한 번 더 면담하거나, 전화나 메일로도 자료를 얻을 수 있다고 안내를 했다. 면담 후 분석을 하는 과정에서 추가적인 정보를 얻을 필요가 생겨 호수중학교 학생들과는 2015년 2월 5일, 동산중학교 학생들과는 2월 6일에 추가 면담을 시행하였다. 추가 면담을 한 시기는 학생들이 겨울 방학을 끝내고 봄 방학에 들어가기 전의 기간이라서 모든 학생들이 시간을 내는 데 어려움이 없었다. 이렇게 해서 한 학생과는 개별 면담을 세 번 하게 되었다. 면담을 통해 필요한 자료를 충분히 얻어 글의 주제를 탐구하는 데 어려움이 없도록 하고자 노력하였다.

면담은 양교의 상담실에서 이루어졌다. 양교 모두 상담실 내에 별도로 개인 상담을 할 수 있는 공간이 있어서, 면담하는 데 어려움이 없었다. 면담은 도입과 본론 그리고 종결의 과정이 있는 특별한 종류의 사회적 사건 또는 담화이다(Hatch, 2002/2008). 필자는 면담에 들어가기 전에 참여자와 담소를 나누며 라포(Rapport)를 형성하였다. 면담의 처음 단계에서는 면담의 목적과 면담 참여자의 중요성을 설명하였고 질문 순서에 대해 안내했다. 면담의 본론에 들어가서는 참여자가 글의 주제에 맞는 중요한 쟁점에 관해 이야기하도록 했다. 종결단계에서는 "또래 괴롭힘과 관련하여 면담에서 다루지 않은 것 중 말하고 싶은 게 있나요?"라고 질문하여 대답을 듣고, 담화에 완성의 느낌을 부여하였다. 그리고 면담 참여자로서의 솔직함과 통찰력에 대해 칭찬해 주며 면담을 마치게 되었다.

개별 면담을 모두 마친 후에 면담에 참여한 학생들을 구성원으로 하여 또래 괴롭힘에 대한 주변인의 인식을 집단 역동 속에서 알아보기 위해 학교별로 1회씩 총 2회 포커스 그룹 면담을 실시했다. 포커스 그룹 면담은 어떤 주제를 토의하기 위한 연구자와 참여자 간의 집단 면담이며 유사한 특성 또는 공유된 경험을 가지는 사람들이 모여 정해진 주제를 토의하는 것이다.

포커스 그룹은 특정한 주제에 초점을 맞추도록 설계되었기 때문에 '포커스' 그룹이라고 불리며, 참여자가 깊이 있는 주제를 탐색하게 하는 대화를 생성하는 데 목적이 있다. 포커스 그룹 면담은 상호작용의 역동성을 포착할 수 있도록 해 주고, 개별 면담보다 더 솔직하고 반성적인 반응을 이끌어 낼 수 있게 해 준다(Hatch, 2002/2008).

많은 질적 연구에서 포커스 그룹 면담은 자료의 부가적인 원천으로 채택한다. 포커스 그룹 면담에서 얻은 통찰력을 개별 면담 자료에 추가시키면 자료에서 얻은 이해의 깊이와 풍부함을 증진시킬 수 있다. 포커스 그룹 면담은 개별 면담 그리고 관찰에서 일반화될 수 없는 다른 종류의 정보를 제공한다. 다른 참여자들과의 상호작용을 통해 개인의 의견이나 경험에 대한 통찰력을 제공해 주어 개인만의 관점 및 가치관에 치우치지 않은 자료를 짧은 시간 안에 집중적으로 수집할 수 있다는 장점이 있다.

포커스 그룹 면담은 45~50분 정도로 진행되었으며 동산중학교 9명, 호수중학교 8명이 참여하였다. 포커스 그룹 면담에서는 '동조자·방관자로 행동하는 학생을 방어자 역할 하게 하기, 방어 행동을 하기가 힘든 이유, 반 학생들이 나서서 또래 괴롭힘을 저지하게 하려면 어떻게 해야 할까.' 등의 주제를 다루었다.

필자는 서술형 설문조사도 병행하였는데, 특정 사회현상을 이해할 때 다양한 원천에서 동일한 현상에 관한 자료를 수집하는 것은 매우 설득적일 수 있기 때문이다(Hatch, 2002/2008). 서술형 설문조사는 자료를 확충하고, 많은 학생을 대상으로 주변인으로서의 경험을 듣고자 하는 의미에서 실시하였다. 서술형 설문지를 면담 자료와 함께 사용하는 경우 면담과 설문지의 장점을 모두 살리는 것이 가능하다.

서술형 설문지는 면담을 통해 발견한 사항들을 확인하고, 면담의 해석을 뒷받침할 수 있는 자료를 얻는 데 사용할 수 있다. 응답 내용 빈도 분석을 할 경우 그 결과가 무엇을 의미하는지는 다시 질적으로 해석할 수 있다. 그리고 이를 다시 면담 결과와 연결하여 해석해 볼 수 있다(이용숙, 2005).

서술형 설문지는 두 학교의 전체 학생들을 대상으로 실시하였다. 동산중학교에서는 1교시 수업 시작 전의 자습시간에 담임 선생님을 통하여 실시하였다. 실시된 설문지는 다시 각 학년의 학년 부장 교사가 취합해 주었다. 호수중학교는 1, 3학년은 상담 교사의 수업 시간에, 2학년은 담임 교사가 자습시간을 이용하여 실시했다. 실시 시기는 동산중학교 1, 2학년은 2014년 10월, 3학년은 12월에 호수중학교 1, 3학년은 2014년 10, 11월에, 2학년은 12월에 실시하였다.

'우리 학교'의 선생님이 아니고 외부인이 요청하는 설문지에 대한 학생들의 반응은 시큰둥하다. 더구나 해당란에 체크를 하는 응답지가 아니라 글을 써야 하는 서술형 설문지에는 더 소극적인 자세로 임하는 경우가 많다. 괴롭힘을 목격한 경험을 이야기 형식으로 써 달라는 맨 앞의 문항에 많은 학생들은 "목격한 또래 괴롭힘이 없습니다."라고 쓰고는 다음 문항에 답도 하지 않았다. 필자는 학생들이 이야기 형식으로 길게 써 주기를 바랐으나 설문지에 글을 쓴 학생들의 경우에도 대부분 한 두 줄로 간단하게 쓰는 데 그쳤다.

서술형 설문지의 문항은 다섯 가지였다. '본인이 목격한 또래 괴롭힘 사건을 이야기해 주세요.', '앞 문항에 쓴 또래 괴롭힘 상황에서 본인은 어떤 행동을 했나요?', '앞 문항의 대답처럼 행동한 것은 어떤 이유에서였나요?', '그 또래 괴롭힘 상황을 목격한 우리 반의 다른 학생들은 어떻게 행동했나요?', '또래 괴롭힘 감소를 위한 해결방안으로 무엇이 있을까요?'였다.

서술형 설문지의 질문 내용은 면담의 질문과 동일하였다. 서술형 설문지는 단시간에 많은 자료를 확보한다는 장점이 있지만, 학생들이 쓴 글에서 피해자가 괴롭힘을 당하게 된 전후 사정, 사건이 구체적으로 어떻게 전개되었는지, 가해 행동의 이유, 주변인 행동의 이유 등은 자세히 쓰여 있지 않아 맥락을 파악하기 힘들다는 난점을 가지고 있었다.

서술형 설문지를 분석하기에 앞서, 목격한 또래 괴롭힘이 없다고 쓴 설문지를 비롯하여 문항에 다 답하지 않은 설문지, 내용에 성의가 없는 설문지, 분석이 곤란한 설문지는 분석에서 제외하였다. 이렇게 하여 분석을 하기로 한 설문지는 동산중학교 79매, 호수중학교 108매로 총 187매였다. 분석을 하기로 한 설문지는 최소 2차에 걸쳐서 응답 내용을 분류하였다. 설문지는 학교별, 학년별, 성별로 분류한 후, 분석에 들어가서는 응답 내용을 읽어보고 그 내용을 유형별로 분류하는 동시에, 중요한 사례는 특별히 표시해서 필요하면 인용하였다.

3. 또래 괴롭힘 주변인들의 이야기 분석

면담은 보이스레코더를 이용하여 녹음하였고, 면담이 끝난 후에는 바로 전사(transcription)에 들어갔다. 면담 내용을 전사한 자료로 분석이 이루어지므로, 전사 작업은 세심하게 이루어졌다. 전사를 할 때는 면담이나 포커스 그룹 면담을 한 내용을 그대로 옮겨 면담을 한 학생들의 표현이 왜곡되지 않도록 하였다. 전사 작업을 마무리한 후에는 전사지를 출력하여 읽으면서 다시 한 번 정확히 전사되었는지 확인하였다. 필자는 자료를 분석하는 도중에도 이야기의 의미가 확실하지 않다고 생각되는 부분은 해당 녹음파일을 찾아 다시 들으면서 전사의 정확성을 확인하였다. 면담 참여자와의 면담을 전사한 자료의 예시를 [부록 2]에 제시했다.

자료수집과 분석의 과정은 동시에 진행하였다. 자료가 일정 부분 축적되면 분류하여 코드를 부여하고 기본적인 범주화를 통해 체계적으로 정리하였다. 자료 분석은 흔히 종합, 평가, 해석, 범주화하기, 가설 세우기, 대조 및 패턴 찾기로 진행한다(Hatch, 2002/2008). 분석은 의미를 찾기 위한 체계적인 탐색이다. 또한, 연구자가 패턴을 이해하고 주제를 확인하며, 관계를 발견하고 설명을 발전시키며, 해석하고 비평을 시작하거나 이론을 생성할 수 있게 하는 방식으로 자료를 조직하고 질문하는 것을 의미한다.

자료 분석은 Hatch(2002/2008)가 제안한 자료 분석 방법 중의 하나인 '귀납적 분석'을 하였다. 귀납적 분석은 특정한 증거로 시작하고 그러한 증거를 의미 있는 전체로 통합하는 것이다. 귀납적 분석은 연구 중인 현상에 대해 일반적인 진술문이 만들어질 수 있도록 자료에서 의미 있는 패턴을 탐색하는 것이다. 귀납적 분석은 자료 내의 세부사항에 관한 고찰로 시작하며, '개별적 관찰 전반의 패턴을 찾고서, 그러한 패턴이 일반적인 설명적 진술문의 지위를 갖는 것에 관하여 논쟁하는 것'으로 나아간다.

　이 모형에서 이론은 맥락화된 현상의 면밀한 연구에 귀납적으로 도출된다. 기본적인 귀납적 분석의 단계를 〈표 3-2〉에 제시하였다. 또한, 귀납적 분석 과정에서 발견되는 의미의 이해를 위해 해석적 분석을 가미하였다. Hatch(2002/2008)는 대부분의 연구는 해석적 분석 과정이 귀납적 분석에 부가 또는 함께 사용될 때 연구 결과가 더 풍부해지며 설득력 있게 될 것이라고 하였다.

〈표 3-2〉 귀납적 분석의 단계 (출처: Hatch, 2002; 진영은 역, 2008: 256)

---

① 자료를 해독하고 분석 틀 확인하기

② 분석 틀 안에서 발견된 의미론적 관계에 근거한 영역 만들기

③ 두드러진 영역을 확인하고, 그것에 부호를 부여하고 그 밖의 것은 제쳐놓기

④ 두드러진 영역을 상세화하고 자료에서 관계가 발견되는 곳을 계속 기록 하면서 자료 다시 해독하기

⑤ 영역이 자료에 의해 지지가 되는지를 결정하고, 당신의 영역 안에서 관계와 부합하지 않거나 상충되는 예에 해당하는 자료 조사하기

⑥ 영역 내에서 분석 완결하기

⑦ 영역에 걸쳐있는 주제 조사하기

⑧ 영역 내에서 그리고 영역 간의 관계를 나타내는 종합개요 만들기

⑨ 개요의 요소를 지지하는 자료 발췌 선택하기

첫 번째 단계는 자료를 해독하고 분석 틀을 확인하는 단계이다. 분석은 자료를 해독하는 것으로 시작한다. 분석 틀이란 어떻게 자료를 자세하게 검토하는 것을 시작할 것인가에 관한 대강의 지침을 만드는 것이다. 이러한 초기 결정은 그 후에 따라올 분석을 구체화한다.

두 번째 단계는 분석 틀 안에서 발견된 의미론적 관계에 근거한 영역을 만드는 단계이다. 영역 분석은 사회적 상황 속에서 의미를

지닌 영역을 발견해 내는 과정이다. 영역은 총괄용어, 포함용어, 의미론적 관계라는 세 가지 요소로 이루어져 있다. 〈표 3-3〉에 영역 만들기의 예를 나타냈다.

예를 들어보자. 면담 참여자들이 또래 괴롭힘을 목격했을 때 자신이 한 행동에 대해 여러 가지로 이야기하였다. 그중에서 '대놓고 나서지 않았음', '가만히 있었음', '아무것도 안했음', '관심을 갖지 않았음'으로 표현된 내용들은 방관하는 행동으로 총괄해 볼 수 있다. 이 경우 각 면담 참여자들이 한 행동은 포함용어가 되며, 총괄용어는 '방관함'이 된다.

그리고 포함용어와 총괄용어를 연결하는 의미론적 관계는 완전한 포함의 관계[11]로서 포함용어(X)는 방관함이라는 총괄용어(Y)의 한 종류가 된다. 의미론적 관계는 다양한 포함용어들을 사용하는 방식을 제공하며 총괄용어가 영역이 되어간다. 이 과정에서 떠오르는 잠정적인 주제들은 따로 메모해 두었다.

---

11) 영역분석을 완수하는 데 유용한 아홉 가지의 의미론적 관계가 있다. 첫째는 X는 Y의 한 종류라고 표현할 수 있는 완전한 포함이다. 둘째는 공간이다(X는 Y 안의 한 공간이다). 셋째는 원인-결과다(X는 Y의 결과다). 넷째는 근본 이유다(X는 Y를 행하는 이유다). 다섯째 행동의 장소다(X는 Y를 행하는 장소다). 여섯째는 기능이다(X는 Y를 하는 데 사용된다). 일곱째는 수단-결과다(X는 Y를 하는 방법이다). 여덟째는 순서다(X는 Y의 한 단계다). 아홉째는 속성이다(X는 Y의 속성이다)(Hatch, 2002; 진영은 역, 2008: 260-261).

〈표 3-3〉 영역 만들기의 예

포함용어(X)	의미론적 관계	총괄용어(Y)
대놓고 나서지 않았음 가만히 있었음 아무것도 안했음 관심을 갖지 않았음	X는 Y의 한 종류다	방관함

세 번째 단계는 두드러진 영역을 확인하고, 그것에 부호를 부여하며 그 밖의 것은 제쳐놓는 단계이다. 즉 어떤 영역이 중요하고 어떤 영역이 그렇지 않은지 예비 판단을 내려 어떤 영역이 진행되는 프로젝트에 두드러질 것인가를 결정함으로써 분석의 초점을 한정하는 단계이다. 이 단계에서는 일차적으로 영역표를 완성하였는데, 이 영역표는 분석을 계속해 나감에 따라 상세하게 수정되었다.

네 번째 단계는 두드러진 영역을 상세화하고 자료에서 관계가 발견되는 곳을 계속 기록하면서 자료를 다시 해독하는 단계이다. 이 단계에서는 두드러진 영역을 선택하였고, 전 단계의 영역분석에서 발견된 것 이외의 포함용어를 찾기 위하여 세심하게 자료를 다시 해독하였다.

다섯 번째 단계는 영역이 자료에 의해 지지가 되는지를 결정하고, 각각의 영역 안에서 관계와 부합하지 않거나 상충되는 예에 해당하는 자료를 조사하는 단계이다. '연구 중인 상황에서 이러한 영역의 존재를 지지하는 충분한 자료가 있는가?', '자료가 이러한 영역을 포함하기 위한 사례를 만들 정도로 충분히 설득력이 있는가?', '나의 영역에서 표현된 관계들과 상충되거나 부합되지 않는 다른 자료가 있는가?' 등의 질문에 유의하면서 자료의 질을 검토하였다. 영역 안의 요소들이 몇 번 반복된다면 그것은 표현된 관계가 자료에 있다는 좋은 증거로 삼았다. 영역이 자료와 대립되거나 부합하지 않아 설득력이 없는 증거는 변경되기도 하고 버려지기도 하였다. 때때로 상충되어 보이는 증거는 그 자료가 전체 자료 안에서 의미하는 것이 무엇인지를 파악하여 설명함으로써 해결하였다.

여섯 번째 단계는 영역 내에서 분석을 완결하는 단계이다. 영역 내에서 분석을 완성하는 것은 무엇이 거기에 있는가를 구성하는 다른 가능한 방식에 대한 탐색으로 포함용어, 의미론적 관계, 그리고 총괄용어를 재고하는 것을 의미한다. 그것은 각각의 포함용어 내에서 구성될 수 있는 범주가 있을 수 있다는 생각을 다루는 것을 의미한다. 이 단계에서 지금까지 수행되어 온 각각의 영역을 세밀하게 검토한 결과, 잠정적으로 정했던 '방어 행동을 하기가 어려운 이유'는 '내 행동의 이유(내가 피해를 입는 부정적인 결과 예상)'로 변경하였다. 또한, 이 단계에서 총괄용어를 추출하여 어떤 개요를 찾을 수 있는지 분석하기 시작하였다.

일곱 번째 단계는 영역에 걸쳐있는 주제를 조사하는 단계이다. 개별 영역 간의 연관성을 찾는 단계로, 주제 찾기로 간주할 수도 있다. 영역 분석에서 개괄한 관계 간의 연관성을 찾는다. '이 모든 것이 의미하는 것은 무엇인가?', '어떻게 이 모든 것이 서로 부합될 수 있는가?'라는 질문을 해 보며 자료 전반에 걸친 가능한 주제를 찾는다. 그리고 영역 전반에 걸친 공통점을 찾고, 비교를 통해 유사점과 차이점을 찾는 단계이다.

여덟 번째 단계는 영역 내 그리고 영역 간의 관계를 나타내는 종합개요를 만드는 단계이다. 이 단계에서는 전체적인 분석이 어떻게 서로 부합되는지에 대한 포괄적 표현을 생성하고자 하였다. 총괄용어를 범주로 묶어 종합개요를 만들었다. 예를 들면 면담 참여자들은 또래 괴롭힘 목격 상황에서 내가 피해를 입는 부정적인 결과를 예상하여 행동하였다고 하였다. 총괄용어로는 동조자 수가 많아 목격자로 나서면 피해볼 수 있음, 가해자를 따르는 학생들이 많음, 가해자가 친구가 더 많음, 가해자가 우위에 있음, 가해자가 서열이 높음, 가해자가 힘이 있음이 있었다. 이를 포괄하여 '종합개요'로는 '가해자가 힘이 있고 따르는 학생이 많음'으로 만들 수 있었다. 종합개요 만들기의 예를 〈표 3-4〉에 나타냈다.

〈표 3-4〉 종합개요 만들기의 예

총괄용어	종합개요
동조자 수가 많아 목격자로 나서면 피해 볼 수 있음 가해자를 따르는 학생들이 많음 가해자가 친구가 더 많음 가해자가 우위에 있음 가해자가 서열이 높음 가해자가 힘이 있음	가해자가 힘이 있고 따르는 학생이 많음

이 책에서는 종합개요를 ① 따돌림과 언어폭력, 주도성과 우월감 vs 다름·약함과 소심함, 답답함 ② 방관할 것인가 방어할 것인가의 선택, 내가 피해를 입는 부정적 결과 예상, 상황과 관계에 따른 주변인 행동의 변동성 ③ 동조자·방관자를 방어자가 되게 하기, 또래 괴롭힘을 허용하지 않는 교실 분위기 만들기, 또래 괴롭힘 감소를 위한 교실에서의 노력으로 만들 수 있었다. 귀납적 분석 단계에 따라 종합개요를 구성한 것을 [부록 3]에 제시했다. 영역과 종합개요 구성을 〈표 3-5〉에 제시했다.

아홉 번째 단계는 개요의 요소를 지지하는 자료를 발췌하는 단계이다. 자료를 다시 읽어가며 개요, 요소별로 결과를 지지하는 부분을 발췌하여 넣었다.

〈표 3-5〉 영역과 종합개요 구성

연구문제		영역	종합개요
또래 괴롭힘을 목격한 주변인은 어떤 경험을 하였는가?	1	목격한 또래 괴롭힘	(따돌림) 자신과 다른 학생 (언어폭력) 마음에 안 드는 학생
	2	가해자·피해자는?	(가해자) 친구가 많고 주도성이 있는 학생 자신을 높이고 타인을 낮춤 (피해자) 이상함, 무기력함, 소심함, 친구가 없음
	3	목격하며 든 생각	답답함 (가해행동) 이러면 안 될텐데… (피해 학생) 안쓰러움

또래 괴롭힘 상황에서 주변인이 취한 행동 및 그러한 행동은 어떤 맥락에 의한 것인가?	4	내가 취한 행동 (나의 행동에 대해 든 생각)	(방관) 가만히 있었음, 어쩔 수 없는 상황 가해자, 피해자에게 영향을 못 미침 (방어) 챙겨줌, 뿌듯함, 가해행위를 막고, 피해자에게 도움 줌
	5	내가 취한 행동의 이유	(내가 피해를 입는 부정적 결과 예상) 방어하다 친구들과 엮임 내가 친구 무리에서 떨어져 나올 수 있음 가해자가 힘이 있고 따르는 학생이 많음
	6	주변인은 어떤 상황에서 어떻게 행동하는가?	나와 연관이 없는 경우 방관 방어할 분위기가 형성되면 방어 벌어지고 있는 또래 괴롭힘 상황을 모르는 경우 방관
또래 괴롭힘 주변인이 바람직한 행동을 하게 하는 환경은 무엇인가?	7	동조자, 방관자를 방어자가 되게 하기	입장 바꿔 생각해 보기 관심을 가지고 옳고 바른길 알려주기
	8	또래 괴롭힘을 허용하지 않는 교실 분위기 만들기	먼저 나서기 편 가르지 않고 다 같이 어울림
	9	또래 괴롭힘 감소를 위한 교실에서의 노력	(노력) 반 활동을 통해 친해질 기회 만듦, 공감하고 다름을 인정하는 공동체 문화 배우기 (교사) 서둘러 끝내려 하지 않기, 비밀 유지, 적절한 개입 (교육) 실질적인 교육, 역할극 필요

또한, 이 책에서는 해석적 분석을 가미하였다. 해석은 자료에 의미를 부여하는 것이며, 사회적 상황 내에서 무엇이 진행되는지에 대하여 설명함으로써 사회적 상황을 이해하는 데 관여한다. 해석은 필자를 글을 쓰는 과정에서 능동적인 참가자로 위치시킨다. 이러한 해석은 연구자에 의해 구성된다(Hatch, 2002/2008). 이 책을 집필하기 위한 자료수집과 분석 과정을 〈표 3-6〉에 나타냈다.

〈표 3-6〉 자료수집과 분석 과정

절차	기간	내용
문헌조사	2014.02.01~2014.06.30	또래 괴롭힘에 대한 문헌 연구
세부 연구 문제 선정	2014.07.01~2014.08.31	또래 괴롭힘 주변인의 경험과 인식에 대하여 질적 연구를 하기로 함
참여기관 선정 및 면담동의	2014.09.01~2014.10.12	안산 1교, 수원 1교의 중학교 선정, 재학생 20명을 면담 참여자로 선정
예비면담	2014.10.13, 2014.10.14	주변인 경험 질문내용 의견 상호 교환
면담	2014.10.15~2014.12.05	한 학생당 2회에 걸쳐서 면담 진행
서술형 설문지	2014.10.27~2014.12.05	1, 2, 3학년 학생을 대상으로 서술형 설문지 실시
포커스 그룹 면담	2014.11.17/2014.12.09	면담에 참여했던 학생들을 그룹으로 하여 학교별로 1회의 포커스 그룹 면담 진행
추가면담	2015.02.05~2015.02.06	면담에서 명확히 드러나지 않은 부분과 추가 질문에 대한 추가 면담
기술, 분석, 해석	2014.10.15~2015.06.30	확보한 자료에 대한 기술, 분석 및 해석

타당도를 높이기 위해 삼각검증법(triangulation)을 적용하였다. 삼각검증은 질적 연구에서는 연구의 엄격성을 높일 수 있는 방법으로 사용된다. 면담한 내용은 전사하여 면담 참여 학생들이 읽어보고 검토해 보도록 하였다. 또한, 필자가 가진 편견이나 주관적인 시각을 축소하기 위해 전사한 자료를 분석하고 해석하는 과정에서 동료 연구자, 박사학위가 있는 선배 질적 연구자에게 자문을 구하였다. 분석한 자료를 해석할 때는 필자의 연구일지 등의 메모를 참고하였다. 분석할 때는 Hatch(2002/2008)가 제시한 분석방법을 적용하였고, 질적 연구를 다룬 저서와 논문을 참조하였다.

이 책은 면담과 서술형 설문지를 통해 얻은 자료를 분석하고 해석하여 본론에 해당하는 부분에서는 다음과 같은 내용을 서술하고 있다.

첫째, 주변인이 목격한 또래 괴롭힘의 내용, 가해자·피해자는 어떻게 했는지, 또래 괴롭힘을 목격하며 든 생각 등을 기술한다.

둘째, 주변인의 행동, 주변인 자신의 행동에 대해 든 생각, 자신의 행동이 또래 괴롭힘에 미친 영향과 그 상황에서 주변인이 취한 행동의 맥락을 알고자 하였다. 또래 괴롭힘을 목격한 주변인은 어떤 상황에서 방어 행동을 하는지, 어떤 상황일 때 개입하지 않고 방관하고 있는지 서술하였다.

셋째, 주변인이 바람직한 행동을 하게 하는 환경에 대하여 기술한다. 또래 괴롭힘을 목격한 주변인이 동조자나 방관자가 되지 않고 방어자가 되게 하기, 또래 괴롭힘을 허용하지 않는 교실 분위기 만들기, 또래 괴롭힘 감소를 위한 교실에서의 노력에 대하여 알아본다.

마지막으로, 남학생과 여학생은 또래 괴롭힘 행위에서 어떤 특징이 있고, 주변인의 행동은 남녀별로 어떻게 나타나는지, 또래 괴롭힘이 있을 때의 교실 분위기는 평상시와 비교하여 어떻게 달라지는지, 연령에 따른 주변인의 역할 행동 변화 양상에 대하여 알아본다. 또한, 교사는 또래 괴롭힘 사건을 해결하기 위해 가해자·피해자를 어떻게 대해야 하며, 또래 괴롭힘 예방교육은 어떻게 해야 하는지 서술한다.

면담 참여자들이 이야기한 가해자·피해자의 행동, 또래 괴롭힘의 유형, 그 상황을 목격한 주변인인 나는 어떻게 행동했는지를 정리하여 〈표 3-7〉에 제시했다. 그리고 면담 참여자들이 이야기한 사례별 또래 괴롭힘 내용과 그 상황에서 주변인인 내가 취한 행동은 〈표 3-8〉에 간략하게 정리하였다. 자세한 또래 괴롭힘 사례와 주변인으로서의 나의 행동은 [부록 4]에 제시하였다.

〈표 3-7〉 피해자·가해자의 행동과 주변인인 나의 행동

번호	이름	피해 학생	가해 학생	유형	나의 행동
1	박재형	학급의 반장인 남학생	학급에 있는 세 명의 남학생	언어폭력	가해행위를 막음
2	차예린	전학 온 여학생	세 명의 여학생 무리	따돌림, 언어폭력	친구와 같이 급식을 하게 함
3	박종인	소극적이고, 상황에 맞지 않은 행동을 하는 남학생	네 명의 남학생	따돌림	몇 번은 하지 말라고 함
4	천혜경	학급을 옮겨 온 여학생	목소리 크고 주도적인 학생들	따돌림	대놓고 나서지 못함
5	신민수	학급의 남학생	앞에 보이는 것 없이 폭력을 행사하는 남학생	신체폭력	때리지 못하게 막음
6	오미연	마음이 순하고 여린 여학생	네 명의 여학생 무리	언어폭력	달래 줌, 진술서를 써줌
7	김영호	무기력해 보이는 남학생	대부분의 학생들	따돌림	피해 학생을 꺼려함
8	김미선	말 수도 없고 소심한 여학생	세 명의 여학생	따돌림	아무것도 안 함
9	정재현	이상하고 특별한 남학생	학생들 여러 명	언어폭력	방관함
10	박유리	학급의 여학생	사교성이 좋고 주도성이 있는 여학생	따돌림	동조행동을 함, 따돌리지 말자고 말함
11	전근영	입 냄새가 나고 행동이 특이한 남학생	같은 반 열 명 정도의 남학생들	따돌림	심할 때는 하지 못하게 막음

12	이유진	전학 온 여학생	반 학생의 삼분의 일 정도	따돌림	챙겨줌
13	강희성	특수 학급 남학생	반에서 노는 애들	언어폭력, 신체폭력	심할 때는 말림
14	김지연	네 명으로 이루어진 여학생 무리 중 한 명	네 명의 여학생 무리 중 세 명과 동조자들	따돌림	가만히 있었음
15	현정우	소심하고, 말할 때 더듬고 행동이 특이한 남학생	네 명으로 이루어진 무리	따돌림	선생님께 알림
16	성은미	여학생 한 명	친구가 많은 여학생	언어폭력, 따돌림	그냥 보기만 함
17	박대현	대화를 잘 못하고, 행동이 어눌한 한 명의 남학생	학급의 학생	따돌림, 언어폭력, 신체폭력	가만히 있었음
18	김수연	여학생 한 명	일진 무리	언어폭력	가만히 있었음
19	박상호	신체가 약하고, 몸에서 이상한 냄새가 나는 남학생	학급에 있는 열 명 정도의 학생들	따돌림, 언어폭력	피해자와 어울려줌
20	이진희	여학생 한 명	두 명의 여학생과 무리들	언어폭력	신고하는 데 도움을 줌

〈표 3-8〉 사례별 또래 괴롭힘 내용과 주변인인 나의 행동

사례 번호	사건 내용의 요약
1 박재형	한 남학생에게 특히 세 명의 남학생이 툭툭 치고 팔을 깨물거나 뒤에서 헤드록을 하였다. 듣기 거북한 심한 욕도 많이 하였다. 이 상황에서 가해자들에게 '그만해라, 너무 말이 심한 것 같다.'고 말하였다. 피해자 학생에게는 '너무 힘들면 너도 똑같이 그렇게 해줘라.'라고 조언해주었다.
2 차예린	전학을 온 한 학생이 은근히 따돌림을 당하고 있었다. 학생 한 명이 자기를 괴롭히지도 않았는데 괴롭혔다고 선생님께 이르는 사건이 있었던 후, 학생들은 이 전학 온 학생을 더 안 좋아하게 되어 어울리려고 하지 않았다. 그 학생은 언어폭력과 따돌림을 당했다. 나도 이 학생을 개인적으로는 안 좋아했지만 같은 반 학생으로서 이 학생이 급식실에서 학생들과 밥을 같이 먹을 수 있는 여건을 만들어 주었다.
3 박종인	소극적이고 상황에 맞지 않는 행동을 하며, 다른 학생들과 말을 안 하고 친구가 없어 따돌림을 당하는 학생이 있었다. 가해자는 네 명 정도의 남학생이었다. 학생들에게 맞기도 했으며 급식 보조식도 뺏기곤 했다. 나는 가해자와는 친한 친구여서, 말리면 친구끼리 우정이 갈라설 것 같고, 어떻게 할 수가 없어 말리지 못했다. 그때는 어쩔 수 없었다.
4 천혜경	피해자였던 2학년 8반 여학생이 학교폭력대책자치위원회의 결과로 5반인 우리 반으로 옮겨 오게 되었다. 우리 반 학생들은 이미 친해질 대로 친해져 있었다. 안 좋은 소문도 있어서 우리 반에서는 그 학생을 끼워주지 말자는 말이 미리 오갔다. 반을 옮겨 온 학생에게 반 학생들은 말을 안 걸었고, 그 학생도 적극적으로 다가오지 않았다. 이러한 상황은 목소리 크고 주도적인 학생이 이끌어 갔다. 애들이 다 등을 돌려서 나도 대놓고 나서지 못했다.

5 신민수	화장실에서 한 학생이 장난을 먼저 걸었는데 상대방 반응이 안 좋자 화가 나서 때렸다. 평소에도 누가 말리면 앞에 보이는 것 없이 행동하는 학생이었다. 나도 그 장소에 있었다. 때리는 애를 벽에다 대고 막으면서 더 못 때리게 했다. 맞는 학생에게는 가라고 했다.
6 오미연	마음이 순하고 여린 한 여학생을 주로 네 명의 여학생이 괴롭혔다. 잘 나가지도 않는 학생이 치맛단을 박고, 염색, 화장하고 다니는 것을 꼴사나워했기 때문이다. 비비를 빌려 달라고 해서 쓰고는 던져 버리고, 책상에 낙서도 하고, 먹던 음식물을 그 여학생 자리에 버리기도 했다. 애들이 욕을 할 때 바로 나서지 못했다. 하지만 수업 끝나고 점심시간에 상담해 주고 달래 줬다. 학교폭력 진술서를 내가 써줬다.
7 김영호	초등학교 6학년 내내 학생들이 한 남학생을 싫어했다. 그 학생은 힘이 없어 보이고 무기력해 보였다. 학생 대부분이 그 학생을 피했다. 일부 학생은 가끔씩 때리기도 하였다. 애들이 싫어하니까 나도 꺼려졌다. 그래서 나도 피하게 되었고 미안하기도 했다.
8 김미선	말을 잘 안 하고, 말할 때는 답답하게 하는 한 여학생이 있었다. 이 학생은 소심하였고 친구가 없었으며 사람을 지긋이 쳐다보는 버릇이 있어 학생들이 기분 나빠했다. 특히 세 명의 학생이 많이 괴롭혔으며 왕따를 주도하였다. 나는 아무것도 안 했다. 나도 피해자를 별로 좋아하진 않았다. 걔가 말을 걸면 대답해 주고, 그냥 반에 있는 한 명의 학생 정도로 대했다.
9 정재현	한 학생을 주로 괴롭히는 학생들이 있었고 가끔은 다른 학생들이 괴롭혔다. 그 학생이 아무 잘못이 없을 때도 학생들은 시비를 걸고 욕했다. 그 학생은 당하면 울기도 했다. 나는 방관했다. 내 일이 아니고 저들의 일이니까 하며 관심을 가지지 않았다.

10 박유리	반 전체 학생들이 반톡에서 대화를 하며 한 학생 말을 무시하거나 욕하였다. 급기야 이 학생을 뺀 다른 톡을 만들어 학생들이 기존 반톡에서 나와 새로운 톡으로 옮겼다. 새로 만든 톡에 대해서 그 학생에게는 얘기를 안 했다. 새로운 반톡에서 그 학생 뒷담화를 했다. 나는 피해자, 가해자 양쪽 다 친했다. 그렇지만 피해자를 위해 크게 도움을 준 것은 없었고 친구들이 뒷담화 할 때 같이 뒷담화 했다.
11 전근영	한 남학생이 입 냄새가 났고, 학생들이 싫어하는 특이한 행동을 많이 해서 따돌림을 당했다. 주로 같은 반 열 명 정도의 남학생들이 집단적으로 짜고 괴롭혔다. 공을 차고 주워오라고 시킨다거나, 때리고 도망간다거나 하였다. 가해 무리들이 나와 친한 학생들이었다. 그래서 나서지 않다가도 심하다 싶으면 하지 말라고 했다.
12 이유진	3학년 2학기 중간고사가 끝난 시기인 10월 중순 우리 반에 전학생 한 명이 왔다. 전학 온 학생은 키가 작고, 예쁘지도 않고, 성격도 특이했다. 반 학생들은 이미 친해져 있는 상태였고, 텃세를 부리고, 소외감 느끼게 따돌렸다. 학생들은 그 학생이 다가오면 얘기하다 흩어져 버렸다. 반 학생이 삼분의 일 정도는 완벽하게 모른 척하고, 나머지는 그저 그런 상태로 대하였다. 나는 가서 같이 앉아주고 챙겨주었다.
13 강희성	학교에 도움반(특수 학급)이 있다. 이 도움반 학생이 공부하러 학급에 오면 일반 학급의 학생들은 일부러 툭툭 건드렸다. 특히 심하게 하는 학생들은 언어폭력을 가했고, 손가락 욕도 날렸다. 툭툭 치면 그 학생도 똑같이 때릴 때가 있었다. 그럴 땐 센 학생에게 더 많이 맞았다. 처음에는 보고 있었는데, 너무 심하다 싶으면 말렸고 데리고 나가기도 했다.

14 김지연	네 명으로 이루어진 우리 무리에서 다른 무리에 속한 한 명의 욕을 하면서, 다른 무리에서 욕한 학생을 찾았다. 우리 무리에서는 욕한 학생을 알려 주면서, 그 학생 혼자만 그랬다고 하였다. 그리고 같이 욕먹기 싫어서 그 학생을 많이 타박하면서 따돌리게 되었다. 그 학생은 혼자 지내게 되었다. 정신적 피해도 입었다. 나는 같이 따돌림을 받을까 봐 가만히 있었다. 관계되고 싶지 않았다.
15 현정우	소심하고, 뚱뚱하고, 말할 때 더듬고, 행동이 느리고, 행동이 남과 다른 학생이 왕따를 당하고 있다. 특히 네 명으로 이루어진 한 무리가 험한 욕으로 심하게 괴롭혔다. 2학년 겨울방학 때는 운동장에서 그 학생을 눕히고 쓰레받기로 때리면서 눈으로 덮기도 하였다. 그 일을 선생님께 다 말했다.
16 성은미	사이가 안 좋은 학생 둘의 싸움이 있었다. 그중 한 학생이 싸웠던 다른 학생과 반 학생들로부터 따돌림을 당했다. 피해 학생이 얘기할 때는 반 학생들은 무시하였다. 학생들은 이 학생을 은근히 따돌렸다. 피해자는 많이 주눅이 들었다. 나는 괜히 얽혀서 피해 받고 싶지 않아 그냥 보기만 했다.
17 박대현	대화를 잘하지 못하고 행동이 어눌한 한 명의 학생이 있었다. 장애인 끼도 있었다. 학생들이 어울려 주지 않아 왕따를 당했다. 한 학생이 그 학생을 유별나게 괴롭혔는데, 툭툭 치면서 놀리는 말을 하였다. 피해자의 반응이 웃길 때 반의 대부분의 학생들은 웃기도 하고 비웃기도 하였다. 나도 웃은 적이 있었고 목격 상황에서 가만히 있었다.

18 김수연	한 학생이 자신에게 장난을 치려는 학생을 꺼렸다. 장난을 치려고 했던 학생과 그 무리들은 이 학생을 티 나게 싫어했고 심한 욕을 하였다. 온라인상으로도 비슷하게 했다. 이 학생은 그 무리의 학생들을 보면 무서워하였다. 내가 옆에 있긴 했지만 멍하니 가만히 있었다. 방어를 못 해 주었다.
19 박상호	신체가 약하고, 몸에서 이상한 냄새도 나는 한 학생이 왕따를 당하고 있었다. 한 명이 주로 툭툭 치고 때렸다. 열 명의 학생들은 그 학생을 놀렸다. 나는 피해자를 보호하는 쪽에 섰다. 운동회 때 짝을 지어야 하는 상황에서 애들이 다 싫어했다. 그때 내가 자원해서 그 학생의 짝이 되었다.
20 이진희	여학생 무리가 한 여학생이 마음에 안 든다고 카카오스토리에 그 학생에 대해서 욕을 하고 나쁜 글을 올렸다. 가해자들은 학교에서 주도권을 잡고 있는 학생들이었다. 나는 피해 학생에게 말을 많이 걸어주고, 계속 괜찮다고 해 주었다. 그리고 괴롭힘을 당한 것을 학교에 신고하는 데도 도움을 줬다.

제4장

주변인이 목격한
또래 괴롭힘의 모습

제4장

주변인이 목격한 또래 괴롭힘의 모습

면담 참여자들은 목격한 또래 괴롭힘이 어떤 것이었는지, 가해자는 어떻게 했는지, 어떤 학생이 피해를 당했는지, 또래 괴롭힘을 목격하며 어떤 생각이 들었는지 그리고 그 상황에서 자신은 어떻게 행동했으며, 자신은 왜 그러한 행동을 하였는지, 자신이 취한 행동에 대해서는 어떠한 생각을 들었는지, 자신의 행동으로 또래 괴롭힘 사건에 어떤 영향을 미쳤는지 등의 주변인으로서의 경험을 이야기하였다.

이 장에서는 또래 괴롭힘 사건을 목격한 주변인의 경험에 대하여 이해하고자 하였다. 주변인이 목격한 또래 괴롭힘은 따돌림과 언어폭력이 가장 많았다. 주변인들은 학급에 있는 일반적인 애들의 모습과 다른 애는 따돌림[12]을, 가해자들의 마음에 들지 않는 애는 언어 폭력을 당하고 있다고 보았다.

　주변인이 목격한 가해자는 학생들 사이에서 주도성이 있었고 자신이 우월하다는 생각을 가지고 있었다. 반면에 피해자는 가해자가 볼 때 우리(나)와 다른 행동을 하는 학생이었으며, 약하고 무기력하고 이상한 행동을 하는 학생이었다. 이러한 또래 괴롭힘을 목격하며 주변인들이 하게 된 생각은 답답함이었다. 가해자에 대해서는 '이러면 안 될 텐데.'라는 생각을 가졌고 피해자에 대해서는 '안쓰러움'이라는 생각이 들었다. 주변인이 이야기를 풀어가는 과정을 [그림 4-1]에 나타냈다.

---

12)　우리나라 「학교폭력 예방 및 대책에 관한 법률(법률 제12844호, 2014.11.19.)」에서는 따돌림에 대해 "학교 내외에서 2명 이상의 학생들이 특정인이나 특정집단의 학생들을 대상으로 지속적이거나 반복적으로 신체적 또는 심리적 공격을 가하여 상대방이 고통을 느끼도록 하는 일체의 행위를 말한다(동법 제2조의 1의 2)."고 정의하고 있다.

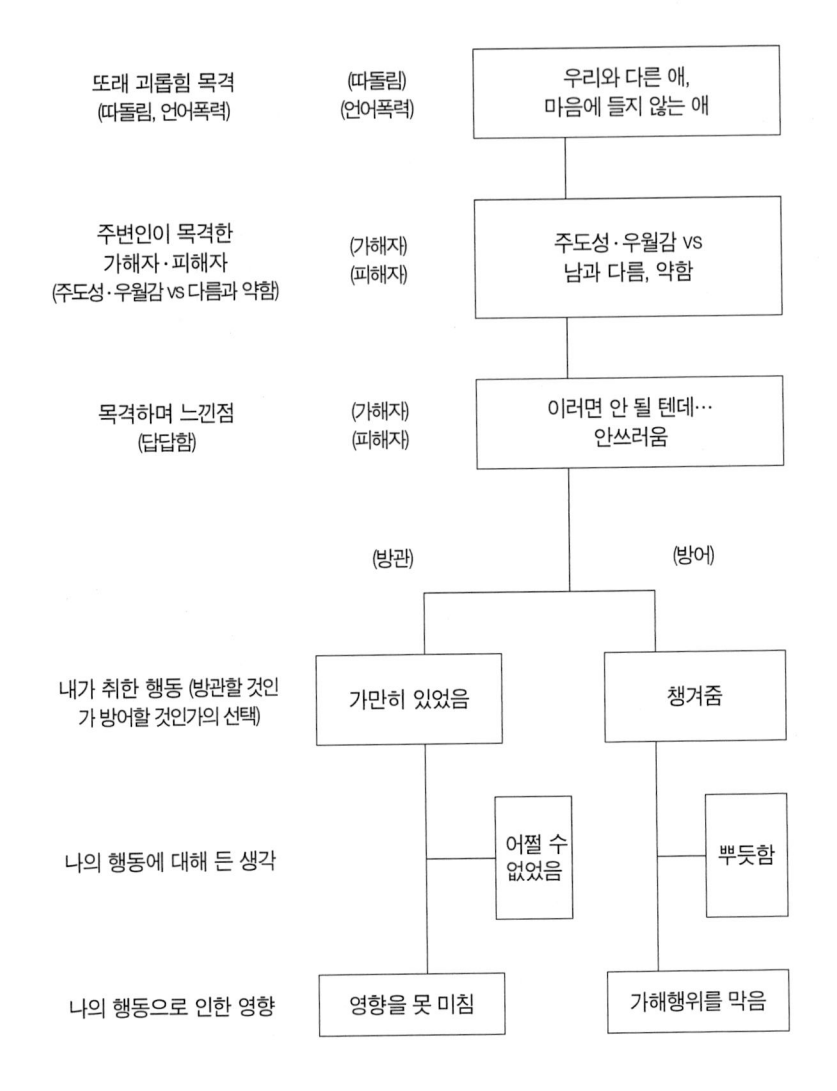

[그림 4-1] 또래 괴롭힘을 목격한 주변인의 경험

1. 주로 나타나는 또래 괴롭힘의 형태: 따돌림과 언어폭력

면담 참여자들이 목격한 또래 괴롭힘의 형태는 따돌림과 언어폭력이 대부분이었고, 신체폭력 사례는 드물었다. 이러한 결과로서 오늘날 한국의 중학교에서 나타나는 또래 괴롭힘의 형태는 따돌림과 언어폭력이 많은 것을 알 수 있다.

1) 어떤 학생이 따돌림을 당하는가: 우리(나)와 다른 애

면담 참여자들이 가장 많이 이야기한 또래 괴롭힘은 '따돌림'이다. 반에 있는 학생들로부터 나 또는 우리와 다른 애라고 인식되는 학생이 따돌림의 대상이 된다. 따돌림의 대상이 된 우리와 다른 애는 '행동이 특이하고 냄새가 나는 학생', '말을 더듬거나 행동이 느린 학생', '나보다 힘이 약한 학생'이다. 반을 옮겨 온 학생이나 전학생도 '우리와 다른 애'의 범주에 속한다.

3학년 학생인 근영이는 자신이 2학년 때 목격했던, 행동이 특이한 남학생이 따돌림을 당했다고 이야기하였다. 근영이는 이 남학생의 행동이 특이했고 입 냄새도 심했으며 학생들이 싫어하는 행동을 많이 했다고 하였다. 처음에는 이 학생을 두세 명이 괴롭히기 시작했고 나중에는 열 명으로 늘어났다. 반에 있는 학생들 중에 많은 수는 괴롭힘 장면을 보며 재미있어했다. 남학생들은 이 학생이 자신들과 다르게 행동하고 냄새가 난다는 이유로 집단적으로 짜고 장난을 쳤다. 공을 차고 주워오라고 시킨다거나 때리고 도망가거나 하였다.

이 학생은 심하게 피해를 받을 때 울기도 하였다. 장난을 치는 형태였으나 실상은 따돌림이었고 또래 괴롭힘이었다. 괴롭히는 게 재미있어서 한 행동이었다. 이런 괴롭힘은 1학기 중간인 4월 말부터 10월 중순까지 6개월 정도 진행되었다. 근영이는 이 학생이 집단적으로 괴롭힘을 당한 주요한 이유로 학생들이 자신들과 다르다고 생각하고 이 학생에게서 거리감을 느꼈기 때문이라고 하였다.

정우는 왕따[13]를 당한 남학생에 대해 이야기하였다. 이 학생이 말을 더듬고 행동이 다른 학생들보다 느리고 뚱뚱한 것이 따돌림당하는 이유가 된 것으로 말하고 있다. 가해 학생들은 행동이 남과 다르고 말을 잘하지 못한다는 이유로 이 학생을 괴롭혔다. 주변인인 정우는 피해 학생이 가진 문제로 인하여 괴롭힘이 시작되었다고 인식하고 있었다. 미선이는 신체가 불편하다거나 정신적인 면에 문제가 있는 경우 우리와 다른 애라는 취급을 받는다고 하였다. 신체에 문제가 있는 학생은 학급의 학생들과 놀기 불편하고, 지능이 떨어지는 학생도 학급의 학생들과 정상적으로 어울릴 수 없기에 따돌림을 당하게 된다고 하였다.

행동이 특이하고, 입 냄새도 나고 친구들이 싫어하는 행동을 많이 했

---

13) 왕 따돌림. 누구에게나 따돌림을 당하는 것. (이보경, 2014).

어요. 걔가 딱히 남한테 피해 주려던 것은 아닌데, 행동을 그렇게 해서… 친구들이 걔를 싫어하면서 애들끼리 짜서 때리고 도망가기도 하고, 공차서 주워 오라기도 하기도 했어요. 두세 명 정도가 괴롭혔는데, 그게 다른 애들이 보기에는 재밌잖아요! 그래서 그때부터 대다수 애들이 그 학생을 괴롭히기 시작했어요.

여튼 걔는 우리들이랑 다르다고 해야 하나! 행동도 이상했고, 애들이랑 거리감 같은 게 있었다고 해야 할까요! 그런 것도 있었고, 우리랑 다르다고 생각해서 또래 괴롭힘을 당했던 것 같아요. 〈전근영. 2014.11.02〉

작년에 한 학생이 있었어요. 그 아이가 초등학교 때부터 왕따를 당해 왔는데, 더듬으면서 말하고, 행동이 다른 사람보다 느려서가 이유였어요. 그리고 약간 뚱뚱하다는 점도 친구들이 그 아이를 왕따를 시킨 이유 중 하나예요. 이 아이가 행동이 남들과는 다르고, 말도 잘하지 못하기 때문에 애들이 알아차리고, 그 아이를 왕따를 시킨 거예요. 〈현정우. 2014.11.11〉

신체에 문제가 있으면 같이 놀 때도 불편할 거예요. 만약 다리를 다쳤으면 걔가 버스를 탄다거나 할 때 걔를 부축해주고 그래야 되니까 놀기 힘들겠죠. 이 학생을 생각해 보면 다들 6학년 걸 배우고 있을 때 걔는 3학년 걸 배우고 있었어요. 떨어지니깐 같이 공부를 한다거나 끼어들 수가 없죠, 애들한테. 〈김미선. 2014.11.01〉

괴롭힘을 당하는 학생은 보통의 학생들과는 다른 행동을 한다고 느껴지는 학생이다. 학생들이 생각하는 우리와 다름은 신체적 상태나 행동에 국한되지 않고 언어, 사고, 지능 등 광범위하다. 누군가가 우리와 다르다고 생각되면 그 학생과는 거리감을 느끼게 된다. 어떤 학생이 말을 잘하지 못하거나 어눌하게 하면 반 학생들과 대화 나누기가 어려워 어울리는 사람이 드물게 됨을 알 수 있다. 특히 여러 명이 한 학생에게 거리감을 느끼기 시작하면 이 학생은 어울리는 사람이 없어져 따돌림 상태가 되어가기 시작한다.

힘이 약하고 지저분한 학생도 '우리(나)와 다르다고 생각되는 애'이다. 힘이 약한 아이는 성격도 소극적인 경우가 많아 괴롭힘을 당하기 쉽다. 상호가 목격한 따돌림의 대상은 힘이 약하고 냄새가 나는 애였다. 열 명 가까운 반의 학생들은 무리 지어서 코를 부여잡고 냄새난다고 이 학생을 놀렸다. 가해자들은 이 학생을 가끔 툭툭 치기도 하였다.

> 6학년 때 힘이 약한 김모 군이 있었는데 개가 힘이 약하다 보니까 애들이 놀리는 것 같은 것을 좋아하고, 반응이 재밌어서 그랬던 거 같기도 해요. 근데 개는 반항 같은 걸 못했죠. 몸에서 이상한 냄새도 나고 해서 더 그랬던 거 같아요. 가해자는 왕따시키고 놀리고 그 정도로만 하고 가끔은 툭툭 치고 그랬어요.
> (피해를 당하는 애는) 힘이 약하거나 정신적으로 이상이 있던가 하지

않을까요? 아니면 가해자 학생들이 다순데, 그 다수가 그 괴롭힘을 당하는 애가 자신과는 뭔가 다르다고 생각을 했을 때 피해자가 되는 것 같아요. 〈박상호. 2014.11.02〉

괴롭힘을 당하는 피해자가 반응을 보이면 가해자들은 그걸 더 재미있어하고, 가해행위가 반복되어 가면 피해자는 반항도 하지 못하는 상태가 된다. 가해자들은 자신들과 다르다는 이유로 힘이 약하거나 몸에서 냄새가 나는 아이를 따돌린다. 신체적 또는 정신적인 면에서 '우리와 다른 애'는 교실의 애들과 어울리지 못하고 따돌림 상태가 되는 경우가 많다.

유리는 여학생 두 명의 다툼에서 발단이 된 또래 괴롭힘 사건을 이야기하였다. 그중 한 학생은 말이 많고, 소리를 지르고, 말을 가려서 안 하고, 욕을 잘했다. 그래서 학생들은 이 학생이 거슬렸고 싫어했다. 반면에 그 여학생과 다툼을 한 다른 여학생은 사교성이 좋았고 주도적인 학생들과 놀았다. 사교성이 좋은 이 학생이 주도하여 학급 대부분의 학생들이 다툼의 상대였던 여학생을 왕따시키도록 했다. 이 상황에서 유리는 심정적으로 가해자의 입장에 동조했다. 유리는 따돌림당하는 학생이 평소에 말을 가려서 안 하고 욕하는 모습을 거슬려 했기 때문이다. 그래서 유리는 가해자들이 피해자 뒷담화를 할 때 같이 뒷담화 했다.

피해자가 된 이유는 당사자가 무슨 잘못을 했거나 해서 피해자가 되는 경우가 되게 많거든요. 솔직히 피해자를 감싸고 도는 게 이상하고…. 대부분 자기가 입을 함부로 해서 왕따거나 은따가 되죠. 자기 성격 문제지 가해자만 잘못이 있다고 볼 수는 없죠. 피해자는 두 부류로 나뉘는데, 완전 조용해서 사람들이 못 다가가거나 그 전에 말했던 것처럼 너무 나대거나 말이 안 예쁘거나 해서 눈에 거슬리는 그런 사람. 그 둘 중 하나. 〈박유리. 2014.10.28〉

유리는 가해자에게 문제가 있다기보다는 피해자에게 원인이 있어 따돌림을 당했다고 판단하였다. 피해자의 행동이 거슬려 학생들이 안 어울리는 것이지 가해자의 잘못이 있다고 보기는 어렵다는 것이다. 유리는 조용해서 사람이 다가오지 못하게 하거나, 말을 가리지 않고 하거나 거슬리는 행동을 해서 괴롭힘을 당하게 되는 피해자의 두 가지 유형을 이야기하였다.

혜경이는 1학기 말 즈음에 반을 옮겨온 학생에 대한 이야기를 하였다. 2학년 8반에서 일어난 또래 괴롭힘 사건으로 학교폭력대책자치위원회가 열렸고, 그 결과 8반의 한 여학생이 5반으로 옮겨오게 되었다. 피해 학생은 또래 괴롭힘 가해자가 아니라 피해자여서 반을 옮겨오는 경우다. 그런데 이미 친해질 대로 친해져 있는 학급에, 그것도 학년이 끝나가는 시점인 2학기 중반에 반을 옮겨오게 된 이 학생은 몇 명 학생들의 주도와 반 학생들의 동조와 방관으로 따돌림의 대상이 되었다.

유진이는 전학 온 학생의 따돌림에 대해 이야기하였다. 중학교 3학년 2학기 중간고사가 끝나고 축제와 체험학습이 있는 시기에 한 여학생이 전학을 왔다. 이 시기면 반에 있는 학생들은 상당히 친해져 있는 상태다. 이 반의 학생들은 전학 온 여학생의 성격이 특이하다고 느꼈다. 그래서 대화에 끼워주지 않았고, 쉬는 시간에도 말을 걸지 않았으며, 체험학습 조를 짤 때도 조에 끼워 주려 하지 않았다. 이 학생이 다가오면 얘기하다 흩어지고 텃세를 부리고 배제하였다.

> 8반에서 학교폭력대책자치위원회가 열리고 어떤 애가 반을 옮겨오게 됐어요. 우리 반 안에서 그 애에 대한 소문이 되게 안 좋았어요. 그런데 걔가 오니까 한마디로 남남이 된 거죠. 거의 우리 반 아닌 것처럼…. 뒤에 앉아있는데 말 거는 사람도 없고요. 그런데 우리 반 애들이 아무 말 안 하기도 했지만, 걔도 아무 말 안 해서 저희도 아무 말이 없었어요. 실제로 끼워주지 않았죠. 그래서 안 끼워준 상태로 한참을 불편하게 갔어요. 차갑고, 별로 우리한테 마음을 열지 않았어요, 걔도. 〈천혜경. 2014.10.15.〉

애들은 이미 애들대로 다 친해져 있고, 반 분위기도 약간 떠 있는 데다가 축제도 있었으니까 전학생이 왔는데 기간이 애매했어요. 그리고 전학생 성격이 특이하다보니 여자애들이나 남자애 사이에서 텃세를

부린다고 해야 할까, 어쨌든 이렇게 배제해놓고 대놓고 괴롭히는 건
아닌데, 소외감 느끼게…. 걔가 올라 그러면 얘기하다 다 흩어져 버리
고. 이번에도 체험학습 갈 때 조를 짜야 하는데 쌤이 마음대로 하라
고 해서 걔를 안 끼고 했다가…. 〈이유진. 2014.10.26〉

혜경이의 이야기에 의하면 학급을 옮겨온 학생은 기존의 5반 학생
들과 한 마디로 남남이 되었다. 5반 교실에 있어도 이 학급의 학생
이 아닌 것처럼 앉아 있었다. 반 학생들은 이 학생에게 말을 안 걸
었고, 이 학생도 마음을 열지 않고 한참을 불편하게 갔다. 반을 옮
겨 와서 이 학생은 기존 학생들의 텃세 속에서 대화 상대를 찾지 못
하고 교실의 뒷자리에 앉아 홀로 시간을 보냈다. 반을 옮겨 온 학생
은 이방인으로 취급되어 배타당했다.

유진이 반 학생들은 전학생이 온다는 말을 듣고 교무실까지 가 볼
정도로 관심이 있었으며 처음부터 전학생을 따돌릴 생각은 없었던
것으로 보였다. 그런데 전학생의 태도가 자신들이 기대했던 모습과
는 달랐다. 전학을 왔으면 이것저것 물어보기도 하고 먼저 말을 걸
면서 다가와야 하는데 이 학생은 그러지 않았다. 전학 오기 전 학교
에서 배운 것을 말하면 학급의 학생들은 전학생이 아는 척을 한다
고 느꼈다. 유진이가 전학생의 성격이 특이했다고 말한 것은 이 학생
이 학급의 학생들이 기대했던 것과 다른 행동을 했기 때문이었다.

기존 학급 학생들은 자기들 반에 온 새로운 학생을 끼워주지 않
았다. 이미 친해져 있는 집단의 구성원들은 공고해진 자기네 집단에

들어온 학생을 낯선 상대로 인식하였다. 이렇게 한국의 청소년들은 기존에 형성된 공동체에 들어온 타인을 수용하는 자세가 부족한 경우가 많다.

반을 옮겨 오거나 전학을 온 학생은 새로운 학교와 학급에서 친구를 사귀어 행복한 학교생활을 하고 싶었을 것이다. 대화도 재미있게 하고 즐거운 마음으로 체험학습을 가고 싶었을 것이다. 그런데 사례에 등장한 여학생들은 따돌림을 당해서 소외된 채로 지냈고 마음의 상처만 입었다. 따돌림을 당한 피해자는 대처하기 힘들었을 것이고 주변인의 챙겨주는 모습이 절실했던 상황이었다. 따돌림 피해자가 된 학생은 성장과 발달에 부정적인 피해를 받고 있었다.

서술형 설문지에 나타난 응답도 면담에 참여한 학생들의 이야기와 유사하였다. 목격한 괴롭힘 형태도 유사했으며, 그 상황에서 한 행동과 이유도 유사했다. 같은 시대, 같은 장소에서 살아가는 청소년들이 비슷한 이야깃거리를 가지고 있는 것을 알 수 있다.

서술형 설문지에서도 피해당하는 학생은 주변인이 보기에 약하고 행동적, 신체적 약점을 가지고 있는 것으로 표현되어 있었다. 서술형 설문지에 또래 괴롭힘으로 많이 기술된 것이 따돌림이었다.[14] 서

---

14) 서술형 설문지를 분석한 결과 면담 참여자들의 이야기와 동일하게 따돌림과 언어폭력이 많았으며, 신체적 괴롭힘은 상대적으로 적었다.

술형 설문지에 나타난 따돌림의 형태는 다음과 같다. 학생들은 한 학생을 싫어하는 티를 내며 놀렸는데, 그 이유는 이 학생이 학생들이 싫어하는 행동을 많이 하고 행동을 이상하게 하기 때문이었다. 한 여학생은 외모와 성격 때문에 따돌림을 당하였다. 장애가 있는 학생도 위생상태가 안 좋다는 이유로 따돌림을 당했다. 또한, 반 전체 학생들이 한 학생을 더럽다고 왕따를 시키고 우유를 던지는 등 폭력을 가하는 행동을 한 사례도 있다.

학생들이 A 학생 욕을 하고 싫어하는 티도 많이 내고 많이 놀린다. 그 이유가 A 학생이 애들이 싫어하는 것도 많이 하지만 행동도 이상하게 많이 해서 애들이 피한다. 〈서술형 설문지. 163〉[15]

왕따. 외모 및 성격의 차이로 여러 아이들이 한 여학생을 집단따돌림 하였습니다. 〈서술형 설문지. 57〉

초등학교 때 장애가 있는 친구와 안 놀았다. 따돌림보다는 장애가 있는 친구의 위생 상태와 욕 등을 하여서 모두가 따돌린 것 같다. 〈서술형 설문지. 106〉

---

15) 서술형 설문지를 학교별로 분류한 다음, 학년별로, 남녀 순으로 분류하여 1번에서 187번까지 번호를 부여하였다.

반 전체 애들이 A를 왕따시켰다. A는 초등학교 때부터 왕따를 당한 것 같다. 남자애들은 A한테 더럽다고 하고 우유를 던지는 등 폭력을 가했다. 〈서술형 설문지. 162〉

외모와 성격, 장애, 위생상태가 안 좋은 학생들이 따돌림을 당했다고 서술형 설문지에 기술되고 있다. 가해자들은 약하거나 장애를 가진 학생을 자신들과 다른 모습의 학생이라고 인식하였고 괴롭힘의 대상으로 삼았다. 위생상태가 좋지 않아 몸에서 냄새가 나는 경우에도 학생들은 그 학생을 피하고 어울리지 않음으로써 그 학생은 점점 왕따가 되어 감을 볼 수 있었다.

가해자들은 자신들이 생각하는 범주에 들지 않는 학생을 이상하다고 생각한다. 주변인이 보기에도 하지 않았으면 하는 행동을 피해자는 성격적인 특성 등의 이유로 지속적으로 하는 경향이 있다. 어떤 학생이 이상한 행동을 하면 가해자는 이런 학생은 괴롭혀도 된다고 생각한다. 피해자가 가지고 있는 요소 때문에 괴롭힘 행위를 해도 된다고 생각하는 것은 괴롭힘을 당할 만한 학생이 있다는 것을 암묵적으로 가정하는 것이기 때문에 교육적으로 문제가 된다(최지영 외, 2008).

청소년들은 자신의 생각과 관념 속에 사로잡히는 자기중심성(egocentrism) 때문에 타인의 생각, 감정, 의도, 상호작용의 질을 정확하게 지각하는 데 종종 실패한다(한상철, 2009). 면담 이야기에 등장하는 청소년들도 자기중심적으로 생각하고, 다르다고 생각하는 학생과는 어울리지 않아 따돌림이 일어나는 것이다.

주변인인 혜경이는 반을 옮겨 온 학생도 마음을 열지 않았다고 한다. 주변인의 이러한 인식 속에는 반 학생들이 상황을 자기중심적으로 생각하고 있고, 원인을 상대방에게 돌림으로써 자신들의 행위를 합리화하고 있는 것이다.

개인의 자기중심성과 더불어 우리나라의 집단 문화도 따돌림에 영향을 미치고 있음을 확인할 수 있다. 우리나라에서 따돌림이 심한 이유는 집단주의 문화에 기인한다(강차연 외, 2010: 239). 집단주의가 강한 나라는 집단동조에 대한 압박감이 강하며, 그만큼 집단에 소속됨으로써 정체감을 형성하게 된다. 이러한 집단이 지닌 문화에 속하지 못하게 되는 사람은 따돌림 상태가 되어 있는 것이다.

2) 어떤 학생이 언어폭력 피해자가 되는가: 마음에 들지 않는 애

한국 청소년의 또래 괴롭힘에서는 따돌림과 더불어 언어폭력 사례가 많다. 언어폭력은 언어적 괴롭힘의 일종이다. 언어적 괴롭힘은 심한 욕설과 사이버상 비방 글 등으로 나타난다.

재형이는 말이 거친 남학생들이 같은 반 남학생에게 언어폭력을 한 이야기를 하였다. 가해 학생들은 가족을 대상으로 하는 욕으로 이 남학생에게 모욕감을 주기도 했다. 이 남학생은 반장이었다. 학급의 중요한 결정은 반장이 아닌 다른 학생들이 했는데도, 가해자들은 결정이 마음에 안 든다고 무조건, 반장인 그 남학생에게 가서

'마음에 안 든다. 뭐 이런 식으로 하냐!'고 하면서 언어폭력을 행사하였다. 이 학생은 학급의 반장이긴 했지만, 자신이 결정하지 않은 일로 심한 언어폭력을 당하였다.

미연이는 화장과 염색을 하고 교복을 줄여 입고 다니던 학생이 가해자들로부터 언어폭력을 당한 이야기를 하였다. 가해자들은 "왜 잘 나가지도 않는 애가 저렇게 하고 지랄이야!"라고 욕을 하거나 뒷담화[16]를 하는 등 언어적으로 괴롭혔다. 이 여학생은 가해 학생들의 괴롭힘에 두려움을 느껴서 즐거워야 할 교실에 들어가는 것을 무서워하였다. 근영이는 학생들이 싫어하는 행동을 하거나 장애인이거나 정신적인 면에서 특이한 학생들이 괴롭힘을 많이 당한다고 하였다.

평소에 남자 아이들이 말을 거칠게 하는 편이에요. 친근감의 표시인데, 들었던 사람에게는 이게 언어폭력이었던 거예요. 엄마 욕도 나오고. 축구 하기 싫었는데도 나오라고 해서 몸 상태가 안 좋은 날에도 억지로 축구를 하러 나가는 경우도 많았고요. 반에 중요한 결정을 반장이 아니더라도 할 수 있있는데, 그 결정이 마음에 안 들면 무조건 개한테 가서 '마음에 안 든다. 뭐 이딴 식으로 하냐.' 이런 식으로 했어요. 아이들은 장난이고 친근감의 표시지만 이 아이한테는 언어폭력으

---

16) 담화談話와 우리말의 뒤後가 합쳐져 생긴 말. 보통 남을 헐뜯거나, 듣기 좋게 꾸며 말한 뒤 뒤에서 하는 대화, 또는 그 말. (Naver 사전. 2015.03.01. 검색)

로 돌아와서 받아들이기 힘들고 학교생활이 싫어지고 그만 다니고 싶고 이렇게까지 되더라고요. 〈박재형. 2014.10.15.〉

염색, 화장, 치맛단 박은 거 같은 게 걔들 눈에는 되게 꼴사나워 보였나 봐요. '왜 잘 나가지도 않는데 저렇게 하고 지랄이야!' 이런 식이었죠. 그런 식으로 계속 욕을 하는 거였어요. 점심시간에 급식을 먹고 나서 항상 반에 들어가는 것을 되게 무서워했었어요. 〈오미연. 2014.10.27〉

보통 다른 애들이 싫어하는 행동을 했거나 원래 장애인 애들을 많이 괴롭혔어요. 다른 사건을 예로 들자면, 1학년 때도 다른 반에 장애인 한 명이 있었는데, 그 학생을 되게 많이 괴롭혔어요. 장애인 아니면, 뭔가 정신 특이하다고 해야 되나! 애들이 싫어하는 행동 많이 하면 그때부터 괴롭힘을 당했어요. 〈전근영. 2014.11.02〉

가해자들의 지속적인 심한 욕은 이러한 상황이 익숙지 않은 학생에게는 또래 괴롭힘이 되는 것이다. 재형이는 언어폭력의 대상이 된 학생이 정신적, 육체적으로 많은 스트레스를 받았다고 하였다. 괴롭힘은 피해 학생에게 부정적인 영향을 주었고 피해자는 학교생활이 싫어졌다. 학교에 오면 친구들과 즐거운 시간을 보내야 하는데, 심한 언어폭력을 당하게 되니 차라리 학교에 안 다니는 것이 낫다는 생각까지 들었다.

중학교 1학년 학생인 미선이는 초등학교 6학년 때 말을 잘 안 하다가도 말할 때는 답답하고 기분 나쁘게 말하는 한 여학생이 괴롭힘을 당한 이야기를 하였다. 이 학생은 소심하였고 친구가 없었다. 또한, 사람을 지긋이 쳐다보는 버릇이 있었는데 그걸 학생들은 기분 나빠했다.

> 피해자가 마음에 안 드니까 골려주고 싶었던 마음이 있어서 아닐까요! 피해자가 뭔가 장애가 있거나 아니면 성격이 좀 그렇거나 하면 가해자는 원래 친구지만 되게 짜증이 나니깐 뒷담도 하고 아니면 일방적으로 앞에서 눈치를 주기는 해요. 가해자도 원래 가해자는 아니니까 뭔가 마음에 안 들어서 피해자를 그렇게 한 거 아닐까요! 〈김미선. 2014.11.01〉

미선이가 말한 학생이 언어폭력의 피해자가 됐던 이유는 가해자들이 이 학생을 마음에 안 들어 하여 골려주고 싶어서였다. 미선이는 이 학생들이 원래 남에게 가해행동을 하는 학생들이 아니었는데, 이 학생이 마음에 안 드는 행동을 해서 가해행위를 하게 되었다는 것이다. 가해자의 개인 특성이 아니라 상황이 그렇게 되서 가해행위를 했다는 것이다. 미선이는 그런 상황을 이해하면서도 상대방에게 가해행동을 하는 것은 문제가 있다고 보았다.

2학년 학생인 진희는 SNS에서 일어난 언어적 괴롭힘 사례를 이야기하였다. 2학년 1학기 때 여학생 두 명이 같은 반 여학생 한 명이 마음에 안 든다고 카카오스토리[17]에 저격글[18]과 욕하는 글을 계속 올렸다. 댓글을 통해서도 욕을 하고 친구들에게 나쁜 말을 퍼뜨렸다. 학교에서 마주쳤을 때도 피해 학생을 째려보거나 시비를 거는 상황까지 갔다고 하였다. 가해자들은 학교에서 주도권을 잡고 있는 학생들이었다.

> 카카오스토리라는 SNS가 있는데, 저격글이라고 해서 그 애에 대해 기분 나쁜 얘기를 계속 올리고, SNS로 피해 학생을 욕하는 글을 올리는 것을 반복하다가 나중에는 진짜 학교에서 그 피해 학생을 째려보거나 시비를 거는 상황까지 가서…. 〈이진희. 2014.11.02〉

마음에 안 드는 애에 대한 언어적 괴롭힘은 온라인상에서도 행해지고 있다. 사이버상에서는 대화 상대와 마주 보며 육성으로 이야기를 나누는 형태가 아니라, 글이나 기호, 이모티콘을 사용하여 핸

---

17) 주식회사 카카오가 개발한 모바일 메신저인 카카오톡과 연계된 소셜네트워크서비스(SNS: social network service). 카카오톡의 친구로 등록된 상대방을 그대로 가져올 수 있으며, 사진이나 메시지 등을 공유할 수 있다. 2012년 3월 20일 출시되었으며 열흘 만에 1,000만 명 이상이 가입했으며, 5월 초 현재 약 1,600만 명의 가입자를 확보하고 있다. (Naver 시사상식사전. 2015.03.01. 검색).

18) 어떤 개인, 집단의 단점 따위를 노린 간접/직접공격적인 (주로 인터넷에 게재된) 글. (Naver 사전. 2015.03.01. 검색).

드폰이나 PC에서 대화를 하는 형태이다. 사이버 괴롭힘은 통신의 발달로 전파력도 빨라 심각한 피해를 볼 수 있다. 또한, 대화 내용은 기기에 보관이 가능하므로 부정적인 영향이 오래갈 수도 있다. SNS에서 벌어지고 있는 괴롭힘은 주변인들이 알아차리기도 어렵다.

가해자들은 피해자가 하는 행동이 마음에 안 들어서 가해행위를 한다. 특별히 잘못한 게 없는 학생을 마음에 들지 않는다는 이유로 괴롭힌다. 희성이가 이야기한 또래 괴롭힘은 특수 학급 학생에 대한 괴롭힘이었다. 이 학교에 도움 반(특수 학급)이 있었다. 이 특수 학급 학생이 공부하러 일반 학급에 왔을 때 학생들은 일부러 툭툭 치는 신체폭력과 놀리는 언어폭력을 하였다. 피해 학생은 그게 너무 싫었다. 그러다가 자신을 괴롭히는 가해 학생들에게 대응해서 맞서기라도 하면 가해 학생들은 더 때리고 욕을 하였다.

제가 예전에 방어자였거든요. 피해자가 되게 많이 힘들어하고 있으니까 가해자 중, 그래도 제일 말이 통하던 친구 한 명한테 한번 톡을 보내봤어요. '왜 그렇게 걔가 맘에 안 드냐?'라고 했더니, '그냥 하는 행동이 맘에 안 든다.'고 그렇게 말했었던 일이 있었어요. '그래도 많이 힘들어하는데 그만하면 안 되냐?' 그랬는데⋯ 〈오미연. 2014.10.27.〉

저희 학교에 도움 반이라고 있잖아요. 도움 반 학생이 수업을 듣다가 가끔씩 올라올 때가 있어요. 그 학생을 일부로 툭툭 건드리는데 장애인의 시선에서 그게 너무 싫은 거죠. 짜증 나고. 걔는 지능이 안 되잖아요. 아기처럼 반응하고. 그 애한테 처음에는 손가락 욕도 날리고 언어폭력하고 하는데, 그 학생은 장애인이 그러니까 난 당연히 센데 애가 반항 같은 것을 하니까 툭 친 거죠. 그런데 툭 치니까 얘도 똑같이 때리고, 그러면 계속 센 애가 더 많이 때리고 욕도 하고…. 애들이 그냥 괴롭히는 것 같아요. 다르다는 이유만으로. 〈강희성. 2014.11.02〉

가해자들이 일반 학급에 수업을 들으러 온 특수 학급 학생을 괴롭힌 데는 특별한 이유가 있는 것이 아니다. 굳이 이유를 찾자면 일반 학급의 몇몇 학생들이 보기에 이 학생은 자신들과 다르다는 것이 이유였다. 지능이 떨어진다고 보았고 행동도 마음에 들지 않았기 때문이다.

사람들은 자기가 싫어하는 사람이 주변에 있다는 사실에 불편함을 느낀다(원호택, 박현순, 1999). 이러한 현상은 따돌림과 언어폭력이 나타나는 이유를 이해할 수 있게 한다. 마음에 안 든다는 이유로 비인간적인 대우를 하거나 욕이나 심한 뒷담화를 하는 행위로 인해 피해자는 고통을 받는다. 괴롭힘을 당한 학생은 정신적, 신체적 고통으로 인해 학교생활에서 어려움을 겪게 되고, '학교생활이 싫어지고 학교를 그만 다니고 싶다.'는 생각까지 하게 된다.

2. 가해자 vs 피해자: 주도성과 우월감 vs 다름·약함과 소심함

이 절에서는 또래 괴롭힘 상황에서 주변인이 목격한 가해자와 피해자에 대해서 알아본다. '주도성', '우월감'은 가해자의 특징이고, '다름·약함', '소심함'은 피해자의 특징이다. 가해자의 주도성과 우월감은 많은 친구, 자신을 높이고 타인을 낮추는 형태로 나타나고 있다. 피해자의 남과 다르고 약한 모습은 이상함과 무기력함으로, 소심함은 친구가 없는 형태로 나타난다.

1) 가해자: 주도성, 많은 친구

타인을 괴롭히지 않는다면 가해자는 학교생활에 적응을 잘하고 학생들 사이에서 리더십도 있는 학생이다. 가해자는 학교라는 사회에서 자기 유능감[19]과 관계성[20] 모두 가지고 있는 것으로 나타나고 있다.

혜경이의 사례에서 반을 옮겨 올 학생에 대한 안 좋은 소문이 있어서 5반에서는 이 학생이 옮겨오기 전부터 끼워주지 말자는 말들을 했다. 이 학생을 따돌리려는 행위는 5반 학생들 중에서도 목소리가 크고 잘 나가는 학생들의 주도로 이루어졌다. 혜경이는 가해행위

---

19) 자신에게 느끼는 유능감에 대한 개념으로써 적응이나 만족도와 밀접하게 관련된다(전성희, 2013).

20) 사회적 상황에서 다른 사람과 연결되어 있다는 친밀감이나 소속감을 느끼기를 원하는 욕구라고 정의할 수 있다(전성희, 2013).

를 주도하는 학생에 대하여 다음과 같이 이야기했다.

　연구자: 가해자의 성격은 어떠한가요? 신체적 특징이나 생활태도 등의
　　　　 특징이 가해자에게 있던가요?

　천혜경: 주변에 친구가 많아요.

　연구자: 가해자가 오히려 피해자보다?

　천혜경: 네. 그리고 그 애들 중에 중심 역할을 하는 애들이 목소리가
　　　　 크니까 다른 애들은 우르르 끌려가고.

　연구자: 왜 친구가 많을까요?

　천혜경: 같이 살면 재미있고 즐거운데요. 모난 것도 없고 괜찮은데, 뭔
　　　　 가 다 같이 끌고 가고 싶어하는…. 〈2014.10.22〉

　대부분의 경우 따돌림을 주도하는 학생들은 친구가 많다. 이들은 모난 데가 없었으며 같이 있으면 즐거운 학생들이다. 주도성 있고 친구가 많은 학생들은 교실에 있는 학생들에게 자신의 의견을 관철하려고 하고, 실제로도 어렵지 않게 학급에 있는 학생들을 따라오게 할 수 있다. 따돌림을 주도하는 무리들이 이러한 상황을 이끌어가고 다른 애들은 동조해서 우르르 따라가는 것이 현실이다.

　가해 학생들은 또래들이 보기에 성격이 좋아 보인다. 또한, 가해자들은 위엄 있어 보이고 힘이 세서 또래들 사이에서 친구가 되고 싶은 학생으로 분류된다.

　위엄 있는 애들이 걔랑 많이 친구가 되고, 걔도 때리다 보니까 일반학

생들이랑 다르다는 생각을 하게 된 것 같아요. 다른 애들이랑 놀다 보니까 친구도 많아지고, 힘이 있다 보니까 다른 애들도 괴롭히고. 〈박종인. 2014.10.26〉

가해자는 반에 있는 학생들과 잘 어울린다. 다른 학생들과 어울리다 보니 친구가 많아지고, 친구가 많다 보니까 힘이 생기게 되어 다른 학생들을 괴롭히게 된다. 다른 학생을 때릴 수 있는 힘이 있다 보니 학생들 사이에서 서열도 높다. 가해자들이 가지는 힘은 신체적 힘 이외에도 상대방을 움직이는 힘, 관계적 측면에서의 힘의 의미도 있음을 알 수 있다.

유진이는 3학년 2학기에 전학을 온 여학생이 따돌림을 당했던 사례를 이야기했다. 학생들은 이 학생이 다가오면 얘기하다 흩어져 버렸다. 반 학생이 31명인데 삼분의 일 정도의 학생들은 이 학생을 완벽하게 모른 척했다. 유진이는 이야기하면서 가해자들은 친구가 많고, 활발하고, 리더십도 있다고 했다. 반장이 아님에도 불구하고 이 학생들의 말을 다른 학생들이 잘 듣는다는 것이다. 유리도 가해 학생은 활발하고 애들과도 친하고 리더십도 있는 학생이라고 말했다.

개들은 항상 활발하고 리더십도 있고 친구가 많은 애들…. 보통 친구가 없는 애가 친구가 많은 애를 따돌리는 경우는 없으니깐 친구가 다들 많아요. 인기도 좋고 애들끼리 얘기도 잘 통하는 애들은 활발하거

나 뭔가 이끄는 느낌이 있는 애들. 그니까 각 반을 볼 때면 반장이 아
님에도 불구하고, 얘 말은 애들이 잘 듣는 그런 애들 있잖아요. 그런
애들이 주로 가해자가 되죠. 〈이유진. 2014.10.26〉

가해 학생은 체력이 좋고 그런 것도 있는데 활발해서 애들이랑 친해
서 말을 한 번 하면은 되게 따라오는 리더십 있는 애들이 가해자인
것 같아요. 〈박유리. 2014.10.28〉

저희 같은 경우는 고루고루 친한데 걔들은 딱 친한 애들끼리만 친하
고, 남자애들도 일진 무리가 있으니까 거기서도 몇 명밖에 안 친하고,
친한 게 자기랑 비슷한 애들뿐이니까. 〈김수연. 2014.11.02〉

가해자는 대부분 성격이 활발하고 학급의 학생들과도 친하게 지
낸다. 거기에다가 다른 학생들을 따라오게 하는 리더십도 있고 인
기도 있다. 모난 데가 없어서 남과 잘 어울렸고 사람과 사물에 적극
성이 있어 같이 있는 학생들은 활기를 느끼고 즐겁다. 이렇게 다수
학생이 따라 주기에 가해 학생들은 남을 따돌리는 행위를 할 수 있
다. 친구가 없는 학생이 다른 학생을 따돌릴 수는 없고, 친구가 많
고 인기가 좋은 학생이 따돌림을 주도한다.

또 다른 시각에서 보면 가해자들은 친한 애들끼리만 친한 경우가
많다. 가해자들은 자신들과 비슷한 애들끼리 어울린다. 반면에 일반
적인 학생들은 고루고루 친하게 지낸다.

상급학교에 진학하거나 새 학년 새 학기가 시작되어 시간이 흐르면서 학교에 잘 나가는 애들이 나오면 대부분의 학생들은 그러한 상황을 인정한다. 이렇게 잘 나가는 애들은 또래의 지지를 받는 사회적 지지의 정도가 의외로 높다. 이러한 학생들은 주도성이 있는 것으로 보아 커뮤니케이션 능력이 있는 것으로 판단할 수 있고 교실에서의 사회적 지위도 높다(Suzuki, 2012; 김희박 역, 2013: 123). 이런 학생이 가해자가 됐을 때 주변인들은 피해자보다 가해자에게 심정적으로 더 기울게 된다. 가해자가 친구들 사이에서 인기가 있고 자신만만한 경우가 많다(이종원 외, 2014).

주변인의 눈에 비친 가해자는 사회적 지위가 높고 친구가 많다. 주변인들은 피해를 당하고 있는 학생보다 가해행위를 하는 학생들과 어울리는 것을 더 선호한다. 만나면 즐거운 사람과 반복해서 접촉하면 호감이 증가한다. 주변인이 느끼기에 피해자보다는 매력 있는 것으로 보이는 가해자가 나와 더 유사한 사람이다. 인간은 자기와 의견이나 태도가 같은 사람을 더 매력 있는 사람으로 보고, 상대방이 나와 유사한 점을 지니고 있다는 사실은 호감의 원천이다(원호택 외, 1999).

가해자는 또래로부터 인기를 얻고 사회적 관계도 잘 맺어 나가서 자신의 행동을 합리화시키고, 자신의 행동이 피해 학생에게 미치는 결과에 대해 그다지 심각하게 생각하지 않아 죄책감이나 동정심을 별로 느끼지 않는다(강차연 외, 2010: 239-240). 주도성이 있는 듯하고 따르는 친구가 있어도 다른 사람을 괴롭히는 행위는 잘못된 것이다. 남을 따라오게 하는 주도성과 리더십이 바람직한 방향으로 나타나지 않을 경우 남을 괴롭히는 부정적인 결과로 나타난다. 주도성이 있고 친구는 있되 공감능력과 자기개방능력 등 사회적 기술이 부족하기 때문에 가해행위를 하는 것이다. 남을 괴롭히는 행위는 대인관계에서 감정관리능력의 부족 등으로 인해 청소년들의 또래 관계에서 요구되는 사회적 기술을 적절히 습득하지 못한 결과다(백지숙 외, 2009).

2) 가해자: 자신을 높이고 타인을 낮춤

가해자들은 대부분 타인보다 자신이 우월하고, 피해자보다 낫다고 생각한다. 이러한 사고는 자신이 학생들 사이에서 높은 서열의 위치에 있다는 생각 때문이다. 재형이는 가해자가 자신은 우월하고 '자기가 더 위에 있다.'라는 생각으로 가해행위를 하고 있다고 했다. 진희는 가해자는 피해 학생보다 높은 위치에 있다고 생각하고 있으며 더 강해 보이려 한다고 했다. 가해자는 무리를 지어 피해 학생을 괴롭히는데, 가해자와 무리를 이루는 학생들도 피해자보다 자신들이 높다고 생각하는 학생들이었다.

잘 놀고, 일진이고 그런 애들은 중학교 와서도 자기가 그렇게 행동했었기 때문에 그런 아이들만 주로 같이 만나고 '자기가 더 위에 있다.' 라는 식으로 생각을 하게 되죠. 생각 자체가 약간씩 다르다고 생각했어요, 저는. '내가 너보다 우월한 존재다. 왜냐하면, 얼굴이 더 잘 생겼거나, 키가 더 크거나, 더 예쁘거나 아니면, 집안에 돈이 더 많거나 이래서 우월한 존재다. 넌 나보다 낮다.' 이런 식으로 평가해 버려서 학교폭력을 하는 경우가 있고요. 〈박재형. 2014.10.29〉

가해 학생은 우선 무리가 있는 것 같아요. 자기가 더 강해 보이고 그러고 싶은 마음이 크고, 그만큼 자기의 뭐랄까, 가해 학생은 항상 자기가 위에 있다고 생각해요. 자기처럼 위에 있다고 생각하는 친구들을 항상 데리고 다니는 것 같아요. 혼자서 그렇게 가해 행동을 하는 애들은 거의 본적이 없는 것 같아요. 〈이진희. 2014.11.02〉

폭력을 행사하는 학생은 자기와 같은 성향의 학생들과 어울리며 자기가 다른 학생보다 우월한 존재라고 생각한다. 내가 우월한 존재라고 생각하는 배경에는 다른 학생보다 내가 더 잘 놀고, 잘 생겼고, 집안이 부자이기 때문이었다. 어떤 학생이 '너는 나보다 낮다.'라고 남을 평가하기 시작하면 괴롭힘으로 이어진다. 이러한 시각을 가진 학생은 자기보다 낮다고 생각되는 학생에게는 폭력을 해도 괜찮다는 생각을 가지게 된다. 가해자는 대부분의 경우 혼자 괴롭힘 행위를 하지 않는다. 가해 학생들은 타인보다 우월하다는 생각을 가진 학생들끼리 모여 괴롭힘 행동을 한다.

희성이는 일반학급의 학생들이 특수 학급의 학생을 괴롭히는 이야기를 했다. 가해자들은 이 학생이 자기들과 다르고 약하다는 이유로 밀어내고 있었다. 가해자들은 자기보다 약한 학생을 괴롭히면서 상대가 위축되는 모습을 보며 우월감을 느끼기도 했다. 희성이가 이야기한 가해자는 장난하는 형태로 피해자를 괴롭혔는데 상대가 맞서려고 하면 '난 너보다 센데, 네가 나에게 맞대응해서는 안 된다.'는 태도를 보였다. 자신을 높이고 타인을 낮추는 생각을 가진 자기중심적인 사고를 하고 있었다.

이러한 가해자들의 태도는 괴롭힘 대상의 선정에서부터 나타난다. 가해자들은 비슷한 성향의 학생들과 무리를 지어 어울리며 자기들과 동등한 애보다는 약한 애를 괴롭힘 대상으로 선정한다.

> 가해 학생 입장에서, '난 너보다 센데 너는 왜 이러냐.' 그런 생각이 드는 것 같아요. 자기랑 다르니까 놀기가 싫은 거예요. 자기 생각을 먼저 하니까 저랑 안 맞으면 밀어내게 되는 거고 싸우게 되는 건데, 다르니깐 저희랑 다르다는 이유만으로 건드리는 거죠. 저랑 안 맞으니까. 〈강희성. 2014.11.09〉

> 가해자 애들은 대부분 자기랑 동등한 애들보다는 약한 애들을 괴롭히거든요. 센 애들끼리 모여서 같이 점심 먹을 때도 항상 모여서 먹고요. 두려울 게 없다 이거죠. 자기 밑에 애들도 있고, 위에 애들도 있으니까 두려울 게 없는 거죠. 막 나가는 거죠. 〈신민수. 2014.10.17〉

따돌림 피해자의 특성인 '우리와 다른 애'와 가해자의 '자신을 높이고 타인을 낮춤' 특성은 서로 연관이 있다. 우리와 다른 애는 행동이 이상하거나 장애가 있거나 지능이 떨어지는 학생이다. 이러한 애보다는 내가 우월한 것이다. 상대방에 대한 배려나 공감이 없는 상태에서 가해자가 가지는 우월하다는 생각은 자신은 높고 타인은 낮다는 사고로 이어지고 있다.

가해자들은 자신이 잘 모르는 학생을 괴롭히기보다는 신체적 능력이나 친구의 많고 적음을 알고서 피해자를 괴롭히기 시작한다. 즉 가해자는 상대방이 어떤 능력과 힘이 있는지 알지 못할 때보다는, 학교에서 생활해 보고 나보다 힘이 없다는 것이 확인된 후에 상대방을 괴롭히기 시작한다. 이 학생은 약하고 친구도 거의 없어 방어해 줄 사람이 없고, 나는 힘이 있어 이 학생보다 사회적 지위가 높다는 것이 확인되면 쉽게 괴롭힘 행위를 할 수 있다. 특히 피해자에 대한 우월감을 유지하기 위해 같은 성향의 학생들이 무리를 이루어 괴롭힘 행위를 하는데, 센 애들이라고 생각되는 무리와 어울릴 때 자신이 높은 위치에 있다고 하는 생각을 더 하게 된다.

어떤 학생이 교실에서 사회적 지위가 높고 따르는 학생이 많아 우월감을 가지게 되면 힘이 있게 된다. 이런 학생이 주도성까지 더해져 다른 학생들과 함께 피해자를 괴롭히면 문제가 심각해진다. 학생들이 때로 타인에게 인정을 받고자 하는 욕망을 건전하게 풀려고 하기보다는 권력을 획득하는 것으로 풀려고 한다(박종철, 2013: 22). 이러한 권력획득 욕구가 바람직하지 않게 나타나는 경우가 자신은 높고 타인은 낮다고 생각하며 행하는 또래에 대한 괴롭힘이다.

가해자들은 무리를 이루어 약자를 괴롭혀도 학교에서 친구들과 생활하는 데 지장이 없다. 지지해 주는 학생들이 있고 반에 있는 대부분의 학생들도 거부감 없이 따라주기 때문이다. 그래서 가해행위를 하지 말아야겠다는 생각이 절실하게 다가오지 않는다. 그런데 가해자의 무리라고 하는 것은 우정의 공동체가 아니라 생존을 위한 공동체일 때가 많다. 함께 있으면 든든한 것 같지만, 사실 그 집단에서 소외될까 봐 두렵고, 그래서 더 친한 척한다(김경욱 외, 2014: 81).

누구나 약점이 있고 이 약점이 두드러지게 나타나는 학생이 있는데, 피해를 당하는 학생의 경우 약점이 두드러져 보이는 학생이다. 그렇다고 해서 약점을 가진 학생을 괴롭히는 것이 정당화될 수는 없다. 교사와 학부모는 앞으로 일어날 수도 있는 또래 괴롭힘 사건을 방지하기 위해서라도 또래 괴롭힘에 참여하는 학생들의 심리적, 상황적 배경에 대해 이해하고 있어야 한다.

3) 피해자: 이상함, 무기력함

피해를 당하고 있는 학생의 특징은 '이상한 애'다. 이상한 애는 생긴 것이나 행동이 이상하고, 기묘한 생각을 하거나, 몸에서 냄새가 나는 학생이다.

재형이는 외모가 이상하거나 말이 어눌한 학생이 괴롭힘의 대상이 된 이야기를 했다. 보통의 학생들과 다른 행동을 하거나 외모적으로 콤플렉스가 있는 학생이 피해자가 될 확률이 크다는 것이다.

'코가 너무 이상하게 생겼다. 눈이 이상하게 생겼다. 어쩜 저렇게 못 생겼는지! 진짜 별로다.'라고 생각하며 학생들은 이러한 학생을 멀리 한다고 했다. 또 이상한 행동을 하는 것으로 보이는 학생에게는 '쟤는 이상한 애야, 쟤랑은 안 어울리는 게 좋아.'라고 단정 짓는다는 것이다. 말이 어눌한 경우에도 '장애인 아니냐! 왜 말을 저렇게 하지!'라며 같이 안 있으려고 한다는 것이다. 특이한 취향을 가진 학생이 자기가 좋아하는 것에 대해 이야기하면 '쟤 약간 싸이코 같아. 같이 지내면 안 될 것 같아.'라고 단정 지으며 멀리한다는 것이다. 잘 씻지 않아 몸에서 냄새가 나는 학생도 이상한 애에 속했다.

> 냄새가 나거나, 외모적으로 콤플렉스가 있을 수 있는데 그런 거를 문제로 받아들이는 거죠. 예를 들어서 '코가 너무 이상하게 생겼다. 눈이 이상하게 생겼다. 어쩜 저렇게 못생겼지! 진짜 별로다.' 이런 식으로⋯. 말이 어눌한 상황에도 '장애인 아니야? 왜 말을 저렇게 하지!'라는 이유로 멀리하고 피하고, 같이 있고 싶지 않아 하고⋯. 호러물을 좋아하는 애라서 그런 쪽 이야기를 많이 하는데 '쟤 약간 싸이코 같아. 같이 지내면 안 될 것 같아.' 이러고. 자기 선에서 단정 지어 버리는 거죠. '쟤는 이상한 애야, 쟤랑은 안 어울리는 게 좋아.' 나쁘다고 정해 놓은 것도 아닌데 자기 입맛에 안 맞고 맘에 안 들면 나쁘다고 하는 경우가 있더라고요. 〈박재형. 2014.10.15〉

자기가 자라오고, 느꼈고, 보고, 엄마한테 들었고, 배웠던 것에 맞지 않으면 틀렸다고 생각하고 이상하다고 생각하기 때문이에요. 굳이 정해져 있는 게 아니라 잘 안 씻고 다닌다거나, 아니면 키가 또래에 비해 매우 작거나, 신체적으로 장애가 있어서 피해자가 되기도 하고요. 겉으로 보면 문제가 없어 보이는데 말하는 어투나 하는 행동을 봤을 때, 그 아이는 어디 가서든지 어울리지 않고 표정도 아무런 변화가 없었어요. 그래서 애들이 많이 멀리하게 되더라고요. 〈박재형. 2014.10.15〉

가해자의 취향에 안 맞고 마음에 안 드는 학생이 가해행위의 빌미를 주게 되어 괴롭힘을 당한다. 겉으로 보면 문제가 없어 보여도 말과 행동이 어울리지 않고 표정도 아무런 변화가 없으면 애들은 그 학생을 멀리한다. 한국에서 집단문화의 영향을 받으면서 자라온 중학생들은 자기가 일반적이라고 생각하는 범주에서 벗어나는 행동을 타인이 하면 다를 수 있다고 이해하기보다는 틀렸다거나 이상하다고 생각하는 경향이 강하다. 더 나아가 이상하다는 생각에 그치지 않고, 이상하다고 생각되는 학생을 피하거나 언어폭력을 행사한다.

몸이 불편하거나 사회적으로 불리한 애들, 행동이 이상하고 힘이 약한 아이, 이상한 행동을 자주하여 학생들과 거리감이 있는 청소년이 괴롭힘을 당한다.

사회적으로도 불리한 애들. 그러니까 몸이 불편한 애들! 불편한 애들까지는 아니고, 좀 이상한 애들! 다른 애들하고는 특별한 애들이 당하는 것 같아요. 〈정재현〉. 2014.10.16

힘이 약하고, 아니면 정신적으로 뭐든 이상이 있던가 아니면은 가해자 학생들이 다순데, 그 다수가 그 괴롭힘을 당하는 애가 자신과는 뭔가 다르다고 생각을 했을 때. 〈박상호. 2014.11.02〉

일반적인 우리들이랑 다르다고 해야 되나? 걔는 행동도 이상하게 해서 애들이랑 거리감 같은 게 있었다고 해야 되나? 그런 것도 있었고, 우리랑 다르다는 생각이 들어서 또래 괴롭힘을 당하고 피해자가 된 것 같아요. 애들이 싫어하는 행동을 하거나 원래 장애인인 애들한테 괴롭히는 것을 했어요. 〈전근영. 2014.11.02〉

보통의 학생들과는 다르게 이상한 행동을 하는 학생은 학생들의 눈에 거슬리고 금방 눈에 띈다. 이런 학생은 활발하지 않고 내향적이고 대화기술도 부족한 경우가 많아, 장난에 대한 대응기술도 부족하다는 것을 가해행위를 하는 학생들은 인지하게 된다.

한편 서술형 설문지에도 저능아이거나 냄새난다는 이유로 심한 욕을 듣는 등의 괴롭힘 피해자가 되었다고 기술되어 있다. 한 여학생은 뚱뚱하다는 이유로 남자애들에게 놀림을 당하고 기분 나쁜 말을 들었다. 저능아였던 애도 괴롭힘을 당했는데 애들은 그 애가 반응하는 것을 재미있어했다. 또 다른 여학생은 냄새난다는 이유로 학생들로부터 괴롭힘을 당했다.

남자애들이 저희 반 여자애를 괴롭힌다. 뚱뚱하다 놀리고 기분 안 좋

은 말들을 쓰며 괴롭힌다. 〈서술형 설문지. 74〉

A는 저능아입니다. 다른 애들이 그 애가 반응하는 게 재밌어서 자주 괴롭힙니다. 〈서술형 설문지. 95〉

여학생에게 냄새난다고 했다. 그 학생을 위협하고 때린지는 모르겠지만, 여학생이 수업 시간에 우는 것을 목격하였다. 하지 말라는데 계속 한다. 〈서술형 설문지. 46〉

뚱뚱한 학생은 뚱뚱한 동물이나 사물에 비유 당하며 놀림을 당한다. 저능아인 학생은 학급의 주도적인 학생들로부터 괴롭힘을 당하며 힘들어한다. 피해자는 괴롭힘이 고통스러워 나름대로 저항하는데 주변인들은 그러한 반응을 재미있어한다.

주변인들이 괴롭힘 장면을 보면서 재미있어하는 것은 가해자의 가해행위가 피해자에게는 고통이 된다는 인식을 갖지 못하고 피해자의 입장을 생각하지 않기 때문이다. 또래 괴롭힘 상황을 심각하게 바라보기보다는 피상적으로 인식하는 주변인들이 있다. 이러한 주변인들은 이 학생은 피해를 당해도 된다고 생각하는 도덕 판단력이 낮은 학생들이다. 주변인이 또래 괴롭힘을 재미있게 구경하면 가해자들은 '계속해서' 이 학생을 괴롭힐 수 있다. 그리하여 또래를 괴롭혀도 아무 지장을 받지 않는 분위기가 형성되어 간다.

또한, 약하고 무기력하게 보이는 학생도 괴롭힘의 대상이 된다. 영호는 어떤 남학생을 다른 학생들이 피해 다녀서 본인도 피해 다니게 되었다고 했는데, 이 학생은 힘이 없어 보이고 무기력해 보였다고 했다. 학생들이 피하고 말을 안 거는 상태가 지속되다 보니 이 학생은 따돌림 상태가 되어갔다. 진희는 가해 학생들에 비해 피해 학생은 기가 세지 않다고 했다. 피해를 당해도 말을 하지 못하고 마음이 약했다. 이러한 진희의 말 속에서 피해 학생의 약하고 무기력한 모습이 그려진다.

> 그 아이는 복도에 다니거나 그러면 무기력해 보이고 애들이 피해 다니는 경향이 있었고 뭔가가 힘이 없어 보였어요. 제가 보기에는 그렇게 보였어요. 〈김영호. 2014.10.26〉

> 피해 학생이 가해 학생들 만큼 기가 세고 그러진 않은 것 같아요. 자기가 피해 봐도 이야기를 잘하지 못하거나, 아니면 마음이 약하거나 이런 애들이 우선적으로 피해 학생이 되는 것 같아요. 〈이진희. 2014.11.02〉

대부분의 사람들은 무기력하여 대화가 안 되는 사람과 함께 있는 것을 불편해한다. 인간은 활발하고 즐거운 사람과 있고 싶고, 말이 어눌하고 답답한 사람은 피하고 싶어 한다. 가해 무리들은 어떤 학생이 이상하거나 무기력하면 따돌리거나 언어폭력을 행사하고, 피해를 당하는 학생도 다른 학생들과 이야기하려고 다가가지 않아 피해 상황은 지속된다.

가해자의 자세에 문제가 있는 것이 아니라 피해자의 성향에 문제가 있어서 피해를 당한다고 생각하는 주변인들이 있었다. 미선이는 답답하게 행동하는 학생의 특징을 이야기하며, 이런 학생이 피해자가 될 가능성이 크다고 하였다.

> 연구자: 피해자가 피해당하는 거는 피해자 개인의 성향 때문이에요, 아니면 피해자 개인은 괜찮은데 가해자가 괴롭히는 거예요?
>
> 김미선: 음, 이게 말하기 어려운 게, 피해자는 자기 성격을 몰라서 소심한데 애가 말을 잘 안 하긴 하는데, 말도 조그맣게 해서 들리지도 않아요. 자기 성격에 문제가 있어서 성격을 고치면 괜찮을 거 같은데 그것도 안 되고 그래서 아닐까 싶어요.
>
> 연구자: 가해자의 태도가 문제 있는 게 아니라 피해자 성향이 문제가 있어서 피해를 당한다?
>
> 김미선: 네. 원래 가해자도 원래 가해자는 아니니까. 뭔가 마음에 안 들어서 피해자를 그렇게 한 거 아닐까요! ⟨2014.11.01⟩

가해자는 활발하고 인기가 있고 성격적으로 외향적인 면모를 보인 반면에, 피해자는 성격이나 신체적으로 약점이 있고 무기력하다. 몸에서 냄새가 나는 학생의 경우 자연스레 학생들이 피하면서 고립되어 갔다. 또한, 많은 경우 중학교 교실의 집단규준이 이상하고 무기력한 학생을 따돌리는 현상을 용인하는 것으로 형성되어 있다.

말이 어눌하거나 장애를 가진 학생이기에 피해를 당할 수도 있다고 보는 풍토이다.

그럼에도 '장애나 단점이 괴롭힘을 용인할 이유는 아니다.'라고 생각하는 것이 옳다. 피해 학생이 약점을 고치더라도 다른 이유로 괴롭힘의 대상이 될 수 있고, 다른 학생으로 괴롭힘의 대상이 옮아갈 수도 있기 때문이다. 문제라고 생각하고 괴롭힘의 구실을 찾는 가해자에게 문제가 있다는 것을 상기할 필요가 있다.

외모가 매력적이지 않은 청소년의 경우 주위로부터 부정적인 평가를 자주 받게 된다(김청송, 2009: 107). 외모의 매력이 낮은 수준으로 평가되거나 신체적으로 미성숙했다고 평가되는 청소년들은 사회, 학업 그리고 대인 적응을 빈약하게 하고 자아개념을 낮추거나 스스로에게 부정적인 감정을 발달시키는 것으로 반응할 수 있다. 피해자는 대인관계에서의 만족도와 자아개념 및 자존감이 떨어지며 정체감 형성에 부정적으로 영향을 받는다(강차연 외, 2010: 240). 안 그래도 다른 학생보다는 특별하다고 인식되어 자아개념이 낮은 학생에 대해 또래 괴롭힘은 그 학생에게 심각하게 부정적인 영향을 주고 있었다.

4) 피해자: 소심함, 친구가 없음

친구의 많고 적음은 가해자와 피해자를 구분 짓는 기준으로 작용한다. 가해자는 대부분 친구가 많고 주도적이며, 피해자는 친구가 없거나 적다. 따돌림은 그 학생의 주위에 함께 할 친구가 없기 때문에 나타나는 현상이기도 하다.

어떤 학생이 괴롭힘을 당하고 있으면 보통의 경우 친구가 나서서 방어해 준다. 종인이가 본 피해자는 거의 친구가 없었다. 한 명조차도 없었다. 그래서 이 학생이 괴롭힘을 당하고 있을 때 친구가 막아주는 것이 아니라, 피해자가 불쌍하다고 생각하는 학생이 나서서 방어자 역할을 했다. 친구의 존재는 가해행위의 지속 여부에 중요한 요인으로 작용하는 것을 알 수 있다.

은미는 한 학생이 주도하고 이 학생 무리가 동조하고 반 학생들의 방관 속에 따돌림을 당한 여학생 이야기를 하였다. 그런데 이 사건에서 따돌림을 당하고 있는 이 학생은 실질적인 의미에서는 왕따는 아니었다. 만약에 혼자였다면 확실하게 왕따를 당했을 것인데 이 학생에게는 어울리는 친구가 있었기 때문이라는 것이다.

피해자의 친구는 거의 없어요. 한 명도 없는 것 같아요. 친구가 전혀 없어서 피해자가 불쌍하다고 생각하는 착한 애들이 말리고. 방법을 몰라요. 그냥 애들한테 미움을 받고 그런 거라. 애들이랑 친해지려는 노력도 하지 않고, 소극적으로 대하고, 말도 잘 안 거는 편이라서…. 〈박종인. 2014.10. 26〉

스스로 거리를 두는 애들이 있어요. 다가오려고 하지 않고 자기가 자기를 약간 혼자 두는 그런 애들이 흘러가다 보면 왕따가 돼 있더라고요. 소극적인 경우가 많아요. 그리고 문제를 알면서도 대처하려고 안 하고. (잠시 뜸 들임) 보면 조금 답답하죠. 근데 그것도 상황에 따라 다른 것 같아요. 아무 일 없이 당하는 애들도 있겠지요. 그런데 제가 본 경우에서는 보통 피해자한테 이유가 있었어요. 〈천혜경. 2014.10.22〉

왕따 그게 실질적인 왕따는 아니었어요. 그 학생에게도 조금의 무리가 있었어요. 친구들이 있었으니까 그랬던 거지 만약 걔가 원래 혼자였다면 확실하게 왕따를 받았을 거예요. 〈성은미. 2014.10.26〉

피해를 당하고 있는 학생에게 친구가 없다는 것은 대화를 해야 할 학생들에게 다가가지 않는 소심함과 관련이 있다. 타인과 친해지려고 노력하지 않는 소극적인 학생은 따돌림의 대상이 될 확률이 높다. 또한, 피해 학생은 스스로 거리를 두는 경우가 많다. 즉 따돌림 상황에서 대처 방법을 잘 알지 못한다. 혜경이는 괴롭힘에 있어서 가해자보다 피해자가 문제라는 인식을 가지고 있었는데, 상황의 심각함을 알면서도 대책을 강구하여 풀어가려는 모습이 안 보였기 때문이다.

괴롭힘을 당하고 있어도 적극적으로 대처하지 않는 피해 학생이 많다. 주변인들은 피해자가 피해를 당하고 있으면서도 다른 학생들에게 도움을 요청하지 않거나, 어울리려고 다가가지 않는 모습을 보면서 아쉬워한다. 친구가 없는 학생은 괴롭힘의 표적이 되기 쉽다.

당장은 누가 괴롭히지 않아도 친구가 없다는 것은 또래 괴롭힘에서 위험요인[21]으로 작용한다. 어떤 학생이 잘하고 못한 행동을 떠나 친구의 존재는 괴롭힘을 당하느냐 당하지 않느냐에 있어 중요한 요소로 작용한다.

> 반에 은따가 있었다. 큰 이유는 없는데 그냥 은근히 따돌려졌다. 밥도 혼자 먹을 때가 많았다. 근데 그 아이는 스스로 자신을 따돌렸다. 다른 애들하고 잘 어울리지도 않고 그냥 혼자 다녔다. 〈서술형 설문지. 42〉

서술형 설문지에서도 따돌림을 당하는 학생의 경우 학생들과 친해지는 방법을 알지 못한다고 쓰여 있다. 다른 학생들에게 다가가지 못해 스스로 고립을 자초한다는 것이다. 이런 이유로 따돌림을 당하게 된 학생의 경우 혼자 지내는 상태가 오래가는 경향이 있다.

대현이는 2학년 2학기 때 대화를 잘하지 못하고 행동이 어눌하여 따돌림을 당한 남학생 사례를 이야기했다. 한 학생이 주도한 무리가 이 학생을 유별나게 괴롭혔는데 장난으로 툭툭 쳤다. 그러면서 놀리는 말을 하면 이 학생은 예민해져서 소리를 지르며 싫어하였다. 싫다고 소리 지르는 데도 가해자들은 계속 더 했다. 그 광경을 보고 반의 대부분 학생들은 웃으면서 재미있어했다. 게다가 이 학생은 학

---

21) 피해자에게 위험요인은 또래 괴롭힘의 피해자가 될 요인이다(김순혜, 2012).

급의 학생들이 어울려 주지 않아 따돌림을 당하기도 하였다.

미선이는 친구가 거의 없는 여학생 이야기를 했다. 이 학생은 말을 거의 안 했고 말을 할 때는 답답하게 했으며 소심한 학생이었다. 민수도 피해 학생의 특징이 소심함이었다고 이야기했다. 은미는 학급의 다수 학생들이 한 학생을 따돌린 이야기를 하였다. 피해 학생에 대해 뒷담화를 하였고 이 학생이 얘기하려고 할 때는 학생들은 무시하였다. 피해자는 많이 주눅이 들어 있었다.

표현을 잘하지 못하는 것 같았어요. 특히 자기 의사를요. 성격이 되게 소심하다든가, 친구들한테 쉽게 못 다가가거나, 그러면 인사를 먼저 못하고 그러잖아요. 그러다 보면 별로 안 친한 사람들이 많아지죠. 그러니까 잘 못 놀겠죠. 〈박대현. 2014.11.11〉

사람을 계속 지긋이 쳐다봐요. 그게 애들이 기분 나빴나 봐요. 그러다 보니까 걔가 친구가 없게 됐는데 말 수도 없고 소심해서 답답하게 얘기도 안 하고…. 그러다 보니까 애들도 피하고 반 애들하고 사이도 별로였고. 〈김미선. 2014.11.01〉

소심하다고 해야 되나! 피해 학생 대부분을 그렇다고 해야 할 거 같아요. 〈신민수. 2014.10.17〉

너무 내성적인 애도 피해자가 될 수 있거든요! 자기 혼자 있다 보

면 혼자가 되니까 짝, 즉 무리가 없잖아요. 그러니까 왕따가 될 수
도 있는 거고. 아니면 성격이 너무 안 좋은 애들이 있잖아요. 자기 잘
난 척을 되게 많이 한다든지 그러면 애들이 시기하는 게 많아요. 그
래서 그걸 싫어하는 것 때문에 또 생길 수 있는 거고요. 〈성은미.
2014.10.26〉

가해자가 '나는 얘가 싫은데 자꾸 다가오네! 그럼 피해야지.' 대놓
고 '진짜 나 너 싫으니깐 친구 하지 마, 오지 마!' 이렇게 하는 경
우는 없고 은근슬쩍 피하면 이제 애들도 눈치를 채고…. 〈이유진.
2014.10.26〉

은미는 주로 두 가지 경우에 따돌림이 일어난다고 했다. 너무 내
성적인 학생이어서 자기 혼자 있는 경우가 많아 같이 어울리는 짝
이나 무리가 없어 왕따를 당한다. 그리고 자기 잘난 척을 많이 하는
학생이어서 다른 학생들이 시기하거나 싫어해서 따돌림을 당하는
경우다.

여학생의 경우 무리로 어울리는 경향이 있다(김은아, 2011). 무리 속
에서 어울리려면 그 무리에 있는 학생들과의 공감대가 있어야 한다.
하지만 내성적이고 소심한 학생은 어울리는 무리가 없었으며 무리
에 끼려고 먼저 다가가지도 않았다. 학생들은 '너 싫으니까 오지 마.'
하면서 대놓고 따돌리는 경우는 드물다. 주도적인 학생 한두 명이
어떤 학생을 은근슬쩍 피하고, 뒤따라서 여러 학생들이 그 학생과

안 어울리게 된다. 무리에 끼어 있지 못하다 보니 피해자는 뒷담화와 소문에 의해서 안 좋게 평가되는 일이 잦아진다.

중학교에서 일어나고 있는 또래 괴롭힘의 모습은 소위 일진이라고 하는 무리가 학생들을 괴롭히고 못살게 구는 형태로 나타나는 일은 거의 없다. 그러한 형태보다는 주변인들이 주위에서 흔히 볼 수 있는 학생들이 가해자로 행동한다.

다른 학생들이 보기에 이상하고 소심하고 무기력한 학생들이 따돌림과 언어폭력을 당한다. '친구가 없음'과 '소심함'은 많은 연관이 있다. 지극히 내성적이고 소심한 성격의 아이들은 또래와 어울리지 못하고 자신감 부족으로 다른 학생들에게 의사 표현을 잘하지 못하는 경우가 많다. 이런 학생들은 대개 친구가 없어 혼자 시간을 보낸다. 더구나 친구가 없는 학생은 남에게 쉽게 다가가지 못하는 소심한 경우가 많아 친구를 만들지 못하는 악순환이 이어진다. 유능성과 관계성이 부족하고 친구가 없는 학생은 고립되어 또래 활동에서 위축되고, 그 결과 점차 무시되거나 배척되어 간다.

자기편이 되어줄 수 있는 친구의 존재는 괴롭힘을 당하지 않는 데 큰 힘이 된다. 가까운 친구가 없거나 긴밀한 사회적 연결망이 없는 학생들이 잠재적 가해자들로부터 또래 괴롭힘 피해자로 간주될 가능성이 크다. 또래 괴롭힘 피해 학생 대부분은 친구들과 거리가 있다고 느끼거나, 학급 내에서 인기가 없어 친구도 없이 거의 혼자 지낸 경우가 많다(조윤오, 2013).

대인관계를 형성하거나 발전시키는 데 어려움을 지닌 청소년들은 동료집단을 형성하는 데도 어려움이 있으므로 집단에서 상대적으로 힘없는 소수일 수밖에 없다. 따라서 이들은 집단에서 갈등의 희생양이 될 수 있는 경향이 많다(강차연 외, 2010: 265; 백지숙 외, 2009: 433). 학교라는 사회에서 적응을 잘하지 못하는 학생은 피해자가 될 가능성이 크다. 인간관계로 볼 때 적응을 잘하는 사람이란 '정서적으로 안정되고 타인과의 관계에서 신뢰성이 있으며, 조화롭게 살아가는 사람'이다(박아청, 2008: 306).

3. 또래 괴롭힘 당사자에 대한 느낌: 답답함

주변인들이 또래 괴롭힘 상황에서 든 생각은 '답답함'이다. 답답함은 가해자와 피해자 양쪽 모두에게 느끼는 감정이다. 주변인은 가해자에 대해서는 '이러면 안 될 텐데…'라며 답답해했고, 피해자에 대한 답답함은 '안쓰러움'으로 나타났다.

1) 가해자를 보며: 이러면 안 될 텐데…

주변인들은 가해자의 행동에 대해서 '이러면 안 될 텐데…'라며 답답해 했다. 가해행위를 보면서 '다 착한 아이들이었는데 갑자기 왜 이러지?', '왜 가만히 있는 아이들을 괴롭히는지 이해가 안 간다.', '같은 반 친구로서 이건 아닌 거 같다.'라는 태도를 보인다.

유진이는 학급 학생들이 전학 온 학생을 소외시키는 일이 많아지며 따돌림으로 진행되는 모습을 보고, 이 학생을 학급에 적응시키려고 노력하면서 가해자들이 '이러면 안 될 텐데…'라며 괴롭힘 행위가 더 커지는 것을 경계하였다. 수연이는 피해자가 잘못한 게 없는데, 왜 가해행위를 하고 있는지 모르겠다고 하였다.

> 저러면 안 될 텐데…. 저렇게 혼자 두면, 일이 커지고 반 전체가 학교 폭력으로 될 수 있는 거고. 만약에 전학생이 소외됐다고 한다면, 진짜 일이 커지고 왕따가 될 거고. 저러면 안 될 텐데. 어떻게든 적응을 시켜야 할 텐데…. 그런 생각이 들죠. 〈이유진. 2014.10.26〉

이 학생이 뭘 잘못했길래 얘네들이 그럴까! 솔직히 이 학생은 잘못한 게 없는데 자기네들이 뭐하러 이러는지를 모르겠어요. 〈김수연. 2014.11.02〉

반 학생들 대부분이 전학 온 학생을 왕따시키는 모습을 보며 유진이가 할 수 있는 일은 제한적이었다. 유진이는 피해 학생과 얘기해 주고 같이 앉아 있기는 있지만, 반 학생들의 이러한 태도가 지속되면 심각한 수준까지 진행되어 피해 학생이 완전히 혼자 남는 상황까지 갈 수도 있다고 생각했다. 유진이는 이러한 따돌림 상황을 끝내고 어떻게든 이 학생을 적응시키고 싶었다. 그럼에도 가해행위가 변함없이 지속되는 또래 괴롭힘 상황에 답답함을 느꼈다.

혜경이는 학급의 주도적인 학생들이 반을 옮겨 올 학생에 대해 안 좋게 말하면서 '같이 어울리지 말자'라고 하면서 소문을 만들어 내는 상황에 아쉬운 마음이 들었다. 실제로 이 학생을 아직 보지도 않았는데 왜 함부로 말하는지 이해가 되지 않았으며 소문만 듣고 반을 옮겨 온 학생을 편견으로 바라보는 반 학생들이 이해되지 않았다. 학급의 학생들은 평소에 남을 괴롭히지 않았다. 다 친하고 착한 애들이었는데 갑자기 왜 이러는지, 직접적으로 우리에게 피해 준 것이 없는 학생에 대해 왜 배척하는 상황을 만들어 가는지 이해가 되지 않았다.

따돌림의 발단이 소문 때문인 경우도 있다. 학급을 옮겨 올 학생이 학급을 옮겨 오기도, 실체를 보이기도 전에 이미 학생들 사이에서는 어울리면 안 되는 학생이 되어 있었다. 학급을 옮겨 온 후에 이 학생이 5반 학생들을 욕하는 것을 5반 학생 한 명이 듣고 학급에 전달한 후 이 학생에 대한 학급 학생들의 태도는 더 싸늘해졌다. 소문에 의해 이 학생은 되돌릴 수 없는 피해를 보게 되었다.

'다 친하고 다 착한 애들인데 애들이 갑자기 왜 이러지!' 이런 생각과 '직접적으로 해한 게 없는데 왜 저럴까!' 하는 생각. 걔가 오기 전에 애들이 소문을 만들어 낼 때 아직 실제로 본 애는 아니니까, 함부로 말하는 것은 아닌 것 같다고, 애들하고 얘기할 때 말했었어요. 〈천혜경. 2014.10.15〉

입이 가벼운 아이들이나 그런 아이(동조자)들이 순식간에 소문을 퍼뜨리고 다니죠. 누가 이랬고, 누가 이랬고. 그런데 소문은 전해지면서 점점 커지니까 일이 되돌릴 수 없게 되는 거고요. 〈박재형. 2014.10.29〉

입이 가벼운 학생들이나 동조자들에 의해 소문이 재생산되어 퍼진다. 학급의 학생들이 모여 있는 자리에서 한 학생이 어떤 학생에 대해서 '너 그 얘기 들었니? 걔 어떠어떠 하더라.'라고 말을 한다. 그러면 다른 학생은 나는 이런 말을 들었다고 하면서 이야기를 보탠다. 또 다른 학생은 '며칠 전에 이런 일이 있었는데 어쩌고저쩌고' 하면서 '저번에 봤는데 그 학생의 행동이 어땠다'고 하면서 소문은 학생에게서 학생에게로, 학급에서 학급으로 퍼져 나간다.

재현이는 괴롭힘을 목격하면서 가해 학생에게도 그럴만한 이유가 있을 거라고 생각했다. 피해 학생에게 문제가 있어서 괴롭히고 있을 거라고 생각했던 것이다. 아무 이유 없이 괴롭힘 행위를 하고 있지는 않을 것이라고 생각했다. 재현이 뿐만 아니라 많은 학생들이 피해 학생은 문제가 있어서 괴롭힘을 당한다고 생각한다. 하지만 재현이가 계속 지켜본 결과 피해 학생은 아무 이유 없이 괴롭힘을 당하고 있었다. 재현이는 왜 가만히 있는 아이를 괴롭히는지 이해가 가지 않는다고 하였다.

근영이가 이야기한 사례는 냄새가 나고 특이한 행동을 하는 남학생을 같은 반 남학생들이 집단적으로 괴롭히는 경우였다. 이 상황을 목격한 근영이는 심하다는 생각이 들었고 같은 반 친구로서 '이건 아닌 것 같다.'는 생각을 했다. 같은 반 학생으로서 함께 생활하는 학생에게 여럿이서 무리를 지어 괴롭히는 것은 친구로서 할 행동은 아니었다.

희성이는 일반학급의 학생이 특수 학급의 학생을 괴롭히는 상황을 목격하면서 '이건 너무 한 것 아닌가!'라는 생각을 했다. 또래보다 낮은 지능을 가진 특수 학급 학생을 가끔 놀아주고 인사하는 사이로 지내면 괜찮을 것 같은데, 오히려 괴롭히는 것을 보며 '얘를 왜 건드리지!' 하는 생각이 들었다. 일반 학급에 있는 우리와 이 학생은 다를 수 있는데 너무하다는 생각을 하게 되었다.

진희는 한 무리의 여학생들이 한 명의 학생에게 사이버상으로 언어폭력을 하기도 하고 학교에서도 괴롭히는 상황을 이야기했다. 진희는 학급에서 주도권을 잡고 있던 학생들의 폭력이라 더 많이 화가 났다고 했다. 그리고 그런 괴롭힘 행동에 대부분의 학생들이 나쁘다고 생각을 안 하는 모습에 대해서도 그러면 안 된다고 생각했다.

처음에는 가해 학생들이 이유가 있어 그랬을 것이라고 생각했는데, 계속 지켜보니까 저 아이들은 왜 가만히 있는 아이를 괴롭히는지 이해가 안 간다고 생각했죠. 〈정재현. 2014.10.16〉

심하다는 생각이 들고, 뭔가 이거는 같은 반 친구로서 아닌 것 같다는 생각을 많이 했었어요. 〈전근영. 2014.11.02〉

이게 너무 한 것 아닌가! 다를 수 있는데, 너무한 것 아닌가! 장애인이 잖아요. 우리보다 지능이 좀 낮은데, 가끔씩 놀아주고, 인사하고, 그런 게 괜찮은 것 같은데 애를 왜 건드리지 하는 기분이 들어요. 〈강희성. 2014.11.02〉

가해자 애들이 학교에서 주도권 같은 걸 잡고 있던 애들이라서 화가 되게 많이 났고, 그런 행동을 계속하는데도 학교 전체적으로, 다른 애들은 그게 나쁘다고 판단을 안 하거든요. 그래서 화가 많이 났어요. 〈이진희. 2014.11.02〉

주변인은 가해자들이 어떤 학생을 자기들과 다르고 지능이 낮다는 이유로 괴롭히는 것을 보면서 기분이 좋지 않았다. 특히 반에서 인정을 받는 주도적인 학생들이 괴롭힘 행동을 하는 것과 이러한 가해자의 행동을 보고 대부분의 학생들이 나쁘다는 생각을 하지 않는 것을 보고 더욱 그런 생각이 들었다. 학급 학생들은 주도적이거나 힘센 학생들이 하는 또래 괴롭힘 행위에 대해서 무의식적으로 동조하거나 방관하는 경향을 보인다. 사람들은 타인으로부터 인정받거나 배척당하지 않으려고 타인의 입장에 동조한다(곽호완 외, 2005: 510).

자기가 싫어하는 학생이 있으면 안 어울리면 되는 일이지 괴롭히는 것은 좋은 방법이 아니다. 문제를 해결하는 평화로운 방법이 얼마든지 있기 때문이다(박종철, 2013: 22). 잘못한 것이 없는 학생을 괴롭히거나 가만히 있는 학생을 괴롭히는 것은 같은 행동은 학교에 다니는 학생이 할 행동은 아니다.

2) 피해자를 보며: 안쓰러움

주변인 입장에서 보기에 가해 학생에게 괴롭힘을 당하는 피해 학생이 안쓰러웠다. 미연이는 네 명의 가해 학생들에게 괴롭힘을 당하고 있는 한 여학생을 보면서 안쓰러움을 느꼈다. 도와주고 싶고 같이 있어 주고 싶다는 생각이 들었다.

종인이는 피해 학생이 다른 학생들로부터 미움받고 있는데도 친해질 방법을 찾는 데 관심이 없는 것을 보면서, 학급의 학생들과 친해지면 잘 지낼 수 있는데, 소극적이고 말도 안 거는 모습을 보며 안쓰러운 생각이 들었다. 재현이가 목격한 괴롭힘은 잘못이 없는 한 남학생을 다른 학생들이 괴롭히는 상황이었다. 단순히 가해자들의 먹잇감이 되는 상황에서 피해 학생은 심적, 육체적으로 많이 지쳐 보였다. 재현이는 괴롭힘 상황을 목격하면서 안쓰럽고 딱했다고 하면서 이 학생이 왜 이런 괴롭힘을 당해야 하는지 의문이 들었다.

> 안쓰럽다. 도와주고 싶다. 같이 곁에서 있어 주고 싶다! 그런 거. 〈오미연. 2014.10.27〉

> 안쓰러웠어요. 방법을 몰라요. 그냥 애들한테 미움받고 그런 거라. 애들이랑 친해지려고 노력하지도 않고, 소극적으로 대하고, 말도 잘 안 거는 편이라서…. 〈박종인. 2014.10.26〉

> 피해 학생을 보며 처음에는 쟤도 무슨 잘못이 있어서 당하는 것이라고 생각했는데, 나중에는 다른 가해자들의 먹잇감이 되다 보니까, 저 친구도 심적으로 많이 지쳤고 많이 맞았기 때문에 아플 것 같았어요. 안쓰럽고 딱하고 저 친구가 왜 저런 괴롭힘을 당해야 하는지 생각을 하게 되었죠. 〈정재현. 2014.10.16〉

주변인은 피해를 받고 있는 피해자의 상황과 피해자가 대인관계에서 적극적인 자세로 행동하면 상황이 나아질 수도 있을 텐데 그렇게 행동하지 않는 모습을 보며 안쓰러움을 느꼈다. 자신이 따돌림 상태라는 것을 알면 더 적극적으로 다른 학생들을 대해야 하는데 그렇게 하지도 않고 방법도 모르는 모습이 안타까웠다.

혜경이는 반을 옮겨 온 학생이 쉬는 시간에 다른 학생들과 얘기할 틈이 있는데도 혼자 겉도는 걸 선택한 것처럼 소통하려고 하지 않는 게 답답했다. 희성이가 목격한 사례는 특수 학급 학생이 당하는 괴롭힘이었다. 희성이는 피해자에 대한 괴롭힘 행위가 있을 때 몇 번 그 상황에서 방어 행동을 해 주었는데, 자신도 친구들과 놀 때가 있어서 계속 챙겨줄 수는 없었다. 희성이는 피해자가 괴롭힘을 당하는 것을 보고 불쌍하고 안쓰럽다는 생각이 들었다.

크게 나서질 못해서 피해자한테 미안하기도 했어요. 어쩔 수 없는 게… 자책감! 답답했어요. 자기가 처음에 왔으면 애들하고 얘기도 하려고 했으면 좋았을 텐데. 쉬는 시간에 얘기할 틈이 있었을 때 먼저 다가왔으면 애들이 그렇게 나쁘게 생각하지 않았을 텐데 말이에요. 자기가 혼자 겉도는 걸 선택한 것처럼 보여서 답답했어요. 〈천혜경. 2014.10.15〉

불쌍하죠. 자기가 그러고 싶어서 그런 것도 아닌데, 안쓰럽고, 잘 해주고 싶은데 저로서도 계속 잘해줄 순 없잖아요. 저도 친구가 있으니까 친구랑 가서 놀면, 챙겨줄 수도 없고요. 그냥 계속 안쓰러워요. 〈강희성. 2014.11.02〉

학급 학생들은 피해 학생과 어울리려고 하지 않았고, 반을 옮겨 와서 따돌림 당하는 학생도 혼자 겉도는 것을 선택한 것처럼 행동 해서 주변인은 답답했다. 그리고 또래 괴롭힘 상황을 목격한 주변인 으로서 방어 행동을 해주지 못해 미안한 마음도 든다. 피해 학생이 스스로 반 학생들과 친해지려고 노력하지 않는 모습에서 안쓰러움 을 느낀 주변인들은 자신들이 도움을 줄 수 있는 한계가 있다는 것 에 대해서도 안타까워한다. 주변인도 자기와 어울리고 있는 학생들 이 하는 가해 행동에 나서서 막기가 힘든 상황이고, 자신도 학교생 활을 해야 하기에 피해자 옆에서 항상 도움을 줄 수 있는 상황도 아 니다.

한편 주변인이 피해자를 안쓰럽다고 생각하는 것과 방어 행동의 연관성은 많지 않았다. 피해자를 보며 안쓰럽다고 말하며 불쌍하다 는 감정이 들었다는 주변인도 방관한 경우도 많았기에, 실제로 나서 서 도와주는 행동과는 별개인 것을 알 수 있다.

Coloroso(2008; 염철현 역, 2013)는 '잠재적 방어자'라는 용어를 사용 하였다. 잠재적 방어자는 괴롭힘을 싫어하고 피해자를 도와줘야 한 다고 생각을 하지만 실제로는 돕지 않는 사람을 말한다. 중학교 교 실의 학생들은 잠재적 방어자가 많았다. 그들은 또래 괴롭힘 상황 을 안타깝다고 생각하고 있지만 개입하지 않고 가만히 있는 경우가 많다.

제5장

또래 괴롭힘 상황에서 주변인이 취한 행동과 행동의 맥락

또래 괴롭힘 상황에서
주변인이 취한 행동과 행동의 맥락

주변인들이 또래 괴롭힘 목격 상황에서 보인 행동은 다양하다. 이들이 취한 또래 괴롭힘 상황에서의 행동을 대별하여 보면 방관 행동 또는 방어 행동으로 구분할 수 있다. 이 책에서는 주변인이 방관 행동 또는 방어 행동을 하게 된 이유를 알아본다.

화장실에서 일어난 폭력사건을 목격한 민수는 그 상황에서 방어 행동을 했다. 예린, 유진, 재형, 진희도 또래 괴롭힘 상황에서 방어 행동을 했던 경험을 이야기했다. 예린이는 따돌림을 당하고 있는 학생이 반 학생들과 점심 식사하는 것을 어려워하자 다른 학생을 소개하여 같이 급식을 먹을 수 있게 해 줬다. 유진이는 전학 와서 따돌림을 받는 학생에게 다가가 대화를 나누면서 함께 있어 줬다.

재형이는 몸이 안 좋아 축구 하기 싫은 학생을 강제로 축구 하게 하려는 학생들에게, 얘는 지금 나와 어디 가는 중이니 축구를 할 수 없다고 말해 주는 것으로 도왔다. 진희는 괴롭힘 사건을 선생님에게 신고하는 방식으로 피해자를 도와주며 방어 행동을 해 주었다. 혜경이는 반을 옮겨올 학생에 대해 애들이 이런저런 부정적인 말들을 하며 소문을 만들어 낼 때 "우리가 실제로 그 학생을 보지 않았으니, 함부로 말하는 것은 아닌 것 같다."고 말하며 따돌림이 시작되지 않도록 노력했다.

반면에 더 많은 면담 참여자들은 방관했던 이야기를 했다. 또래 괴롭힘 상황에서 방관 행동을 한 주된 이유는 또래 괴롭힘 사건에 개입했다가 주변인인 내가 피해를 받는 부정적인 결과를 예상했기 때문이다.

면담 참여자들이 사례로 말했던 또래 괴롭힘 사건 외에 다른 또래 괴롭힘 목격 상황의 행동을 들어 보면, 주변인이 동일한 반응을 하지 않았음을 발견할 수 있다. 또래 괴롭힘을 목격했을 때 주변인은 상황에 따라 달리 행동하고 있었다. 필자는 이를 '상황과 관계에 따른 주변인 행동의 변동성'으로 정리했다. 즉 주변인은 또래 괴롭힘을 목격하고 항상 같은 행동을 취한 것이 아니라, 상황과 관계에 따라 방어 행동을 하기도 하고 방관 행동을 하기도 하는 것을 알 수 있다.

1. 주변인이 취한 행동: 방관할 것인가 방어할 것인가의 선택

주변인들은 또래 괴롭힘을 맞닥뜨린 상황에서 어떻게 행동해야 할지를 고민한다. 방어 행동을 해야 할지, 방관하는 태도를 보여야 할지 선택해야 한다.

방관하기로 마음먹은 학생은 또래 괴롭힘 상황에서 아무런 행동적 반응을 보이지 않고 가만히 있었다. 반면에 방어 행동을 하기로 마음먹고, 그렇게 행동을 한 학생은 피해자를 챙겨주었다. 방관한 주변인은 그때를 회상하며, 그때는 어쩔 수 없는 상황이었다고 말했다. 방어 행동을 했던 주변인은 방어 행동으로 인해서 가해행위는 줄어들었고, 자신의 행위에 대해 뿌듯한 감정을 느꼈다고 말하고 있다.

1) 방관을 선택한 청소년 vs 방어를 선택한 청소년: 가만히 있었음 vs 챙겨줌

또래 괴롭힘을 목격한 상황에서 방관을 하기로 마음먹은 학생들은 또래 괴롭힘 상황에 적극적으로 개입하지 않았다. 이런저런 이유로 방어 행동에 나서지 않았고 그렇게 하지 못한 안타까움이 남아 있었다.

미선이는 피해 학생을 좋아하지 않아서 괴롭힘 상황에서 가만히 있었다고 이야기하였다. 마음에 들지 않는 학생을 위해 방어 행동을 해 주고 싶지는 않았다. 그때를 생각해 보면 안 도와준 게 어리석었었고 후회된다. 재현이는 괴롭힘 상황은 제삼자의 일이고 나와는 상관이 없다고 생각하여 방관했다. 그렇지만 마음이 편한 것은 아니어서, 자신이 왜 방관만 하고 나서지 못했는지, 자신감이 없어서 그랬던 것인가 생각했다. 지연이는 왕따를 주도하고 있는 가해자들에게 영향을 못 미쳤다고 하였다. 그 상황에 가만히 있었고 방관했기 때문이다. 피해자는 서운했을 것이고 방어 행동을 하지 못해서 피해 학생에게 미안한 감정이 들었다.

> 저는 아무것도 안 했어요. 저도 걔를 별로 좋아하진 않았어요. 애들한테 그런 나쁜 소문도 있다 보니 그냥 걔가 말을 걸면 대답해 주고, 그냥 반 애 이렇게 지냈어요. 생각해 보면 안 도와준 게 후회는 되죠. 솔직히 제가 그런 거 당했으면 기분 나빴을 것 같아요. 나중에도 걔는 왕따로 남을 거 같기도 해요. 그때를 생각하면 제가 찌질했던 거 같기도 해요. 〈김미선. 2014.11.01〉

> 저 친구가 왜 맞을까 생각했는데 동조하지 않고, 그냥 방관했어요. 자기네들 일이니까 저는 별로 관심을 가지지 못했죠. '내가 그때 왜 방관만 하고 해결하지 못했을까. 내가 자신감이 없어서 그런가.'라고 생각하긴 했어요. 〈정재현. 2014.10.16〉

연구자: 가해자들한테 본인이 한 행동이 어떤 영향을 미쳤어요?

김지연: 저는 가만히 있어서 영향은 못 미쳤어요.

연구자: 그러면 본인의 행동으로 피해자한테는 어떤 영향을 미쳤어요?

김지연: 걔가 서운했을 것 같아요. 걔한테 미안했어요, 진짜. 〈2014.10.26.〉

면담 참여자 중 많은 학생이 또래 괴롭힘을 방관했고, 방관했던 학생들은 그 상황에 개입하지 않고 가만히 있었다고 말했다. 가해자가 나와 친구이거나, 괴롭힘은 나와 상관없다고 생각했거나, 피해자를 싫어하고 있었거나, 피해자가 괴롭힘을 당해도 싸다고 생각했거나, 개입했다가 자신이 피해 볼까 봐, 용기가 없어서, 개입하면 상황이 더 악화될까 봐, 어떻게 도와줘야 할지 방법을 몰라서 등의 이유로 상황을 방관했다.

방어 행동을 한 주변인들도 있었다. 예린이는 한 여학생이 1학년 때 전학 온 이래 학생들로부터 은근히 따돌림을 당했던 사례를 이야기하였다. 2학년 2학기 때 이 학생은 자기를 괴롭히지도 않은 학생들을 지목하여 자기를 괴롭혔다고 선생님에게 말해 그 학생들에게 사과를 받아냈다. 이런 일이 있고 반 학생들은 이 학생을 더 안좋아했고 어울리려고 하지 않았다.

이 학생은 친구가 거의 없었고, 언어폭력과 따돌림을 당했다. 한때 가해 무리를 피해 다니느라고 식당에서 급식도 못 먹고, 도시락을 화장실에서 먹은 적도 있었다. 예린이는 이 학생의 잘못이 크다고 생각하고 있었다. 그럼에도 이 학생이 많이 힘들 것이라고 배려하면서 피해자를 챙겨주었다. 상담해 주고, 함께 다닐만한 친구를 붙여 주어 같이 식사할 수 있게 해 주었다.

민수는 화장실에서 폭력을 행사하는 가해 학생을 막았다. 가해 학생과는 친한 사이였지만, 폭력행위를 보자마자 막았다고 했다. 자신의 행동으로 더 큰 피해를 막을 수 있었다며 자신의 행동을 잘했다고 생각하고 있었다. 미연이는 가해자들이 한 학생에게 욕을 하고 괴롭히는 그 순간에 바로 나서지는 못했지만, 그 상황 이후 우는 학생을 상담해 주며 달래 줬다고 하였다. 그리고 피해 학생을 위해 학교폭력 진술서를 써 줬다.

> 그 애를 제가 몰래 계속 도와줬어요. 상담도 해 주고. 쟤가 급식실에서 밥을 못 먹어서 상담했을 때 제가 말했어요. 계속 밥 안 먹을 수도 없고 싸울 수도 없으니 내 친구한테 같이 먹자고 말할 테니 밥 먹으라고요. 저는 스스로 잘했다고 생각해요. 〈차예린. 2014.10.26〉

> 정도가 심하니까 일단 말렸어요. 때리는 애를 잡았는데 주체를 못 해 계속 때리려고 해서 벽에 대고 막았어요. 맞은 애는 가라고 했어요. 제가 이런 말 해도 되는지 모르겠는데, 잘한 일인 것 같아요. 일이 안 커졌으니까. 〈신민수. 2014.10.17〉

> 애들이 욕을 했을 때 직접 나서진 못했거든요. 근데 수업 끝나고 점심시간에, 밥 먹기 전에 우니까 달래줬어요. 그러다 보니 애들이 모여들면서 상담 같은 거 해 주면서 달래 줬었죠. 일단 학교폭력 진술서 써

주었어요. 〈오미연. 2014.10.27〉

    예린이가 한 행동은 피해자를 챙겨주는 방식의 방어 행동이다. 이 학생에게 급식을 함께 할 친구를 붙여주기도 하고, 피해상태를 벗어날 수 있는 방법을 알려주기도 했다. 미연이도 가해행위 상황에서 직접 나서서 막지는 못했지만, 괴롭힘을 당한 후에 울고 있는 학생을 달래주고 이야기해 주고 학교폭력진술서를 써주는 방식으로 방어 행동을 했다.

    주변인의 방어 행동은 피해자를 챙겨주고 도와주는 것으로 나타나는 경우가 많다. 주변인이 방어 행동을 한다고 또래 괴롭힘이 발생하고 있는 그 상황에서 가해자에게 맞서는 행위를 하는 경우는 드물다. 방어 행동은 가해자를 막아서는 형태보다는 피해자를 도와주고 챙겨주는 방식으로 이루어지고 있다. 주변인들이 많이 한 방어 행동의 형태는 피해 학생을 달래주고, 같이 앉아주고, 같이 밥을 먹어 주고, 함께 얘기해 주고, 선생님께 괴롭힘 사실을 알리는 등의 모습으로 나타난다. 이렇게 함으로써 피해상태에서 벗어날 수 있게 해 주고, 결과적으로 또래 괴롭힘을 줄일 수 있다.

> (방어 행동은) 가해자랑 맞서 싸우는 친구들이 아니라, 왕따를 당하고 있으면 내가 친구가 되어줌으로써 왕따를 예방해 주는 것이에요. 거창하게 할 필요 없고 차근차근히 해내는 게 가장 중요해요. 〈박재형. 2014.10.29〉

주변인이 방어 행동을 한다고 가해자와 대립하기보다는 피해당하는 학생에게 말을 걸어 주고 친구가 되어주는 방법이 좋다.

또래 괴롭힘을 목격한 주변인이 가해자에게 적극적으로 맞서 대립하는 방어 행동을 하기는 현실적으로 어렵다. 또래 괴롭힘 상황에서 방어 행동을 거창하게 하기보다는 피해자를 위로해 주고 토닥여 주는 게 큰 힘이 된다. 따돌림을 당하는 학생과 친구가 되어 주는 것은 따돌림 상태로부터 벗어나게 해 주는 일이다. 더 나아가 가해자에게 그런 행동을 하지 말라고 말하는 모습에서 주변인들의 방어하는 모습을 보게 된다.

2) 방관 행동 vs 방어 행동: 어쩔 수 없는 상황 vs 뿌듯함

주변인들은 또래 괴롭힘을 목격했을 때 피해자의 처지를 안타깝게 느끼고 방어해야겠다는 생각이 들기도 한다. 주변인 자신이 그 상황에 개입하면 피해를 줄일 수 있겠다는 생각이 들기도 했지만, 행동으로는 옮기는 것은 쉽지 않다. 방관했다고 말한 주변인들은 그 상황에서 가만히 있었는데, 그때는 어쩔 수 없는 상황이었다고 하였다.

종인이는 가해자와 친구여서 어쩔 수 없이 방관했다. 피해자를 도와주기 위해 괴롭힘 행위를 하고 있는 친구를 막아서면, 가해자인 내 친구와의 우정에 금이 갈까 봐 어쩔 수 없었다. 혜경이는 반을 옮겨 온 학생에게 반 아이들이 등을 돌려 따돌리고 있는 상황에 나서지 못하고 가만히 있었다. 영호는 한 학생을 다른 아이들이 피하고 따돌리는 상황에서 자신도 그 학생을 피하게 되었다. 영호는 그 상황을 보면서도 개입하지 않고 가만히 있었다.

불쌍하죠. 그래서 말리려고 했는데, 가해자가 저랑 엄청 친한 친구에요. 그래서 어떻게 할 수가 없어서… 말하면 친구끼리 우정이 갈라설 것 같고 그래서 어쩔 수 없었어요. 저도 말리고는 싶죠. 〈박종인. 2014.10.26〉

크게 나서질 못해서 그렇게 불편했는데. 약간 피해자한테 미안하기도 하고. 자책감도 들고 사실 되게 부끄러운 행동이죠. 나서서 그 친구랑 친구가 되어 주면서 이어줄 수도 있었는데, 또 한편으로는 '그럴 수밖에 없었다.'라는 생각도 있기는 해요. 〈천혜경. 2014.10.15〉

애들이 걔를 싫어하고 어떤 앤 때리기도 하고 왠지 모르게 피해 다녀요. 그래서 그 애는 때리는 애들이 있으면 피해 다니기도 해요. 애들이 싫어하니까 왠지 모르게 저도 꺼려지게 되는 거 같기도 해요. 친구들이 피하다 보니까 뭔가 꺼려진다고 해야 하나! 그래서 저도 모르게 피하게 돼요. 〈김영호. 2014.10.26〉

혜경이가 따돌림에 반대하고 적극적으로 방어하지 못했던 것은 학급의 학생들과 어울려서 생활해야 하는 자신의 상황을 고려했기 때문이었다. 그래서 혜경이는 그때는 어쩔 수 없이 가만히 있을 수밖에 없었다고 했다. 대다수의 반 학생들이 어떤 학생을 피하는 상황이면 주변인인 자신도 어쩔 수 없이 피하게 된다는 것이다.

영호도 피해자가 따돌림을 당하고 있을 때 방어 행동으로 나서지 못하고 피했다. 남들이 어떤 학생을 피해 다니며 따돌리고 있는 상황에서 자신은 피하지 말아야 겠다고 생각했지만 그러지 못했다. 그때를 돌이켜보면 그 상황에서는 주변인인 자신도 어쩔 수 없었고 그렇게 행동할 수밖에 없었다는 것이다.

학급의 주도적인 무리가 어떤 학생을 괴롭히고 있을 때 이를 목격한 주변인이 그 상황에 직접 개입하여 막기는 쉽지 않다. 집단 내의 학생들은 '관계'를 생각하고 있기 때문에 자신의 의사를 제시하며 밀고 나가기 힘들다. 그래서 주변인들은 또래 괴롭힘 상황에서 가만히 있었으며 그때 그 상황에서는 어쩔 수 없었다고 말한다.

예린이가 피해 학생을 챙겨주자 피해 학생은 처음에는 불편해했지만, 나중에는 마음이 편해졌다며 고맙다고 했다. 피해 학생으로부터 고마움의 인사를 받고 예린이는 방어자 역할을 한 자신의 행동이 뿌듯했다. 유진이는 전학 온 학생이 따돌림당하는 상황에서 피해 학생의 친구가 되어주었다. 유진이는 피해 학생을 챙겨주며 뿌듯함을 느꼈다.

상호는 신체가 약하고 이상한 냄새가 난다는 이유로 왕따를 당하는 반 학생을 방어해 줬다. 가해행위로부터 보호해 주며 다른 학생들이 다 피하는 상황에서 그 학생과 운동회 등의 행사에서 짝이 되어 주었다. 자신의 행동에 대해서 뿌듯함을 느꼈다. 근영이는 장난이라고 하면서 한 학생에게 가해행위를 하는 무리에게 하지 말라고 말했다. 그래서 '착한 일을 했구나.'라고 생각하며 뿌듯해 했다. 정우는 괴롭힘 사건을 선생님께 말했고, 그 일로 가해자는 처벌을 받았다. 피해자는 항상 우울하고 기운이 없었는데 자신의 행동으로 사건이 해결되어가며 활동량도 늘고 친구들도 생기게 되었다. 정우는 그게 보기 좋았다.

> 딴 애들은 바꿔 않으니까 그렇게 혼자 놔둘 수도 없어서 따로 가서 앉아 줬어요. 저희 반에 전학 왔고 적응은 해야 하니까요. 또 전학 가긴 그렇고. 그러다 보니깐 챙겨 줬어요. 다른 여자애들은 끼리끼리 무리가 있는데, 저는 두루 다 아는 사이라 챙겨 주면서 내심 내가 착하다고 생각했어요. (웃음) 〈이유진. 2014.10.26〉

> 저는 보호해 주는 차원에 서 있어요. 불결한 느낌은 있었는데 뭔가 뿌듯한 느낌이랄까? 그런 게 있기도 했어요. 아무도 안 하는 것을 내가 도맡아서 하니깐. 〈박상호. 2014.11.02〉

> 하지 말라고 했으니까 저 스스로 뭔가 뿌듯했고, 착한 일을 했구나 생각했어요. 〈전근영. 2014.11.02〉

피해자는 제가 말하기 전에는 항상 우울하고 기운이 없었는데, 말하고 나니까 친구들도 생기고 그랬어요. 그러니까 활동량이 많이 늘었어요. 이제 괴롭힘을 안 당해 그 아이도 활동을 하니까 그게 너무 보기 좋은 거예요. 〈현정우. 2014.11.11〉

방어 행동을 한 주변인들은 자신의 행동이 잘한 행동이었다고 생각한다. 피해 학생을 챙겨줌으로써 그 학생이 같이 어울리고 활동하는 모습을 보면서 뿌듯함을 느끼는 것이다.

학생들은 학교생활을 하면서 또래 괴롭힘 사건을 목격할 때가 있다. 내 옆에서, 주위에서 또래 괴롭힘이 일어나면 그 상황을 목격한 주변인인 나는 어떠한 형태로든 반응을 해야 한다. 주변인들은 반응을 하기 앞서 목격한 또래 괴롭힘의 성격을 파악한다. 가해자는 누구이며 피해자는 어떤 학생인지, 왜 가해행위를 하고 있으며 피해자는 왜 괴롭힘을 당하고 있는지, 누가 또래 괴롭힘 사건에 개입되어 있는지를 고려한다.

눈앞에 벌어진 사건을 보며 인지적, 정서적으로 상황을 파악하고, 어떤 행동을 해야 할지를 고심한 후에 자신이 할 행동을 선택한다. 어떤 주변인들은 방어 행동을 하기로 마음먹고 피해자를 챙겨주기도 하고, 다른 주변인들은 방관을 선택하여 그 상황에 나서지 않고 가만히 있기도 한다.

방관한 주변인은 피해자에게 행해지는 괴롭힘을 막아야 한다는 의무감을 느낄 때도 있지만, 학급 학생들과 원만하게 어울리고 싶다는 욕구가 더 크기 때문에 이러한 이 의무감은 금방 사라진다. 피해자를 옹호하는 것보다 가해 학생들과의 원만한 관계를 유지하는 것이 더 낫다고 생각한다.

2. 방관 행동의 이유: 내가 피해 입는 부정적 결과 예상

서술형 설문지를 분석한 결과 10명 중 3명꼴로 또래 괴롭힘을 목격한 상황에서 방어 행동을 했다. 10명 중 1명은 동조행동을, 6명은 방관 행동을 했다.[22]

또래 괴롭힘 목격 상황에서 주변인은 동조자, 방어자로 행동[23]한 경우보다는 방관 행동을 한 경우가 많다. 방관을 한 학생은 그렇게 행동한 이유로 개입했다가 이리저리 불려다닐 것 같아서, 무슨 상황인지 파악하려고 선뜻 나서지 못했다. 무작정 나섰다가는 욕을 먹을 것 같아서, 그 아이를 도와주다가 나도 같이 피해를 당할 것 같아서 등의 이유를 서술형 설문지에 나타냈다.

선뜻 나서지 못한 이유는 무슨 일인지 상황파악 하려고. 무작정 나서다간 욕을 먹을 것 같아서. 〈서술형 설문지. 173〉

도와줘 봤자 나에게 이득이 없다. 이득을 바라고 행동을 해야 하는

---

22) 서술형 설문지에 나타난 글을 분류해 보면 총 187명 중 방관 행동을 보인 학생이 110명으로 가장 많았다. 방어 행동을 한 학생은 59명, 동조행동을 한 학생은 18명이었다.

23) 서술형 설문지에서 또래 괴롭힘을 목격하고 주변인으로서 한 행동의 이유에 대해 동조행동을 한 학생들과 방어 행동을 한 학생들은 다른 종류의 응답을 했다. 동조행동을 한 학생은 재미있어서, 가해자가 친구여서, 후환이 두려워서라고 이유를 말했다. 방어 행동을 한 학생은 '학교에서 배운 대로, 불쌍해서, 친구를 도와주려고.'라고 이유를 썼다.

건 아니지만, 괜히 도와주었다가 이리 불려다니고 저리 불려다니면서 시간 낭비만 될 것 같았다. 〈서술형 설문지. 177〉

그 애를 도와주다가 나도 그 아이처럼 될 거 같아서. 〈서술형 설문지. 32〉

　서술형 설문지에서 주변인들은 개입했을 때 입게 되는 피해를 예상하여 또래 괴롭힘 상황에서 방어하는 행동을 취하지 못하고 방관하는 태도를 취했다. 개입했다가 교무실로, 학생부로 불려다니면서 진술을 해야 하는 부담이 있고, 그 과정에서 가해 무리와 만나게 되면 유쾌한 일이 아니다. 또한, 무작정 나섰다가는 다른 학생들로부터 욕을 먹기에 십상이다. 피해자를 도와주다가 내가 피해자가 되는 경우도 생길 수 있는 일이다.

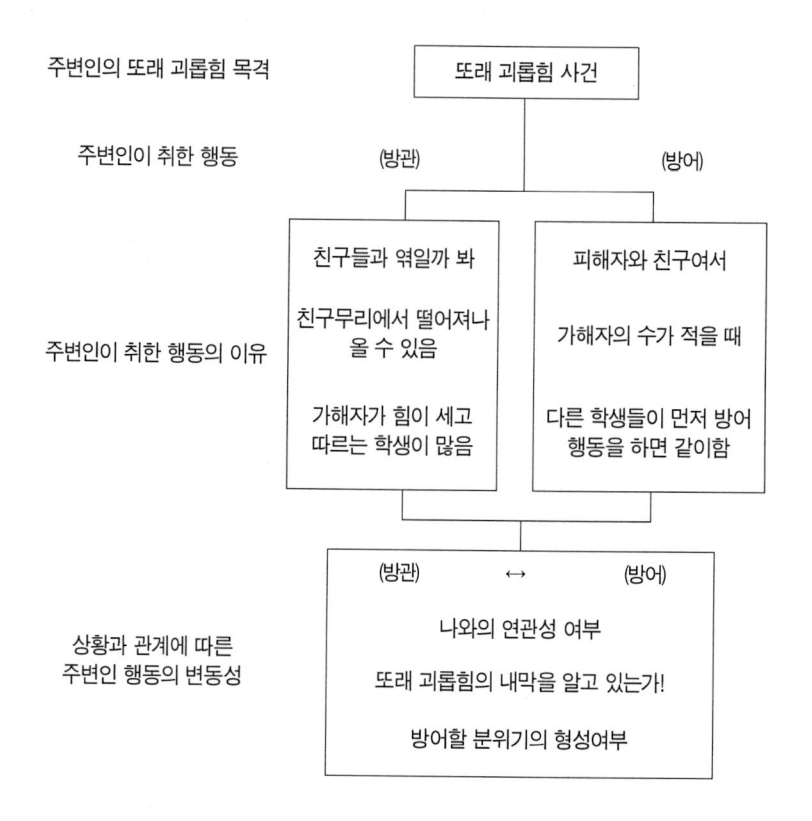

| 주변인의 또래 괴롭힘 목격 | 또래 괴롭힘 사건 |

| 주변인이 취한 행동 | (방관) | (방어) |

주변인이 취한 행동의 이유

| 친구들과 엮일까 봐

친구무리에서 떨어져나올 수 있음

가해자가 힘이 세고 따르는 학생이 많음 | 피해자와 친구여서

가해자의 수가 적을 때

다른 학생들이 먼저 방어 행동을 하면 같이함 |

상황과 관계에 따른 주변인 행동의 변동성

(방관) ↔ (방어)

나와의 연관성 여부

또래 괴롭힘의 내막을 알고 있는가!

방어할 분위기의 형성여부

[그림 5-1] '주변인이 취한 행동의 이유'와 '상황과 관계에 따른 주변인 행동의 변동성'

면담 참여자 중 방어 행동을 한 학생 몇 명이 그렇게 행동한 이유를 말하기도 했으나, 사례가 드물고 특이한 내용이 없어 분석할 내용이 되는 영역을 구성할 수 없었다. 반면에 방관 행동을 했다는 참여자의 이야기는 많아, 방관 행동의 이유에 대한 영역을 구성할 수 있었다. 또래 괴롭힘을 목격한 '주변인으로서 내가 취한 행동의 이유'와 '상황과 관계에 따른 주변인 행동의 변동성'을 [그림 5-1]에 나타 냈다.

주변인들이 또래 괴롭힘 상황에서 방관하게 되었던 이유는 여러 가지다. '가해자가 나와 친구여서 나설 수 없었다, 다른 학생들이 피 하니까 나도 피하게 되었다, 나도 피해자가 싫은데 굳이 싫은 학생 을 위해서 내가 나서야 하나, 용기가 없어서 직접 나서지 못했다, 문 제에 개입하여 피해를 당하고 싶지 않았다, 돕고는 싶었지만 내가 끼어들면 괴롭힘이 더 악화될 것 같아서 나서지 못했다, 내 일이 아 니고 그들의 일이었다, 그 상황을 내가 자세히 알지도 못하는데 무 작정 끼어들 수는 없었다, 조용히 있고 싶었다, 가해자와 대립하는 상황을 만드는 것이 싫었다, 방어나 동조행위를 하면 또래 괴롭힘 사건 조사받을 때 선생님에게 불려갈까 봐 방관하는 것이 속이 편 했다.' 등의 이유를 말했다.

또래 괴롭힘 상황에서 방어 행동을 하지 않으려고 방관한 것이 아 니라, 주변인인 내가 피해를 당하지 않아야 하고 내 마음이 다치지 않아야 했다. 이는 또래 괴롭힘 상황의 주변에 있는 학생들이 자기 중심적인 사고를 하고 있음을 보여준다. 학생들은 타인의 필요보다 는 자신의 욕구에 우선적으로 관심을 두는 경향이 있다. 타인의 필 요에 민감한 친사회적 도덕 추론이 높은 청소년은 동조행동이나 방 관 행동보다는 방어 행동을 한다(서미정, 2006). 방관자와 동조자들은 타인을 돕는 도덕적인 행동보다는 자기의 안위에 사고와 행동의 중 심을 두고 있는 것을 발견할 수 있다.

방관했어요. 그러니까 그 트러블 있는 데 개입하고 싶지 않았고, 괜히 또 얽히고설켜서 피해받고 싶지 않아서 그냥 보기만 했어요. 〈성은미. 2014.10.26〉

제가 끼어들면 더 심해질까 봐, 일부러 그 장면을 보기만 했어요. 〈현정우. 2014.11.11〉

처음에는 저 친구가 왜 맞을까 생각 했는데 동조하지 않고 그 일에 방관했어요. 자기들 일이니까 저는 별로 관심을 가지지 못했죠. 〈정재현. 2014.10.16〉

방관하는 학생들은 피해자나 가해자나 다 남인 거예요. 자기들끼리 알아서 해라! 그런 일에 섞이고 싶지 않은 거죠. 나는 조용히 있고 싶은데, 그런 일에 섞였다가 나까지 피해를 볼 수 있으니 그냥 보고 말겠다는 거죠. 참여했다가 가해자랑 대립했다가 가해자한테 제2차 학교폭력이 발생할 수도 있고 가해자랑 똑같이 동조자가 됐다가 선생님이 불러서 얘기할 때 자기도 불러 갈까 봐 못 본 척하고…. 〈박재형. 2014.10.29〉

김지연: 도와주고 싶은 마음은 있는데….
연구자: 실제로는 어땠어요? 마음은 그렇고 실제 행동은?
김지연: 도와주고는 싶은데 저한테도 영향이 미칠까 봐 두려웠어요. 〈2014.10.26.〉

주변인들이 또래 괴롭힘 상황에서 방어 행동을 하지 못했던 이유를 종합하면 '트러블에 개입하여 피해를 입을까 봐'다. 주변인들은 내가 피해를 입는 부정적인 결과를 예상하여 방관 행동을 선택한다. 그 상황에 방어하며 개입했을 때 주변인들이 예상하는 부정적인 결과로 친구들과 엮일 수 있고, 내가 친구 무리에서 떨어져 나올 가능성이 있는 것이다.

1) 방어하다 친구들과 엮임

즐겁게 학교생활을 하고 행복한 삶을 영위하는 데 필수적인 존재가 친구들이다. 또래 괴롭힘 상황에서 방어를 하려고 개입한 주변인은 친구들과 엮이는 상황을 맞을 수 있다. 반의 주류인 학생들, 나와 친한 친구들이 가해자로 행동하고 있는 상황에서 '네가 지금 잘못 행동하고 있어. 그렇게 행동을 하지 않는 것이 좋겠어!'라고 말하기란 쉬운 일이 아니다. 또래 괴롭힘을 목격한 주변인은 엮여있는 반 학생들과의 관계를 고려한 후 행동을 해야 했다. 그래서 많은 경우 방어 행동을 하지 못하고 방관을 선택하게 된다.

종인이는 피해 학생을 때리기도 하고, 급식 보조식도 뺏어 먹는 가해자들에게 그러한 행동을 하지 못하게 방어 행동을 하려고 했었다. 피해자가 불쌍해 보였고, 상황은 방어 행동을 요구하고 있었다. 그런데 종인이는 나설 수가 없었다. 가해자가 그와 친한 친구였기 때문이다.

근영이도 또래 괴롭힘 목격 상황에서 친구와 엮이는 일이 발생할까 봐 방어 행동을 못 하고 머뭇거렸다. 근영이는 같은 반 열 명 정도의 남학생들이 반에 있는 한 명의 남학생을 때리고 도망가거나, 공을 차고 주워오라고 시키는 사건을 이야기했다. 가해 학생들이 심하게 괴롭힐 때는 피해자가 불쌍하다는 생각이 들었다. 그럼에도 근영이는 방관 행동을 많이 했다. 가해자 집단의 구성원들과 친한 친구 사이였기 때문이다. 본인이 막아서면 가해 집단과의 관계가 안 좋게 될 것이라는 점을 고려하였다.

> 불쌍하죠. 그래서 말리려고 했는데, 가해자가 저랑 엄청 친한 친구예요. 그래서 어떻게 할 수가 없었어요. 말하면 친구끼리 우정이 갈라설 것 같아서…. 저도 말리고는 싶죠. 맞으니까 당연히 불쌍하다 그런 연민 같은 게 느껴졌죠. 그래서 도와주고 싶어 몇 번 도와줬는데 계속 일어나니까 선생님한테 알리지도 못하겠고, 가해자가 친한 친구니까요. 불쌍할 때도 있지만, 이제는 무관심 쪽으로…. 〈박종인. 2014.10.26〉

> 그 집단이랑 친해서, 방관 같은 거 많이 했는데 심하다 싶으면 피해 학생이 불쌍해 보이는 거예요. 〈전근영. 2014.11.02〉

친한 친구는 내일도 모레도 3학년에 올라가서도 즐거운 시간을 가질 나의 벗인데, 주변인인 내가 굳이 그 장면에 나서서 가해자 행동의 잘못을 지적하여 서먹해질 필요는 없다. 방어자로 나섰으면 친구와의 우정에 금이 갔겠지만, 안 말렸으니 친구 사이의 우정은 지속될 것이다. 친구라서 괴롭힘을 막기가 쉬운 것이 아니라 친구이기 때문에 방어 행동을 하기가 힘들다.

민수는 또래 괴롭힘을 목격한 학생은 가해행위를 막아서는 방어 행동을 해야 한다는 것을 강조한다. 자신은 일단 방어하고 보는 것이 몸에 배어 있다고 했다. 하지만 이러한 민수도 친구들이 엮여있는 구조에서는 방어 행동을 못 할 때가 있었다. 친한 친구가 가해자무리에 있는 경우가 많았고, 학생들도 서로 엮여있는 구조였기 때문이다. 이렇게 학생들이 엮여있는 상태에서 자신이 피해 학생을 위해 선뜻 나서기에는 감수해야 할 부분이 너무 많다. 말리려고 해도 옆에서 "놔둬라."라는 식으로 말을 한다. 방어하고 싶은 생각이 있었는데 결국에는 친구들과 엮일까 봐 못할 때가 많다.

연구자: 본인이 방어 행동을 못 해 준 적이 있어요?

신민수: 네, 있죠.

연구자: 있으면 그걸 생각하면서, 본인이 방어를 못 했을 때 괴롭힘을
　　　　당하는 피해자한테 어떤 생각이 들었어요?

신민수: 미안하죠. 도와주고 싶은데 가해자 친구들이 엮여 있어서 못
　　　　도와줘요. '놔둬라!' 이런 식으로 말하면서 못 말리게 해요.

연구자: 방어하고 싶다는 생각은?

신민수: 들었는데, 못한 거죠. 엮일까 봐. 또 애들이 많고 그러니까.

〈2015.02.06〉

또래 괴롭힘 상황을 목격한 주변인은 학생들 사이의 구조적 역학 관계에서 행동할 수밖에 없다. 또래 괴롭힘 사건에 개입하면 학생들 사이에 엮여 있는 구조에 휘말리게 되는 상황이 오니까 방관하게 되는 것이다. 이것은 또래 괴롭힘을 목격한 주변인은 개인의 판단으로 자유롭게 반응을 하는 것이 아니라 관계 안에서 행동할 수밖에 없다는 것을 알려 준다.

피해 학생을 도와주고 싶어도 가해 학생과 사이가 좋으면 그렇게 할 수 없다. 피해자가 불쌍해 보인다고 해서 또래 괴롭힘 상황에 방어자로 개입하면 가해자와 사이가 나빠진다. 소심하고 무기력해 보이는 피해자보다는 주도적이고 활발해 보이는 가해자와 더 친해지고 싶은 것이 솔직한 심정이다. 그리고 주변인이 피해자와 가해자 모두와 친할 때는 가해자가 하는 말을 더 신뢰하고 그 말에 동의하는 경우가 더 많다. 소심하고 나와 다름이 많은 피해자보다는 활발하고 주도적인 데다가 나와 친분이 더 많은 가해자의 생각이나 행동에 호감이 가는 것이다.

수연이는 가해자와 피해자가 한 반에 있는 상황이 많다고 하였다. 둘 다 친한 경우여서 어느 편도 들 수 없었다. 어느 한쪽으로 기울자니 애매하여 끼어들어 막지 못해서 방관했다. 그럴 경우에도 피해자보다는 가해자와 더 친했고 가해자를 더 믿어왔기에, 이해하고 신뢰하는 마음이 가해자 편으로 기운다고 한다.

도와주고는 싶은데 가해 학생이 힘이 있으면 제압하기도 어렵고 좋은 사이면 그렇게는 안 되죠. 아니면 가해 학생이랑 친해지고 싶은데 피해자가 불쌍해서 편을 들어주면, 사이만 나빠져 피해가 오고…. 〈김미선. 2014.11.09〉

가해자랑 피해자가 거의 같은 반이에요. 내가 얘네 둘 다 친한데, 여기서 피해자 편을 들면 가해자랑 틀어지게 되고, 가해자 편을 들면 또 피해자랑 틀어져 버리니까 이도 저도 못하잖아요. 애매하니까 그럴 바엔 가만히 있는 게 더 나은 거죠.

피해자랑 가해자가 있으면, 피해자보다 가해자랑 더 친하고, 그 애랑 더 오랫동안 믿어 왔던 게 있으니까, 피해자 상황을 모르더라도 가해자를 믿는 것 같아요. 그 피해자를 자세히 알지 못하더라도 가해자가 이렇게 말하니까 왠지 진짜 같고. 〈김수연. 2014.11.02〉

또래 괴롭힘은 일 회로 끝나지 않고 지속되는 특징이 있다. 주변인은 한두 번 피해자를 도와주다가도 괴롭힘 상황이 지속되면 가해자와의 관계를 생각하지 않을 수 없게 된다. 처음에는 또래 괴롭힘에 방어자로 개입했더라도 상황이 나아지지 않고 가해자와 관계가 나빠져 나에게 피해가 오는 상황이 되면 나중에는 방관을 선택하게 된다.

또래 괴롭힘 상황에서 방관 또는 방어 행동을 하는 것은 단순히 개인적인 선택의 문제를 넘어선다. 주변인이 또래 괴롭힘을 목격하고 어떻게 행동할지의 선택은 개인 특성의 발현이라기보다는 상황의 영역이다. 또래 괴롭힘 상황에서 주변인으로서 어떤 행동을 하느냐는 가해자 그리고 여러 학생들과의 관계를 고려해야 하는 것이다. 주변인은 가해자 무리의 학생들과 어울리면 불편함 없이 학교생활을 할 수 있다. 반면에 주변인이 피해자를 위해 방어 행동을 하면 학급의 주류를 형성하고 있는 학생, 주변인이 친하게 지내던 학생들과 안 좋은 일로 엮이게 되어 어색해지는 후유증이 올 수도 있다. 주도적인 학생, 가까웠던 친구들과 소원해짐으로써 학교생활은 불편해지고 잃을 것이 많다.

또래 괴롭힘을 목격하는 것은 모르는 사람이 모르는 사람에게 가하는 폭력을 보는 것이 아니다. 주변인은 괴롭힘 상황에 직접적으로 연관되어 있지 않다는 의미에서 제삼자이지만, 순수한 의미의 제삼자가 아니라 관계로 엮여 있는 간접적인 당사자다. 주변인은 많은 경우 가해행위를 하는 친구들과 엮여 얼굴 붉히는 상황을 피하는 쪽으로 행동한다. 그 또래 괴롭힘 상황에 내가 관련되어 있지 않으면, 나는 평안히 생활할 수 있어 방관을 선택하게 된다.

2) 내가 친구 무리에서 떨어져 나올 수 있음

3학년인 재형이는 중학교 삼 년간 또래 상담사로 활동했다. 1학년 초에 지원해 또래 상담사 훈련을 받고 자격을 얻어 활동했다. 본인이 또래 상담사여서 항상 마음가짐을 새롭게 하고, 주위에서 또래 괴롭힘이 일어나면 방어 행동을 하고, 어려운 문제를 가지고 있는 학생들에게는 상담과 조언을 해 주는 모범적인 학생이다.

이러한 재형이도 방어 행동을 하기 힘든 장면이 있었다. 괴롭힘을 당하고 있는 학생을 위해 방어 행동을 해 주다 보니까 학생들이 자기와 어울리려 하지 않는다는 느낌이 들었다. 친구들이 나를 떠나가고 분리하려 한다는 것은 나에게 큰 부담으로 작용한다. 게다가 나도 피해자와 같은 부류라고 취급당하는 것은 유쾌한 일이 아니다. 이러한 상황이 되면 계속해서 방어 행동을 해 주어야 할지를 심각하게 고민하게 된다. 이리하여 자신도 왕따가 될까 봐 재형이는 방어 행동을 멈춘 일이 있었다.

미선이는 왕따를 당하는 학생과 친하게 지냈더니 주위에서 이 학생과 어울리지 말라고 막기도 하고, 놀아주는 자기까지도 학생들이 피하고 있다는 것을 알게 되었다. 이 상태가 지속되면 자기도 피해자가 될 수 있는 상황이 올 것 같아 따돌림 당하는 학생과 계속해서 친하게 지내는 것이 쉽지 않았다. 피해자와 어울리는 주변인을 가해 무리들이 함께 따돌리는 이유는 가해자들이 이 학생을 따돌리고 있는데 주변인이 이 학생과 어울리게 되면 따돌림의 목적을 달성할 수 없기 때문이다.

방어 행동을 하고 싶은 생각이 있긴 있었는데, 그 친구를 방어 행동해 주다 보니까 다른 친구들이 다 떠나 버리더라고요. 저도 같이 왕따가 되는 상황이 있을 뻔했는데…. 다 왕따를 시키더라고요. 같은 부류라

고 분리를 하더라고요. 〈박재형. 2015.02.06〉

내가 왕따를 당하고 있는 애랑 친하게 지내려고 하면 일단 주위 애들
이 막아서요. 너 왜 쟤랑 노느냐고. 쟤 왕따래 이런 식으로 막기도 하
고, 아니면 '왜 쟤랑 놀아!' 이런 식으로 같이 놀아주는 애까지 피해
요. 가까이하는 애도 멀리하며 차단시키는 거죠. 놀아주는 애도 솔직
히 겁나죠, 자기도 피해자가 될 수가 없으니까요.
피해자는 가해자한테 당하는 거잖아요. 가해자는 피해자를 싫어하
니까 왕따 같은 걸 시키면서 괴롭히는 게 목적이잖아요. 그런 피해
학생하고 놀면 가해자가 같이 괴롭히죠. 못 놀게 하려고. 〈김미선.
2014.11.09〉

가해자들은 자신들이 따돌리고 있는 학생과 어울리는 주변인을
피해 학생과 같은 부류로 인식한다. 학급의 다수인 가해자와 동조
자들이 주변인 자신까지도 따돌리는 경험을 하게 되면 이후에는 방
어 행동을 하기가 쉽지 않다.

방어 행동은 처음에는 걔가 미워서 별로 하고 싶지 않았는데, 뒤로
갈수록 불편하고 미안한 마음이 커져 하고는 싶었어요. 근데 친구들
이 떠나갈까 봐 할 수 없었어요. 어쨌든 왕따를 당하는 친구한테 친
구를 해 주는 친구들이 우리 반에서 완전 분리가 됐어요. 〈천혜경.
2015.02.06〉

혜경이의 이야기에 의하면 반을 옮겨온 학생이 따돌림을 당하는 상황에서 우리 반의 한 학생이 반을 옮겨 온 학생과 친하게 지내게 되었다고 한다. 반을 옮겨온 학생과 함께 다니게 된 이 학생은 반을 옮겨온 학생과 더불어 우리 반 학생들에 의해 따돌림을 당했다. 이러한 일련의 상황을 목격한 혜경이는 따돌림 사건에서 방어해 주다 보면 방어를 해 주는 학생도 같이 따돌림을 당할 수 있겠다는 생각을 하게 되었다. 다수가 따돌리고 있는 학생의 편에 서는 것은 자신이 소외될 수도 있다는 위험을 각오해야 하는 행동이 되는 것이다.

내가 '야, 하지 마. 애 불쌍하잖아. 이러면 안 될 것 같아.' 이러면 '네가 그렇게 잘났어!' 하며 제 주위를 떨어져 나가는 것도 있고 하다 보니깐 모른 척하게 됐어요. 그게 작게 일어나도 어련히 하고 말겠거니 하며 모른 척할 때가 가장 많죠.
방어 행동을 했을 때 휘말리게 되면 귀찮거나 방관을 더 많이 하고, 방어했을 때 딱히 문제가 크게 되지 않을 만한 거면 방어를 하는…. 〈이유진. 2014.10.26〉

연구자: 또래 괴롭힘 사건에서 본인은 어떻게 행동했어요?
김지연: 저도 같이 왕따 그런 은따가 될까 봐 가만히 있었어요. 미안한 마음은 있었는데 저도 관계되고 싶지 않아서 가해자들이랑 같이 떠들고 그랬어요. 〈2014.10.26.〉

유진이는 또래 괴롭힘 상황에서 주로 방어 행동을 하는 학생이다. 그런 유진이가 어떤 또래 괴롭힘 목격 사건에서 가해자들에게 가해 행위를 하지 말라고 했을 때, 가해 학생들이 순순히 받아들이는 게 아니라 '네가 그렇게 잘 났어?' 하며 피해자와 같은 부류로 취급했다는 것이다. 유진이는 이런 일이 생기게 되면 또래 괴롭힘을 목격해도 모른 척하는 상황이 많아진다고 했다. 지연이도 또래 괴롭힘 목격 상황을 이야기하면서 '그 친구처럼 은따[24]가 될까 봐' 가만히 있었다고 했다. 따돌림을 당하고 있는 학생에게 미안한 마음은 있었는데 관계되고 싶지 않아서 피해자보다는 가해자들과 어울렸다고 하였다.

주변인들은 내가 친구들 무리에서 떨어져 나올 수 있다는 상황이 예상되면 방어 행동을 하지 않고 방관 행동을 선택한다. 서술형 설문지에서도 따돌림을 당하고 있는 학생을 위해 친구를 해 주려던 학생이, 자신도 따돌림을 당하던 학생과 함께 다른 학생들로부터 따돌림을 당했다는 글이 있다.

초등학생 때인데 처음에는 정의 의식을 가지고 하지 말라고 하고 '학교에서 배운 것처럼' 왕따 친구와 친하게 지내고 친구가 되려고 하기도 했지만, 점점 왕따가 되어 갔다. 학교에서 배운 것처럼 선생님께 말

---

24) 〈은〉근히 〈따〉돌림을 당하는 것 (이보경, 2014).

쏟드렸지만, 절대 비밀로 해주겠다는 선생님의 말씀은 지켜지지 않았다. 〈서술형 설문지. 09〉

한 학생은 피해당하는 학생을 위해 방어 행동을 했을 때 겪은 일로 인하여 왕따가 되었던 경험을 서술형 설문지에 썼다. 비밀로 해주겠다는 선생님의 약속도 지켜지지 않았다. 피해자를 방어해 주다 보니 자신도 피해자와 같은 부류로 취급되어 따돌림 대상이 되어 갔다는 내용이다. 이러한 경험을 가진 학생은 다음번 따돌림 사건을 목격한 상황에서는 피해 학생과 친구를 맺기 쉽지 않다.

행복한 학교생활을 하기 위해서는 내가 속해 있는 집단으로부터 떨어져 나오지 말아야 한다. 이러한 징후가 있으면 방어 행동을 하기보다는 '어쩔 수 없다'며 방관 행동을 하게 된다. 청소년의 또래 관계는 다른 대인 관계들에 비해 상호의존적이고 자발적인 특성을 지닌다(강차연 외, 2010). 또래 괴롭힘 상황에서 학생들은 피해자에 대한 방어보다는 대다수의 급우와 즐겁게 지내는 것을 선택한다.

3) 가해자가 힘이 있고 따르는 학생이 많음

피해자를 위해 방어 행동을 하기로 마음을 먹었다 해도 실행으로 옮기기에는 현실적으로 가해자들의 힘이 세다. 가해자들은 학급에서 사회적 지위도 높아 대놓고 나서기도 어렵다. 또한, 가해자는 한 명이 아니라 무리를 이루는 경우가 많아 방어하기가 쉽지 않다. 거기에다가 가해행위에 동조하는 학생들도 있어 방어 행동을 하기는 더욱 어려워진다.

근영이는 가해자가 신체적으로 우위에 있고 학생들 사이에서 서열이 높다고 하였다. 그리고 동조자의 수가 방어자의 수보다 많아 방어하기가 힘들다는 것이다. 재현이도 힘센 애들이 가해자인 괴롭힘 장면에서 내가 막아서다가는 나도 피해를 당하고 있는 학생처럼 될 수 있겠다는 생각이 들어 방관했다고 하였다. 괴롭힘 가해자도 한 명이 아니라 여럿이어서 도와주기가 힘들다는 것이다.

가해자가 다른 사람들에 비해 신체적으로 볼 때 우위에 있다 해야 되나? 더 서열이 높아요. 그리고 가해자가 있으면 가해 동조자가 있잖아요. 가해자나 동조자의 수가 일반적으로 막기 위한 방어자의 수보다 더 많기 때문에, 방어자가 체력같은 거로 볼 때 낮지 않아서 막기가 힘든 것 같아요. 〈전근영. 2014.12.09〉

도와주고는 싶은데요, 저보다 힘센 애들이 괴롭히니까 '나도 잘못하다가는 저 아이처럼 될 수 있겠다.'라는 생각 때문에 방관했어요. 괴롭히는 대상이 단수가 아니라 복수이고, 저보다 힘이 세기 때문에 그때는 어렵고 그래서 못 도와줬어요. 〈정재현. 2015.02.06〉

가해자는 힘 있고 성격이 좋은 애들. 다른 애들이랑 놀다 보니까 친구도 많아지고, 힘이 있다 보니까 다른 애들도 괴롭히고 그런 애들. 〈박

종인. 2014.11.09〉

가해자들은 힘이 있고 친구도 많다 보니 다른 애들을 쉽게 괴롭힐 수 있었다. 가해자는 힘의 구조에서 소위 말하는 잘 나가는 애들인 것이다. 주변인으로서 방어 행동을 하다가 신체적, 관계적 피해를 볼 수 있다.

> 서열이 높은 애들을 친구들이 더 따르잖아요. 가해 학생이 피해를 주거나 했으면 그 주위에서 피해자한테 더 뭐라 뭐라 그러니까 더 그런 거 같아요. 가해자가 안 해도 피해 학생들은 피해를 입게 되는…. 〈김지연. 2014.12.09〉

> 가해자가 힘이 있고, 학교에서 소위 말하는 잘 나가는 애들이 훨씬 많기 때문에, 학교생활을 편하게 하거나 학교폭력이 일어났을 때 자기가 피해를 덜 보려면, 그런 친구들에 붙는 애들이 더 많아서…. 가해자가 보통 친구가 더 많고 힘이 있어서 불똥 튀는 게 싫으니까. 〈박재형. 2014.11.17〉

또래 괴롭힘 상황에서 피해자는 가해자뿐만 아니라 동조자들에게서도 피해를 보는 구조이다. 서열이 높은 애가 가해행위를 시작하면 가해자를 따르던 애들이 피해자를 괴롭히는 데 동참한다. 오히려 가해자보다 동조자들이 더 나서서 피해자에게 언어폭력을 행사한다. 가해 학생들이 잘 나가고 힘이 있는 경우가 많아, 학생들이 피해를 덜 보고 학교생활을 편하게 하려고 가해자 편이 되어 동조행동을 한다. 동조까지는 아니더라도 불똥이 튀어 피해를 받을 수 있으니 피해를 덜 보려고 방관한다.

서술형 설문지에 어떤 학생은 또래 괴롭힘을 목격하고 방어 행동을 했는데 주위의 학생들이 방어 행동을 응원해 주는 것이 아니라 나서지 말라는 말을 했다고 하였다. 또 다른 학생은 피해 학생에게 친절하게 대했는데, 그것을 본 주변의 친구들은 피해자 학생을 무시하라고 했다. 그래서 결국 이 학생은 피해 학생을 무시했다고 했다. 어떤 학생은 초등학생 때의 경험을 썼다. 전학 온 학생이 놀자고 하여 친하게 지냈는데 다른 학생들이 그 학생은 왕따라며 놀지 말라고 했다. 한 학생은 자신이 남들이 싫어하는 혜숙이와 놀 때가 있었는데 다른 학생들이 자신에게 혜숙이를 챙기지 말라고 했다고 했다. 이러한 경험을 하면서 방어 행동을 했던 학생들은 방관자가 되어갔다.

> 한번은 A에게 친절하게 대한 적이 있다. 그때 그것을 본 내 주변의 친구가 A를 그냥 무시하라고 했다. 그 말을 듣고 좀 그렇긴 했다. 그래도 그 말을 들었다. 〈서술형 설문지. 164〉

> 초등학교 4학년 때 전학을 왔는데 피해자인 A가 나에게 놀자고 하였고 학교 구경을 시켜준다 하여 친하게 지내자 했는데 B, C, D가 나에

게 와서 A는 왕따라며 놀지 말라 했다. 〈서술형 설문지. 07〉

우리 반에서 혜숙이를 싫어하는 친구들이 많다. 그래서 혜숙이는 거의 혼자 다닌다. 나는 혜숙이가 혼자여서 같이 다니려고 해도 나랑 혜숙이를 애들이 떼어 놓는다. 가끔 혜숙이를 챙기지만, 애들이 왜 챙기느냐고 뭐라 한다. 나는 항상 혼자인 친구들을 챙겨주고 싶다. 입장을 바꿔 생각하면 혼자인 친구가 힘들 것 같기 때문이다. 〈서술형 설문지. 15〉

또래 괴롭힘 상황에 있는 많은 학생들은 동조하고 방관하는 행동을 넘어서서 방어 행동을 하는 다른 학생들에게까지 자신들의 생각을 강요한다. 이런 현실로 인해 방어하려고 했던 학생도 또래 괴롭힘 상황을 해결하기 위해 적극적으로 개입하지 못하게 된다.

가해자는 힘이 있고 따르는 학생도 많다 보니, 주변인이 방어 행동을 하려고 해도 보복당하면 어쩌나 하는 생각이 들어 실행에 옮기기 쉽지 않다. 즉 개입했다가 가해자에게 보복당하는 일을 겪고 싶지 않아서 나서지 못한다.

자기 마음에도 방어하는 사람처럼 행동하고 싶은 애들도 있을 건데, 더 큰 세력이라고 해야 하나! 그런 애들 대부분이 가해자니까…. 항상 가해자는 혼자서 괴롭히지 않잖아요. 가해자는 무리가 있고, 힘이 있어요. 그리고 피해자는 그 애들이 마음에 들지 않거나, 만만한 구석이

있는 거고…. 〈이진희. 2014.11.02〉

가해자는 홀로 행동하기보다는 무리를 지어 마음에 들지 않거나 만만한 애를 대상으로 괴롭힘 행동을 한다. 방어 행동을 하고 싶어도 가해하는 학생들의 무리는 큰 세력이라서, 주변인은 가해 무리의 세력에 어떻게 대응할 것인가를 숙고한 후에 행동을 결정한다. 많은 경우 힘 있는 가해자에게 나섰다가 피해를 받을 수 있다는 생각 때문에 방어 행동을 머뭇거리게 된다.

> 보통은 가해자가 반에서 힘이 더 세고 친구들도 많고, 또 피해자를 막아줬을 경우 가해자가 자신을 괴롭힐 수 있는 확률이 크기 때문에…. 〈이유진. 2014.12.09〉

> 또래 괴롭힘이 다시 나타나도 제가 직접적으로 "야, 하지 마!" 이렇게는 못할 것 같아요. 제가 그만큼의 용기가 없는 것 같아서. 그래도 뒤에서 선생님께 몰래 알려 준다든지 그 정도까지는 할 수 있을 것 같아요. 〈성은미. 2014.10.26〉

유진이는 가해자가 힘이 세고 친구들이 많아서 개입하면 피해를 입을 확률이 크기 때문에 방어 행동을 하지 못했다고 하였다. 은미는 지금 다시 또래 괴롭힘을 목격해도 직접적으로 막아서지는 못할 것 같다고 하였다. 주변인으로서 또래 괴롭힘이 일어났을 때 방어 행동을 해야 한다는 것을 모르는 바는 아니었다. 그럼에도 은미는 다시 또래 괴롭힘을 목격해도 "야, 하지 마!" 하며 못 나설 것 같고, 현실적으로 몰래 선생님께 알려줄 수 있는 정도까지는 할 수 있다고 했다.

학생들이 또래 괴롭힘 상황에서 직접적으로 막아서며 방어 행동을 하기 어려울 수 있다. 가해자가 힘이 세고 주변인 내가 용기가 없어서 직접 나설 수는 없더라도, 주변인으로서 자신이 할 수 있는 방어의 형태를 찾아 실천하면 또래 괴롭힘을 줄일 수 있을 것이다.

청소년들이 집단 속에 있을 때는 도덕성과 개인적 책임감이 쪼그라든다. 청소년들은 또래와 함께 있을 때 평소와 행동이 달라진다 (Thompson & Grace, 2002; 김경숙 역, 2012: 191). 가해자들은 무리로 있을 때 혼자 있을 때보다 남의 감정을 헤아리는 일에 둔감해 진다. 설사 어떠한 행위를 하는 데 참여하는 것이 옳지 않은 일이어도 무리 속에서 자기만 빠지는 것이 영웅적인 행동으로 느껴지지 않는다.

가해 행위는 서너 명에서 열 명까지의 무리를 지어 이루어지고 있는 경우가 많다. 거기에다가 동조자들이 따르고 있는 상황에서, 한 명 혹은 적은 인원으로 주변인이 방어 행동을 하기란 쉽지 않다. 괴롭히는 행위는 하나의 권력으로 작용하고 있고, 주변인이 개입하여 방어 행동을 하는 것은 어려운 일임을 알 수 있다.

3. 상황과 관계에 따른 주변인 행동의 변동성

> 연구자: 또래 괴롭힘을 목격하면 이전에 또래 괴롭힘의 사건을 목격한
> 것과 같이 행동합니까?
>
> 전근영: 달라졌죠. 이 집단이랑 이번 사건을 볼 때는 제가 거기에 친
> 한 친구가 많았잖아요. 그래서 친한 친구니까 아무 말 막 했는
> 데, 저랑 친하지도 않고 그런데 끼어들면 저한테 뭔가 피해가
> 올 수도 있구나 하는 생각이 많이 들죠. 그래서 정의롭지 못했
> 어요. 그래서 너무 심하다 생각되지 않으면 딱히 뭘 하진 않았
> 어요.〈2014.11.02.〉

근영이는 같은 반 열 명 정도의 학생들이 무리를 이루어 한 학생
을 괴롭히는 사례를 이야기했다. 이 사례에서 근영이는 가해 학생들
과 친한 사이여서 나서지 않다가도, 심하다 싶으면 '그만하는 게 좋
겠다.'며 제지했다. 그런데 다른 사례에서 근영이는 가해자와 친하지
않았기에 나에게 피해가 올 수 있겠다고 생각하고 어떤 행동도 취
하지 않고 방관했다고 했다. 주변인이 가해자와 친한가 그렇지 않은
가에 따라 방어 행동을 하기도 하고 방관 행동을 하기도 하는 것을
알 수 있다.

주변인은 상황에 따라 방어 행동 또는 방관 행동을 하는데, 또래
괴롭힘 상황이 자신과 연관이 없는 경우에는 방관하고 친한 친구와

관련된 일이면 방어를 위해 개입한다. 그리고 벌어지고 있는 또래 괴롭힘의 내용을 알지 못하는 경우에는 방관한 반면에, 방어할 분위기가 형성되는 경우에는 방어 행동을 한다.

1) 주변인과 또래 괴롭힘 상황의 연관성

주변인들은 나와 연관이 없는 또래 괴롭힘에는 '자기들이 알아서 해결하겠지.', '내가 나서 봤자 내 일도 아닌데 괜히 나서서 일을 크게 만들어서 뭐 하나.', '나만 아니면 돼.'라는 생각으로 개입하지 않는 경우가 많다. 나와 아무런 관련이 없는 사건에 나서는 것은 쉽지 않은 일이다.

또래 괴롭힘을 목격한 주변인의 행동은 자신 또는 친한 친구와 관련이 있는가에 따라 달라진다. 즉 목격한 또래 괴롭힘이 나 또는 나의 친구와 연관이 없는 경우에는 개입하기 힘들다. 또래 괴롭힘 상황이 나와 연관이 있다는 것은 내가 가해자나 피해자일 경우가 많을 것이다. 그래서 주변인 입장에서 자신과 연관성이 있다고 말한 것은 나보다는 친한 친구가 피해자일 때 연관성이 있다고 한 경우가 더 많았다. 진희는 나와 관련된 일이거나 내 친구에게 관련된 일이면 방어 행동을 하려고 노력하는데, 관련이 없으면 그렇게 하기 어렵다고 한다.

어차피 내 일도 아닌데 내가 뭐하러 나서서 일을 크게 만드나 이런 식으로 생각을 많이 하고 있고 '나 하나쯤이야 말리지 않아도 쟤네끼리 알아서 해결하겠지.', '선생님이 알아서 해결해 주시겠지.' 하는 생각이 있는 것 같아서 괴롭힘 행동을 막는 것이 어려워진 것 같습니다. 〈박재형. 2014.11.17〉

피해자 애가 친한 친구인 데다가 가해자 애들한테 비슷한 일을 겪어서, 피해자 애한테 계속 괜찮다고 해 주고 신고하는 데도 도움을 줬었어요. 제가 관련된 일이거나, 저의 친구들의 일이면 도움을 주려고 노력하는데, 아예 관련이 없는 사람이면 그렇게 하기 어려워요. 자기랑 상관없으니까 '난 상관없어!' 하며 방관하는데, 이렇게 행동하면 문제가 더 커지고 그래서 좋지 않다고 생각했어요. 〈이진희. 2014.11.02〉

진희는 피해 학생을 위해 학교에 또래 괴롭힘 내용을 신고하고 피해 학생에게 괜찮다고 하면서 방어 행동을 해 주었다. 그런데 이때는 피해 학생이 친한 친구여서 연관이 있어 나섰던 경우이며, 또래 괴롭힘 사건이 자기와 상관이 없는 경우에는 나서서 방어 행동을 하기는 어려울 것이라고 했다. 그러면서도 진희는 많은 학생들이 자신과 관련이 없는 또래 괴롭힘을 목격하면 방관하는데 그렇게 행동하면 또래 괴롭힘이 더 커지니까 방관하는 것은 옳은 행동이 아니라는 생각을 가지고 있었다.

중학교 3학년 여학생인 예린이는 또래 상담사이다. 고민을 가지고 오는 학생들을 대상으로 상담을 해 주는 학생이다. 예린이는 또래 상담으로 도와주려 할 때도 본인이 평소에 알던 학생을 대하는 자신의 태도와 가까이 하지 않던 학생을 대하는 태도는 달랐다고 했다. 또래 괴롭힘 상황에서도 아는 학생에게는 상담을 해 줘서 계속 도움을 줬지만, 가까이 안 하던 친구는 불편해서 도와주는 일을 안 하게 된다는 것이다.

지연이는 또래 괴롭힘을 목격하면 거의 대부분 방관한다고 했다. 관심도 없고 관여하고 싶지도 않았기 때문이다. 그런 지연이도 피해자가 자기와 친할 때는 방어 행동을 한다고 했다. 미선이는 따돌림을 당한 학급의 여학생 이야기를 하면서 이 학생을 애들이 싫어해서 방어 행동을 할 수 없었다고 하였다. 만약에 자기가 좋아하는 애였다면 나서서 막아 주었을 텐데 친하지 않아서 나서지 않았다고 하였다.

> 아는 친구면 상담을 계속해 줬겠지만 제가 가까이 안 하던 친구가 그러면 그 친구와 상담하기가 불편하니까 저도 안 했을 거예요. 〈차예린. 2014.10.26〉

> 김지연: 거의 대부분 방관했던 거 같아요. 관심이 없어서 관여하고 싶지도 않았고 기분도 나쁘고 그래서 방관했던 것 같아요.
> 연구자: 대부분 방관했다고 그랬는데, 어떤 상황이 되면 방어 행동을 했을 것 같아요?
> 김지연: 피해자가 저랑 친할 때. 친구니까! 〈2015.02.05.〉

연구자: 그런데 방어 행동을 왜 그 상황에서 할 수가 없었죠?

김미선: 애들이 다 싫어하니까요. 그나마 제가 좋아하는 애면 나
　　　서서 해줄 수 있는데 친하지도 않고 그러면 나서기 뭐해요.
　　　〈2015.02.06.〉

　지연이는 또래 괴롭힘 상황이 기분 나빴다. 남을 따돌리고 심한
욕설을 하는 일에 관심을 두고 싶지 않았다. 하지만 친구가 연관된
일에서는 방어 행동을 하려고 개입했다. 미선이는 친구까지는 아니
더라도 최소한 자기가 좋아하는 애라면 나서서 도와줄 수 있다고
하였다.

　주변인이 피해자와 친할 경우 방어 행동을 한다는 것은 친구가
거의 없는 학생이 피해를 당하고 있을 때는 내 친구가 아니고 가깝
지 않으니까 방관 행동을 할 가능성이 크다. 아래의 이야기는 피해
자가 처한 상황에 대하여 주변인들이 피해자를 어떻게 생각하는지
를 보여준다.

연구자: 그럼 방어 행동은 왜 할 수 없었어요?

박유리: 애들이랑 똑같은 생각으로 저도 걔가 싫어서…. 제가 싫어하
　　　는 애를 꼭 방어해 줘야 할 필요를 모르겠어요. 〈2015.02.06.〉

연구자: 서로 다른 또래 괴롭힘을 목격한 경우에 어떤 때 방관하고 어
　　　떤 때 방어 행동을 했어요?

김미선: 제가 방관을 하는 거면, 걔가 진짜로 싫거나 걔한테 별로 해
주고 싶지 않을 때. 〈2015.02.06.〉

보통 피해자들이 제대로 폭력을 받기 전부터 주변인이 피해자를 싫
어하는 경우도 많거든요. 다름을 인정하지 못하고, 틀렸다고 생각하
기 때문에 많은 친구들이 '어, 쟤는 그래. 저럴만해.'라는 생각을 가지
고 있기 때문에 말리는 친구들이 별로 없지 않나 싶습니다. 〈박재형.
2014.11.17〉

피해자들은 많은 경우 주변인에게서도 환영을 받지 못한다. 유리
는 피해 학생이 싫어서 방어 행동을 하지 않았다. 싫어하는 애를 위
해 방어 행동을 해줘야 할 필요를 찾지 못하였다. 미선이는 피해자
가 싫거나 그 학생을 도와주고 싶지 않을 때는 방관 행동을 했다.
재형이는 주변인이 방관 행동을 하는 상황을 이야기했다. 주변인이
어떤 학생을 평소에 싫어했을 때, 즉 이 학생을 괴롭힘이 있기 전부
터 싫어하여 피해를 받을 만하다고 생각해 왔다고 한다. 주변인이
이 학생을 평상시에도 가까이하지 않았는데 괴롭힘을 당한다고 해
서 싫어하는 이 학생을 위해 나서지 않는다는 것이다. 주변인은 이
학생이 피해를 당할 수도 있다고 생각하고 있었고, 주변인이 싫어하
는 학생이니 말리는 행동도 나타나지 않았다.

주변인은 자신이 싫어하거나 자신을 귀찮게 했던 학생이 피해를
당하는 경우에는 방어 행동을 하지 않았다. 영호는 자기를 귀찮게

했던 애가 맞는 것을 보니까 안됐다는 생각이 들면서도 재미있기도 했다. 미연이는 다른 목격 사건을 이야기하면서, 그때는 피해자가 욕 먹을 상황이었다고 생각하여 방관했던 것으로 말하고 있다.

> 그것을 봤을 때 행동은 안 했던 거 같아요. 뭐랄까 안됐다는 생각이 들면서도 왠지 나를 귀찮게 했던 애가 맞는 거 보니까 재밌기도 했다고 해야 하나? 안됐으면서도 그런…. 〈김영호. 2014.10.26〉

> 연구자: 또 다른 사건을 봤을 때 그때는 어땠어요?
> 오미연: 그때는 피해자가 욕을 먹고 있으니까 '피해자이지만 충분히 욕을 먹을 상황이 된다.' 그런 생각…. 두 번째 애한테는 그게 더 많이 들었던 거 같아요. 〈2014.10.27.〉

주변인들은 또래 괴롭힘 상황을 목격하고 행동할 때 보편적 가치, 객관적인 사건의 이해에 주안점을 두지 않는다. 주변인들은 피해자를 안쓰러워하며 답답해하지만, 가해행위에 분개하는 경우는 드물다. 또래 괴롭힘이 인간 사회에서 필요불가결하게 발생할 수도 있는 일로 생각하기도 한다.

주변인들은 가해자의 괴롭힘에 대한 의분이나 고통을 당하고 있는 피해자의 불쌍함 때문에 행동에 나서지는 않는다. 그보다는 현재 일어나고 있는 또래 괴롭힘 사건의 주변인인 나와의 연관성에 관심을 둔다. 벌어지고 있는 또래 괴롭힘 사건이 나와 연관이 없는 경우에는 '내 일이 아닌데 괜히 나설 필요가 없다.'는 생각을 한다. 주변인의 이러한 태도는 방관자가 많은 현실을 설명해 준다.

주변인은 방어를 할지 방관을 할지를 선택함에 있어 피해 학생과의 친분을 중요하게 생각한다. 피해 학생이 잘하고 잘못한 것은 부차적인 문제이고 피해 학생이 나와 친하냐 친하지 않느냐가 행동에 영향을 미친다. 친구가 없는 학생들은 괴롭힘을 당해도 방어해 주는 주변인이 거의 없어 괴롭힘이 지속되는 경향이 있다.

주변인은 친하지 않은 학생이 괴롭힘을 당할 때는 이런저런 이유로 방어 행동에 나서지 않는다. 주변인의 친구가 아니거나 가깝지 않은 학생은 주변인의 방어 행동을 기대하기 힘들다. 친한 친구의 존재는 또래 괴롭힘 상황에서 보호요인[25]으로 작용한다.

또래 괴롭힘을 목격한 주변인의 행동 이유 전반을 관통할 수 있는 단어는 학생들과의 '관계'다. 면담 참여자들이 주변인으로서 이야기를 하면서 '관계'라는 단어를 직접적으로 표현한 것은 아니지만,

---

25) 보호요인은 개인이 문제행동을 할 가능성을 줄이거나, 질병이나 상처를 받지 않도록 도와주는 개인적·환경적 특징을 의미한다(Orpinas 외, 2005/2013). 예를 들어 상호 간의 친밀한 교우관계, 강한 가족의 지지는 학생들의 가해·피해의 가능성을 줄인다. 그러므로 가족, 또래와의 긍정적인 관계는 또래 괴롭힘의 경험을 줄이는 중요한 요소다(Franks, Rawana, & Brownlee, 2013). 피해자에게 보호요인은 또래 괴롭힘 행동에 노출되지 않도록 보호해 주거나 문제 행동의 수준을 경감시키는 역할을 한다(홍순혜, 원미순, 2013). 즉 또래 괴롭힘 피해로부터 보호하는 요인이다(김순혜, 2012).

행동할 때 관계를 고려하고 있음을 드러냈다. 가해자와의 관계, 피해자와의 관계, 동조자와의 관계, 다른 주변인과의 관계에 따라 행동을 한다. 이러한 사실은 주변인이 피해자와 친하지는 않더라도 나서서 방어 행동을 해 줄 수 있는 태도를 가져야 함을 교사와 부모가 교육해야 할 필요가 있다는 것을 시사하고 있다.

2) 벌어지고 있는 또래 괴롭힘 내용을 알고 있는가

또래 괴롭힘은 갖가지 이유로 발생하고 여러 가지 방향으로 전개된다. 면담 참여자들은 벌어지고 있는 또래 괴롭힘 상황의 내막이나 사정을 모를 경우 그 또래 괴롭힘에 끼어들기가 어렵다고 말하고 있다. 주변인들은 또래 괴롭힘 사건에서 가해자가 피해자를 괴롭히는 행위는 그럴만한 이유가 있을 것이라고 생각했다. 주변인이 어떤 역할 행동을 하느냐는 벌어지고 있는 또래 괴롭힘을 얼마나 알고 있느냐에 달려있다고 할 수 있다.

지연이는 자신과 어울리는 친구들 중 한 명이 다른 학생들을 욕했고, 그 욕을 들은 학생들이 우리들에게 욕한 것을 문제 삼자, 그들과의 원만한 관계를 위해서 욕을 한 우리와 어울리던 친구를 따돌린 사건을 이야기했다. 이 사례는 특이한 케이스였다. 한 무리의 학생들이 외부의 어떤 학생을 따돌린 것이 아니라 같이 어울리던 학생을 다른 무리와의 원활한 관계를 위하여 따돌렸기 때문이다.

그때는 저도 (괴롭힘 전개 상태를) 잘 몰랐던 상태이고 제가 그 사건의

내용을 잘 알고 있을 때(는 방어 행동을 했겠죠). 〈김지연. 2015.02.05〉

지연이가 속한 무리는 네 명으로 이루어져 있었는데, 이 중에서 한 명이 다른 무리에게 욕을 한 사건으로 인하여 우리 무리에서 떨어져 나가는 따돌림을 당했다. 이 학생은 자신이 어울리던 친구들과 학급의 여러 학생들에게서 배타 당했다. 면담에서 지연이는 그때 우리 무리의 친구 한 명이 다른 무리를 어떻게 욕하게 됐는지, 그 친구가 어떻게 해서 따돌림을 당하게 됐는지 자세한 내막을 몰랐다고 했다. 지연이는 이러한 상황을 늦게 인지해서 이 학생이 따돌림당하고 있다는 것을 나중에 알았다고 했다. 내용을 잘 알았으면 바람직한 방향으로 행동했을 것이라고 했다.

종인이는 또래 괴롭힘이 시작되는 장면부터 목격했으면 방어 행동을 했겠지만, 많은 경우 사건 중간에 자신이 주변인으로서 목격하게 되었다고 했다. 괴롭힘 상황이 어떻게 일어났는지 내용을 잘 모르므로 지켜볼 수밖에 없었다고 했다. 은미도 또래 괴롭힘이 있다고 해서 가해자로 보이는 학생에게 무턱대고 '야, 그러지 마.'라고 할 수는 없다고 하였다.

또래 괴롭힘이 발생할 때, 즉 제가 보는 순간 발생했으면 방어 행동할 생각은 있었겠죠. 하지만 또래 괴롭힘이 일어나고 있는 중간에 알 수

도 있잖아요. 사건이 일어난 중간에 들어온다고 치면 일단은 그 사건에 대해서 잘 모르잖아요. 어떻게 일어나서 이렇게 할까. 그때는 잘 모르니까 지켜본 거 같아요. 〈박종인. 2015.02.06〉

저랑 잘 모르는 애들이 다투거나 또래 괴롭힘이 있으면, 제가 그 상황을 모르는 경우가 되게 많아요. 그래서 대부분 방관해요. 제가 정확하게 모르면서 무턱대고 애들한테 '야, 그러지 마.'라고 말했다가 괜히 오지랖 넓은 애로…. 〈성은미. 2015.02.05〉

또래 괴롭힘이 발생한 정황을 제삼자인 주변인이 알 수 없을 때가 많다. 주변인들은 친한 친구와 관련된 일이면 그 친구한테 내막을 들어 알 수 있지만, 친한 친구의 일이 아니면 그 또래 괴롭힘 상황을 모르는 경우가 많다. 상황을 잘 모를 때는 지켜볼 수밖에 없다. 잘 모르는 애들의 또래 괴롭힘과 그 상황을 잘 알지 못하는 또래 괴롭힘에는 주변인이 대부분 방관한다. 상황을 모르는데 피상적으로 드러나는 모습만 보고 나설 수는 없다. 내용도 잘 모르면서 보이는 현상만으로 판단해 가해자에게 '하지 마.'라고 했다가 친구들 사이에서 오지랖 넓은 애로 보일 수도 있다.

또래 괴롭힘의 발생은 복합적인 경우가 많고, 주변인이 그 내막을 자세히 알기는 어렵다. 주변인에 의해 또래 괴롭힘은 대부분 목격되는데, 주변인은 외현적으로 나타나는 상황을 볼 뿐 그 속사정을 알지 못할 때가 많다. 겉으로 보이는 장면과 실제 내면의 상황이 다를 때가 많다. 피해자로 보이는 학생이 가해자 일 수 있고, 너무나 억울한 일을 당한 것에 대응해서 하는 행동이 가해행위를 하는 것으로 비칠 수도 있다.

가해자와 피해자 간의 갈등에 의하여 일어난, 잘 알지도 못하는 또래 괴롭힘 상황에 개입하는 것은 쉽지 않은 일이다. 그래서 주변인들은 내용을 잘 모르는 또래 괴롭힘에는 개입하기 어려워 사태를 방관한다.

3) 방어할 분위기 형성 여부

어떤 때 주변인은 방어 행동을 하고, 어떤 때 방관 행동을 하는 걸까? 주변인들은 주위 환경이 우호적으로 작용하고 방어할 분위기가 형성될 때 방어 행동을 수월하게 할 수 있다. 특히 다른 주변인들이 먼저 나서서 방어 행동을 해 주면 주변인으로서 나도 방어 행동을 하기가 쉽다.

재형이는 방어 행동을 하려는 친구가 학급에 많으면 자신도 방어 행동을 하기가 그리 어렵지 않다고 했다. 반면에 방어 행동을 하려는 자기 생각과 다른 의견이 많으면, 방어 행동을 하기가 망설여져서 방관하게 된다고 한다. 혜경이도 재형이와 비슷한 생각을 하고 있다.

저처럼 방어 행동을 하려는 친구가 반에 많이 있어야 하는 거 같아요. 저랑 반대되는 의견이 너무 많을 때, 즉 많은 수가 방관할 때 '이 친구를 방어해야 되겠다.'라는 생각이 있어도 많이 망설여져서 방관하게 되는…. 〈박재형. 2015.02.06〉

저랑 같이 방어 행동을 해줄 친구가 세 명만 있었어도 했을 거 같아요. 반 전체가 또래 괴롭힘 문제에 대해 인식하고 있고, 이거를 빨리 풀어야겠다는 생각을 하고 있었을 때는, 애들하고 힘을 합해서 방어 행동을 하고 화해를 시키려고 했던 거 같은데 지금처럼 거의 모든 애가 방관을 하고 그것에 동조했을 때는 방어 행동을 하기 힘들었던 것 같아요. 〈천혜경. 2015.02.06〉

진희는 전체적으로 가해행위를 막아서는 분위기가 형성되면 자신도 방어 행동을 하게 된다고 한다. 수연이도 다른 학생들이 나서서 방어 행동을 하는 상황이라야 자신도 같이 방어 행동을 한다고 말한다. 영호도 우호적인 학생들이 주위에 많아서 내가 말릴 때 같이 말려 줄 학생들이 많으면 방어 행동을 한다고 했다. 다른 학생들이 관심이 없을 때는 나도 방어 행동을 쉽게 하지 못한다고 한다.

또래 괴롭힘이 있는 장소에서 가해자를 전체적으로 말리는 분위기가 되면 저도 함께 방어 행동을 할 수 있을 거 같아요. 〈이진희. 2015.02.05〉
저 말고 주위에 많은 애들이 있는데 다른 애들이 선뜻 나서 줄 때 같

이 할 수 있을 거 같아요. 〈김수연. 2015.02.05〉

주변에 사람이 많으면 방어를 했던 거 같아요. 하지만 사람이 적거나 그 애한테 관심이 없으면, 그런 용기가 안 나 방관하는 거 같아요. 〈김영호. 2015.02.06〉

주변인들이 방어 행동을 하는 데는 용기나 힘 같은 개인적인 특성도 필요하지만, 그보다는 다른 학생들이 함께 나서서 방어 행동을 해 주는 분위기 형성이 더 중요하다. 주위에 주변인과 함께할 방어자가 없어서 방어 행동을 하지 못하는 경우가 많았으며, 다른 방어자의 존재는 주변인들의 방어 행동에 큰 영향을 준다.

근영이는 방관자나 가해자가 많을 때는 방관 행동을 할 수밖에 없지만, 가해자의 수가 적을 때는 방어 행동을 한다고 했다. 민수와 종인이는 주변에 엮인 애가 없고 가해자와 피해자만 있는 상황이라면 방어 행동을 하기가 쉽고, 주위에 있는 애들이 방어한다면 어렵지 않게 방어 행동을 할 수 있다고 하였다. 주위에 학생들이 많은 경우에는 벌어지고 있는 또래 괴롭힘에 학생들이 엮여 있어서 개입하기 힘들어 방관할 수밖에 없다고 한다. 예린이는 가해자나 피해자 입장에 서 있지 않고 중립적인 입장에 있을 때 방어 행동을 한다고 했다.

또래를 괴롭히는 가해자 수가 엄청 많거나, 또 방관하는 애들이 많으면 혼자 선뜻 나서기가 힘들죠. 친구들이 방관을 많이 하거나 가해자 수가 많을 때 방관을 하고, 그 반대로 가해하는 학생이 수가 적으면 방어할 수 있죠. 〈전근영. 2015.02.05.〉

주위에 엮인 애들이 없고 딱 가해자랑 피해자만 있었으면 당연히 말렸을 수도 있죠. 아니면 주위에 있던 애들이 적극적으로 말리면 저도 가서 같이 말릴 수도 있죠. 〈신민수. 2015.02.06〉

주변에 사람이 적으면 할 수 있었을까 하는 생각이 들어요. 가해자, 피해자 친구들이랑 엮인 사람이 많은 그 상황에서 행동을 하면 무슨 사건이 더 일어날지 모르잖아요. 〈박종인. 2015.02.06〉

가해자랑 친분이 있었으면 동조를 하고, 가해자나 피해자 입장에 서지 않고 중립에 서 있었을 때는 방어 행동을 하는 거 같아요. 〈차예린. 2015.02.06〉

가해자의 수가 많으면 주변인이 방어 행동을 하려고 선뜻 나서기 힘들고, 방관자의 수가 많은 것도 쉽게 나서지 못하는 요인이 된다. 주변인이 보기에 주위에 엮여 있는 학생들이 많을수록 개입하기 힘든 상황이고 엮여 있는 학생이 적을 때는 상대적으로 개입하기 쉬운 상황이 된다. 또래 괴롭힘에 많은 학생들이 연관되어 있으면 그 사건이 어떻게 전개될지도 모르고, 무슨 사건이 더 일어날지도 모르기 때문에 방관하게 된다.

예린이는 가해행위를 하는 학생이라도 내가 그 학생과 친하면 괴롭힘에 동조를 하게 된다고 하였다. 예린이는 여학생이고 여학생의 경우 남학생보다 자기가 속한 소집단에 더 동조하는 경향이(김은아, 2011) 있음을 알려주는 사례다. 근영이는 또래 괴롭힘을 목격했을 때는 방관하는 것이 여러모로 편하다고 하였다. 방관만 했다면 교무실에 불려가서 그 상황에서 자신이 한 행동을 쓰는 등의 진술을 해야하는 상황도 안 생기고, 가해자에게 원망들을 일도 없다는 것이다.

> 연루되면 교무실 가서 쓰라고 하는 그런 거 생각하면 방관자들이 편하죠. 딱히 할 것도 없으니까 다른 애들한테 피해도 없고 보기만 한다고 문제 되는 것도 없으니까 방관자가 많은 것 같아요. 동조자하고 방어자보다…. 〈전근영. 2014.11.02〉

동조해서 가해 무리로 취급받거나 방어하다가 가해자와 마찰이 있게 되면 교무실로 호출되어 또래 괴롭힘 관련 사항을 쓰게 된다. 주변인들은 이런 상황이 오는 것을 생각해 보면서 방관자가 되는 것이 편하다고 생각한다. 또래 괴롭힘에 개입하지 않고 지켜보기만 하면 교무실에 불려다닐 일도 나에게 피해가 돌아올 일도 없다. 교사와 학교 당국은 방어 행동을 한 학생을 불편하게 하여 방관을 부추기는 제도와 경향이 있는지 살펴보아야 한다.

주변인들은 주위에 함께 할 방어자가 있거나, 또래 괴롭힘이 있는 장소에 전체적으로 방어하는 분위기가 형성되어 있거나, 가해자의 수가 적거나, 주위에 얽인 애들이 없을 때 방어 행동을 하고 있었다. 이 점은 또래 괴롭힘이 일어난 현장에서 주변인인 내가 방어 행동을 할 적임자로 생각하고, 내가 먼저 방어 행동을 하는 것이 전체적으로 방어 행동의 분위기를 형성해 가는 데 중요하다는 것을 시사한다.

제6장

또래 괴롭힘 주변인이
바람직한 행동을 하게 하는
환경

제6장

또래 괴롭힘 주변인이
바람직한 행동을 하게 하는 환경

이 장에서는 또래 괴롭힘 상황에 있는 주변인이 바람직한 행동을 하게 하는 환경에 대하여 알아본다. 주변인의 바람직한 행동이란 동조자·방관자 역할을 하던 학생이 방어 행동을 하게 되고, 교실을 또래 괴롭힘을 허용하지 않는 분위기로 만들어 나가는 것이다.

이를 위해 동조자·방관자가 방어자가 되게 하기 위해서는 어떻게 해야 하며, 또래 괴롭힘을 허용하지 않는 교실 분위기는 어떻게 만들며, 또래 괴롭힘 감소를 위해 교실에서는 어떤 노력을 해야 하는지 알아본다.

1. 동조자, 방관자가 방어자 되게 하기

2학년 학생인 종인이는 같은 학년 남학생이 소극적이며 남과 다른 행동을 하는 것으로 인해 따돌림과 신체폭력을 당하는 상황을 이야기했다. 이 또래 괴롭힘은 학교에서 일어났기에 종인이 이외에도 많은 학생들이 목격했다. 필자는 종인이에게 이 상황을 목격한 다른 학생들은 어떻게 행동했는지 물었다. 종인이는 또래 괴롭힘을 목격한 대부분의 학생들이 지켜보기만 했다고 하였다. 도와주지 않았고 선생님에게 알리지도 않았다. 이 학생에 대한 또래 괴롭힘은 2학년 1학기부터 시작됐는데, 면담을 하고 있는 지금 2학기 말까지도 이어지고 있다고 하였다. 학급 학생들이 2학년 초반부터 이 학생을 감싸주고 도와줬다면 가해자들이 주기적으로 피해자를 때리거나 따돌리지 못했을 것이다.

> 연구자: 또래 괴롭힘을 목격한 다른 학생은 어떻게 행동했습니까?
>
> 박종인: 거의 대부분은 도와주지 않았죠. 무섭기도 하고, 친한 애가 아니니까 대부분은 보기만 한거죠. 선생님한테 알려 주지도 않고….
>
> 연구자: 그들의 행동을 보고 어떤 생각이 들었어요?
>
> 박종인: 걔들이 만약에 1학년 때나 2학년 초반부터 피해자를 감싸 주며 도와줬다면, 가해자들이 지금까지 주기적으로 피해자를 때리지는 않았을 것 같아요. 안 괴롭히고…. 〈2014.10.26.〉

또래 괴롭힘 상황에서 주변인이 가해자를 돕는 동조행동을 하거나 내 일이 아닌 듯 방관 행동을 하면 가해자는 괴롭힘을 지속할 수 있다. 또래 괴롭힘을 목격한 주변인들이 피해자를 도와주는 방어 행동을 했다면 가해자들은 피해자를 주기적으로 때릴 수 없었을 것이고, 또래 괴롭힘은 오랜 기간 지속되지 않았을 것이다. 주변인의 역할에 따라 괴롭힘의 지속 여부가 결정된다.

주변인이 또래 괴롭힘을 목격했을 때 방어 행동을 하려고 마음먹는 것은 트러블 현장에 개입하는 것이다. 또한, 다수 무리와 등질 수 있는 고통스러운 일이며 본인에게 어떤 영향이 미칠지 알 수 없는 위험한 일이다. 그럼에도 주변인이 바람직한 행동을 하여야 또래 괴롭힘 감소의 계기를 만들 수 있다. 주변인이 하는 바람직한 행동은 방어자 역할을 의미하며 동조자 또는 방관자로 행동하는 주변인을 방어자 역할을 하게 해야 또래 괴롭힘을 멈출 수 있다.

동조자·방관자 역할을 하는 학생들이 방어 행동을 하게 하기 위해서는 입장 바꿔 생각해 보기, 관심을 가지고 옳고 바른길 알려주기의 자세가 필요하다.

1) 입장 바꿔 생각해 보기: 역지사지易地思之

재형이는 방어자가 많아지면 또래 괴롭힘이 줄어드니까 주변인이 역지사지의 마음으로 괴롭힘당하는 학생의 기분은 어떤지 생각해 보면 공감하게 되고 방어 행동을 하는 학생이 늘 것이라고 했다. 종인이는 많은 학생들이 또래 괴롭힘 상황에서 동조행동이나 방관 행동을 하는 것은 '피해자의 입장을 생각해 보지 않아서'라고 했다. 피해자의 입장을 생각해 보면 또래 괴롭힘을 방어할 수 있는 태도가 형성된다고 봤다. 미선이도 반 학생들이 피해자의 입장을 생각하고 피해 학생을 같이 도와줘야 한다고 했다.

> 역지사지 그런 거죠. 내가 만약에 괴롭힘당한 아이면 기분이 어떨까 공감하는 법을 배우면 더 줄어들지 않을까요! 방어자가 늘어서…. 〈박재형. 2014.10.29〉

> 대부분 학생이 또래 괴롭힘이 일어나면 말리지 않는데, 그 학생들이 자신이 피해자가 되어 보지 않아서 그런 것 같아요. 자신이 피해자 입장으로 생각하게…. 〈박종인. 2014.11.17〉

> 피해자 애들의 입장을 생각하고, 혼자 나설 용기가 없으면 일단 다른 애들하고 같이 피해 학생을 도와주고, 가해하는 걸 막는 게 방법인 것 같아요. 〈김미선. 2014.11.09〉

또래 괴롭힘을 목격한 주변인의 방관하는 태도는 주변인이 피해자의 기분이나 감정을 생각해 보거나 헤아리지 않아서다. 상대방의 입장에서 상황을 바라보아야 방어 행동을 하게 된다. 주변인이 피해자의 입장을 생각하여 방어 행동에 나서고, 혼자 나설 용기가 없다면 다른 학생과 함께 방어 행동을 할 수도 있다.

예린이는 주변인이 먼저 피해자의 마음을 이해하고 동조자에게 피해자의 마음을 알려 주어야 한다는 것이다. 그리고 가해자에게도 '입장을 바꿔서 생각해 보자.'라고 말하면, 가해자도 생각이 있으니 괴롭힘 행위를 하지 않을 것이라고 하였다. 근영이는 가해자가 '또래 괴롭힘을 당하는 학생은 상처를 받고 있겠구나.'라는 생각으로 상대방의 입장이 되어 보아야 괴롭힘이 줄어든다고 했다. 유진이는 가해자가 피해 학생이 얼마나 힘든지를 알게 해야 한다고 했다. 상호는 역지사지를 각인시켜야 한다고 했다. 글쓰기를 통해서 역지사지를 배우는 것도 좋고, 이에 대한 교훈을 주는 만화책도 좋다는 것이다.

주변인이 피해자의 마음을 이해하고 주변인은 동조자에게 피해자의 마음을 알려주는 게 가해자 쪽에서도 같이 서서 입장을 바꿔서 생각해 보자고 하면, 서로 타협해서 할 수 있을 거 같아요. 〈차예린. 2015.02.06〉

직접적으로는 학생들의 태도가 달라져야 할 것 같아요. 자기가 괴롭히면 애네들은 상처받겠다고, 상대방 입장에서 생각을 할 수 있어야 괴롭힘이 줄어들 거라고 생각합니다. 〈전근영. 2014.11.14〉

피해자가 가해자한테 당할 때 어떤 기분인지를 가해자한테 알게 해야 해요. '이만큼 힘들고 괴로운 거다.'라는 거를…. 보통 학교폭력 하면 떨어뜨려 놓거나 사회봉사를 시킨다거나 반성문을 쓰게 하는데, 그렇게 한다고 해서 그게 완전히 고쳐진다고 생각하지 않거든요. 왜냐하면, 일시적인 벌이고 며칠 동안만 걔랑 떨어져 있는 거니까요. 그 아이가 전학을 가게 돼도, 다른 학교에선 이미 걔가 왕따를 당해서 전학왔다는 것을 알고 있어서, 가해자에게 학교폭력이 얼마나 힘든 건지 알려주지 않는 한…. 〈이유진. 2014.12.05〉

역지사지, 그런 걸 확실히 각인시켜야 해요. '내가 괴롭혔을 때, 애 마음은 어떨까?' 그런 걸 생각할 수 있게 했으면 좋겠어요. 글쓰기 아니면 만화책 같은 것을 배부하거나. 〈박상호. 2014.11.18〉

학교에서 가해자에게 사회봉사를 시키고 반성문을 쓰게 해도 그런 것의 효과는 일시적이며, 피해자가 전학 간다 해도 다른 학교에서도 문제가 될 수 있기 때문에 근본적인 방법은 되지 못한다. 학교에서는 학생들에게 역지사지 그리고 공감하는 법을 가르쳐야 한다. 수업시간에 가르치거나, 작문이나 시각자료를 통한 교육도 효과가 있는 방법이다. 가해자가 상대방의 힘듦을 알게 하는 것도 좋은 방법이다.

괴롭힘 상황을 장난으로 보면서, 같이 웃거나 재미있어하며 방관하는 주변인들의 모습이 흔히 목격된다. 피해자가 괴롭힘을 당하고 있다는 개념이 없으면 주변인은 목격한 상황을 재미있어 한다. 주변인들이 가해자의 행위를 보고 즐거워하는 것은 잠재적으로 동조자가 되어 그 상황을 벗어나고 싶은 피해자의 희망을 저버리는 행위다. 같이 재미있어하면 괴롭힘 행위를 묵시적으로 동의하는 것이 되며, 당하는 학생은 안중에도 없게 되어 방어 행동을 하려는 생각이 들 여지가 없게 된다.

가해자들의 '그냥 재미로 했다.'는 말에 주변인들이 동의하면 피해당하는 학생의 입장은 생각하지 않게 된다. 가해자가 피해자에게 심한 말을 하고 툭툭 치면서 괴롭히는 장면을 볼 때 주변인들은 재미있어하는 모습을 보이지 말아야 한다.

주변인들이 가해 무리 또는 주도적인 학생들과 친하다고 가해자들의 입장만 생각할 때가 많은데, 당하는 학생의 입장도 생각해 볼 줄 알아야 한다. 가해자는 장난이라고 하면서 괴롭히고 주변인들은 재미있게 보고 있지만, 괴롭힘을 당하고 있는 학생은 고통 속에 있는 것이다. 역지사지와 함께 분별력도 갖춰야 한다. 분별력이 있어야 괴롭힘 상황임을 정확히 판단할 수 있고, 장난이나 재미로 받아들이지 않게 된다.

역지사지를 해야 한다고 학교에서 배우지만, 사람은 누구나 자기중심적으로 판단하기 마련이라 상대방의 처지를 생각하기 힘들다. 또한, 현실 속에서 주변인은 피해자가 되어보는 경험을 하기 힘들다. 역지사지를 배우는 방법으로 내가 따돌림의 대상이 되어 보는 역할극이 있다. 인위적이지만 피해자가 되어 그 고통을 체험하게 되면 상대방의 입장을 이해하고 좋은 친구 관계를 유지할 수 있다.

2) 관심을 가지고 옳고 바른길 알려주기

주변인은 또래 괴롭힘 당사자와 다른 주변인에게 관심을 가져야 한다. 주변인이 다른 학생에게 '네가 하고 있는 동조 또는 방관 행동이 잘못된 것이다.'라고 말해 주려면, 그 학생에게 관심을 가지고 있어야 하기 때문이다. 관심이 있어야 바람직하지 못한 행동을 하는 학생에게 바른길이 무엇인지 말해 줄 수 있다. 방어 행동을 하는 학생은 어떤 행동이 옳은 행동이고 옳지 않은 행동인지를 알고 있는 학생이다.

> 연구자: 막아주는 애들은 불리한 게 있는데도 왜 막아줬죠?
> 김영호: 착한 것과 나쁜 것 그런 거를 확실히 알고, 용기가 있어서요.
>   〈2014.10.26.

> 학급 친구들이 딱 봤을 때 학교폭력 괴롭힘을 당하고 있다고 느껴졌다면 그 친구한테 많은 관심을 기울여 줘야 해요. 그래야 구체적으로 어떻게 되고 있는지, 어떤 괴롭힘을 받고 있는지 알 수 있으니까 많은 관심을 가져줘야 하고요. 주변인들이 가해자한테 왜 잘못됐고, 무엇이 잘못이 됐는지, 왜 그러면 안 되는지 알려주고 다시 또래 괴롭힘을 하지 않도록 알려 줘야 할 것 같아요. 선생님이 자꾸 부르다 보니까 반항심만 커지는 것 같아서 주변에 친한 친구들이 도와줘야 해요. 〈박재형. 2014.11.17〉

(우리 반 애들이) 다들 좀 문제에 적극적이었으면 좋겠어요. 그런데 어

떻게 해야 할까, 음…. 〈천혜경. 2014.10.22〉

재형이는 또래 괴롭힘 상황 해결을 위해서는 선생님보다 주변인
들이 더 큰 역할을 할 수 있다고 보았다. 선생님이 가해행위를 하는
학생들을 불러서 자초지종을 물어보면 반항심만 커질 수 있어, 주변
인들이 또래 괴롭힘 해결을 위해 역할을 해야 한다는 것이다. 재형
이는 가해행위를 하는 학생에게 왜 그러면 안 되는지 말해 주어야
한다고 했다. 이는 동조자에게도 해당이 되는 말일 것이다.

주변인이 하는 방어 행동은 관심에서 시작된다. 이러한 관심은 또
래 괴롭힘을 목격한 상황에서 문제 해결을 위한 적극적인 사고와 관
련된다. 주변인이 피해자에게 관심을 두지 않으면 또래 괴롭힘은 주
변인인 나와 관계없는 일이 되는 것이다.

진희는 가해자·피해자보다 주변에 있는 학생들의 태도가 또래 괴
롭힘의 지속 여부에 더 영향을 끼친다고 했다. 그래서 주변인이 방
관하는 행동을 해서는 안 되고, 분별해서 어떤 게 옳고 그른 일인지
깨우쳐야 한다고 했다. '이건 내 일이 아니다.'라고 방관하는 것이 아
니라 관심을 가져야 한다고 말하고 있다.

또래 괴롭힘에서 피해·가해 학생들이 가장 문제인 것은 아니에요. 방

관하거나 동조하는 학생들이 많은 영향을 끼치기 때문에, 반 학급 친

구들이 그 문제에 대해 무분별하게 '이거는 내 일이 아니다.'라고 생각

하거나, '이래도 괜찮구나.' 하고 생각하지 않아야 해요. 괴롭힘 사건이

일어나면 관심을 가지고, 어떤 게 옳고 그른지 스스로 깨우쳐야 할 것

같아요. 〈이진희. 2014.11.11〉

방관자나 동조자의 태도가 또래 괴롭힘에 미치는 영향은 크다. 일회성으로 끝날 가해자와 피해자 간의 다툼도 가해자 옆에서 동조자들이 부추겨 또래 괴롭힘으로 전개될 수도 있다. 또한, 주변인들이 조금만 도와주면 해결될 힘의 불균형으로 시작된 괴롭힘도 방관함으로써 지속되는 경향이 있다. 주변인이 옳고 그름을 깨우치게 되면 방관하지 않게 되고 문제의식을 느끼고 관심을 갖게 되어 방어행동을 할 수 있게 된다.

영호는 동조자에게 동조행동을 하면 안 되는 이유를 설명해 주는 것이 좋다고 했다. 재현이는 주변인들이 동조자 학생들에게 왜 가해자를 도와주고 있는지 이유를 먼저 물어보고 도와주지 않게 해야 한다고 했다.

학생들이 같이 가해자나 동조자한테 '이러면 안 된다.' 하며 왜 안 되는지와 그게 왜 잘못되는지를 말해주면서 조금씩 마음을 돌리게 하는 것이 괜찮을 것 같다고 생각합니다. 〈김영호. 2014.11.17〉

동조자 학생들이 왜 도와주려 하는지 그 이유를 물어보고…. 〈정재현. 2014.11.17〉

주변인은 사건의 직접적인 당사자가 아니므로 상황을 객관적으로 볼 수 있다. 가해자의 가해행위뿐만 아니라 동조자의 가해 동조 행위도 피해자에게 고통을 주므로, 주변인이 동조자에게 잘못하고 있다고 말해 주는 것이 그러한 행동을 하지 않게 하는 방법이다. 본인이 스스로 깨닫는 것이 좋지만, 그렇지 못할 때는 다른 주변인들이 알게 해 줘야 한다. 관심을 가지고 옳고 그름과 바른길을 알려주는 학생들이 있어야 가해행위를 동조하는 행위를 멈출 수 있다.

살아가는 동안 처음부터 끝까지 완벽한 선택을 하는 사람은 없을 것이다. 이번 또래 괴롭힘 목격에서 바람직한 선택을 못 해서 방관했다면, 다음 목격상황에서는 아쉬운 행동보다는 바람직한 행동을 할 수 있어야 한다. 동조자들이 스스로 깨우치거나 다른 주변인을 통해서 옳고 바른길이 무엇인지 알게 되어 방어 행동의 빈도를 높여 나가는 노력을 해야 한다.

2. 또래 괴롭힘을 허용하지 않는 교실 분위기 만들기

학생들이 낮 시간의 대부분을 보내는 생활공간은 학교이고, 학교생활 대부분을 교실에서 보낸다. 때문에, 교실에서 또래 괴롭힘이 일어나면 많은 학생들이 목격한다. 또래 괴롭힘을 줄이기 위해서는 학생들이 생활하는 교실에서 괴롭힘을 허용하지 않는 분위기를 만들어 가는 것이 중요하다. 또래 괴롭힘을 허용하지 않는 교실 분위기가 형성되면 괴롭힘 행위는 지속되기 힘들다. 민수와 혜경이는 또래 괴롭힘이 발생한 교실에서 반 학생들이 나타내는 태도에 대해 다음과 같이 이야기했다.

연구자: 자신이 속한 학급에서 괴롭히는 상황이 일어난다면 학급의 학생들은 어떤 태도를 보일까요?

신민수: 저희 반 애들은 안 말릴 거 같아요. 제가 봤을 때 그런 상황이 일어나면, 오히려 그걸(따돌림 행위를) 같이하는 애들이 있어요. 〈2014.10.17〉

연구자: 자신이 속한 학급에서 괴롭힘이 일어난다면 학급의 학생들은 어떤 태도를 보일까요?

천혜경: 이 사건처럼 그대로 놔둘 거 같아요. 아무것도 안 하고 그냥 휩쓸려 가면 휩쓸려 가는 대로. (허탈한 웃음) 〈2014.10.15〉

또래 괴롭힘이 벌어지고 있는 중학교 교실의 일반적인 모습은 면담 참여자들의 말에 잘 나타나 있다. 면담 참여자들은 또래 괴롭힘 사건이 일어나도 학급 학생들은 아무런 행동을 취하지 않는다고 한다. 방어를 위한 개입을 하려고 나서는 학생이 거의 없다는 것이다. 오히려 따돌림 사건이 생기면 학급의 학생들은 동조자로 행동하여 피해자를 따돌리는 행위에 동참하는 것을 목격했다고 했다. 이렇게 방관하는 태도와 동조하는 행동은 또래 괴롭힘을 허용하는 교실 분위기가 형성되었기 때문이다.

가해행위를 허용하지 않는 교실 분위기가 형성되면 가해자들은 괴롭힘 행위를 지속할 수가 없다. 또래 괴롭힘을 허용하지 않는 교실 분위기로 만들어 가기 위해서는 주변인들의 태도가 중요하다. 이러한 분위기를 만들어 가면 가해자가 피해자를 향해 심한 욕을 하고 따돌리는 장면은 없어질 것이다. 또래 괴롭힘을 허용하지 않는 교실 분위기를 만들기 위해서 먼저 나서기를 실천하고, 편 가르지 않고 다 같이 어울리는 것이 필요하다.

1) 먼저 나서기: 또래 괴롭힘 방어의 흐름 만들기

또래 괴롭힘을 허용하지 않는 교실 분위기를 만들려면 주변인들이 먼저 나서는 자세를 가져야 한다. 주변인들은 먼저 나서서 개입하는 다른 주변인이 있을 것이라는 생각에 괴롭힘 상황을 보고만 있는 경우가 많다. 주변인들은 가해행위를 하는 학생을 누군가 막아서야 한다고 생각은 하지만, 많은 경우 자기가 안 나서도 방어해 줄 사람이 있다는 생각을 가지고 있다.

진희는 또래 괴롭힘이 나쁘다는 것을 모두가 아는데 괴롭힘 상황을 목격한 학생이 먼저 나서는 분위기가 형성되어 있지 않다고 하면서, 먼저 나서서 행동해야 함을 말하고 있다. 민수는 보고만 있지 말고 막아서야 한다고 이야기했다. 괴롭힘이 있을 때 사태에 휘말릴 정도로 깊이 개입하지 않더라도 먼저 나서서 방어 행동을 하면 또래 괴롭힘 사건이 커지지 않는다는 것이다.

> 또래 괴롭힘에서 행동이 나쁘다는 것은 다 아는데, 대부분 먼저 나서지 못하는 분위기라서, 누군가 먼저 나서서 말리는 행동을 해야죠. 〈이진희. 2014.12.09〉

> 친구들이 한 학생을 때리거나 따돌리리는 것을 하고 있다면, 보고만 있지 말고 나서서 말려야죠. 그렇다고 같이 휘말리진 말고. 말려주기만 해도 일이 안 커질 거 같아요. 〈신민수. 2014.10.23〉

또래 괴롭힘 상황에 먼저 나서는 방어 행동으로 인하여 괴롭힘 해소의 계기를 만들 수 있다. 한 명의 방어 행동으로 또래 괴롭힘이 멈추지 않을지도 모르지만, 한 명이 방어 행동을 하게 되면 주위에 있는 주변인들이 나서기가 쉬워진다. 내가 먼저 나서서 '하지 말라'고 하면 이것이 확산되어 흐름을 만들 수 있다.

또래 괴롭힘 상황에서 주변인인 내가 먼저 나서서 방어 행동을 하는 것이 바람직하지만, 면담 참여자들은 현실적으로 그렇게 하기가 쉽지 않다고 했다. 미선이는 먼저 나서는 것이 힘들 때가 많다고 보았다. 먼저 나서기가 어려워서 방관 행동을 하는 경우가 많다는 것이다. 그래서 먼저 나서서 가해자를 막아서는 것이 힘들 때는 학급의 학생들을 설득해서 같이 방어 행동에 나서는 방법도 고려해야 한다.

한 사람이 제대로 대처하면 다른 학생들은 그 대처한 학생을 보고 동참하기가 쉽다. 먼저 나서서 가해자에게 하지 말라고 단호하게 말하는 게 최선이지만, 이러한 행동은 쉽지 않기에 그렇지 못하겠거든 선생님께 알리는 행동을 해야 한다. 즉 가해자에게 겁먹지 말고 먼저 나서서 방어하는 행동을 해야 하겠지만, 그게 힘들면 선생님께라도 먼저 가서 괴롭힘 상황을 알려야 한다.

> 자기 피해보다는 피해자 애들의 입장을 생각하고, 혼자 나설 용기가 없으면 다른 애들하고 같이 피해 학생을 도와주고, 가해하는 걸 막는 게 좋을 것 같아요. 방관자들이 다 안 나서고 있으니까 자기 혼자 나서기는 그래서 보고만 있잖아요! 방관자가 없어야 같이 도와줘 피해 학생이 공격을 안 당하잖아요. 그러니까 반 애들을 설득시켜서 다 같이 피해 학생을 도와주고…. 〈김미선. 2014.11.09〉

자기 일이 아니라고 무조건 방관하지 말고, 일이 일어났으면 선생님한테 곧바로 말하거나 아니면 가해자한테 하지 말라고 단호하게 대했으면 좋겠어요. 한 사람이라도 제대로 대처하면, 다른 학생들도 처음 대처한 학생을 보고 동참할 것이라고 생각해요. 〈정재현. 2014.11.17〉

가해 학생에 대해서 겁먹지 않고 먼저 나서야 해요. 왕따를 당하고 있는데, 자기도 동조해서는 안 되고 그렇다고 해서 방관을 해서도 안 되잖아요. 근데 그게 섣불리 되지 않으니까 자신이 먼저 나서기보다 담임 선생님이나 학생부 선생님께 말씀드려야…. 〈김수연. 2014.11.10〉

주변인들은 방어할 분위기가 형성되었을 때 자신도 수월하게 방어 행동을 할 수 있다고 말하면서, 방어역할을 해 주는 학생이 두세 명만 주위에 있어도 방어역할을 했을 것이라고 말하였다. 최소한 한 명이라도 먼저 대처하면, 그 학생과 함께 방어 행동을 할 수 있겠다는 것이다. 이 말은 먼저 방어 행동을 하는 학생이 없다면 내가 먼저 나서기가 쉽지 않다는 의미이다. 주변인이 먼저 나서는 것은 가해행위 현장에서 홀로 나선다는 의미도 있지만, 다른 학생들에게 방어의 모범을 보이고, 선생님께 알리고, 주위의 학생들에게 함께 방어 행동을 하자고 말하는 의미에서의 '먼저 나서기'인 것이다.

또래 괴롭힘을 목격했을 때 그 누군가는 방어 행동을 할까 말까 고민하고 있을 것이다. 이때 어떤 학생이 먼저 방어 행동을 하면 방어 행동할지를 고민하고 있던 그 누군가는 그 행동을 목격하게 되고, 방어하는 데 동참할 것이다. 주변인 한 사람이 교실 분위기와 구조를 홀로 바꿀 수 없지만, 먼저 나서는 행동으로 또래 괴롭힘을 막을 계기를 마련할 수 있다.

자신의 작은 행동이 타인에게 아무런 영향을 주지 못한다고 생각할 수도 있지만, 그 작은 행동이 모두의 가치관에 영향을 미칠 수 있다(Suzuki, 2012; 김희박 역, 2013: 248).

2) 편 가르지 않고 다 같이 어울림: 두루 친함

반 학생들이 두루 친하면 괴롭힘 없는 교실을 만들 수 있다. 학생들이 서로 친하면 편이나 무리로 갈리는 일이 없고 괴롭힘 행위가 발생할 여지가 없다.

> 우리 반은 다 같이 잘 어울리는 반이에요. 놀 때 잘 뭉쳐서 우리 반은 괜찮은데 다른 반 중 옆 반 경우만 봐도 학기 초에 아예 나뉘어서 그다지 같이 놀지 않는 그런 반도 있더라고요. 반 전체가 두루 친한 게 중요하다고 생각해요. 어떤 사건이 일어났을 때 편이나 무리가 갈리지 않게 반 전체가 모두 친한 친구라면 어느 한 명이 공격받더라도 "너 내 친구한테 왜 그래!"라든지 아니면 모두가 함께 피해자 편이 돼서 '그러지 말자.'라고 말할 수 있죠. 그렇게 되려면 반 전체가 다 두루 친한 게 중요하다고 생각해요. 〈천혜경. 2014.11.17〉

서로 같이 어울려 지내고 끼리끼리 지내기보다는 함께 어울려서 지내면 그런 게 덜 할 것 같아요. 끼리끼리 놀면 A 집단, B 집단이 같은 것이 있어 애들 간에 벽 같은 게 있을 것 아니에요! 그런 게 생기면 같은 반, 우리는 같은 학급, 그런 것보다는 서로 개별적인 그런 것이 있을 것 같아요. 같이 어울리면 피해받는 일이 줄어들지 않을까 생각해요.
〈전근영. 2014.11.14〉

가해 학생들은 주도성이 있고 따르는 친구도 많으므로 학급에서 생활하는 데는 어려움이 없다. 그러므로 학생들이 편 가르지 않고 어울린다고 말할 때는 피해자에게 더 관심을 두어야 함을 강조한다고 볼 수 있다. 학급에서 편 가르는 행위는 또래 괴롭힘이 일어나기 쉬운 구조를 만드는 것이다. 혜경이는 다 같이 잘 어울리는 반에 또래 괴롭힘이 없다고 하였다. 학급마다 분위기가 다른데 옆 반 같은 경우는 학기 초부터 학생들이 나뉘어서 그다지 같이 어울리지 않는다고 했다. 우리 반 학생들은 다 같이 어울리기 때문에 또래 괴롭힘이 없었다고 했다.

상호는 편을 가르지 않고 다 친구처럼 생각하며 다른 학생을 따돌리지 않고 서로 친한 것이 중요하다고 했다. 정우는 반 학생들이 어울리면서 친해지고 서로 맞추어 가는 자세가 필요하다고 했다. 피해 학생이 다가오면 끼워주고 같이 놀아주어야 한다는 것이다. 유진이도 상대방이 싫은 경우라도 욕을 한다거나 '너 싫어.'라고 말하기보다는 수용해 주어야 괴롭힘이 안 생긴다고 보았다.

연구자: 또래 괴롭힘 해결을 위해서 학급 학생들이 어떻게 하면 좋을까요?

박상호: 친구가 되는 게 편 갈라서 되는 게 아니라, 다 친구처럼 생각하고 그렇게 하면 될 것 같아요. 〈2014.11.18.〉

연구자: 평상시에 친구들은 어떻게 하면 좋을까요?

현정우: 자주 어울리는 거죠. 아니 어울려 주는 거죠. 놀면서 친해졌으면 좋겠어요.

연구자: 근데 성격상….

현정우: 네, 안 맞을 수도 있는데 그래도 맞춰야죠. 어울리는 친구를 찾거나 피해 학생이 다가왔으면 놀면서 같이 끼워주는 거죠. 먼저 왔으면요. 〈2014.11.18.〉

'너 싫으니까 말 걸지 마!' 하기보다는 걔가 다가오면 다가오는 대로 그냥 받아만 주는…. 〈이유진. 2014.12.05〉

면담 참여자들은 옆 반과 우리 반, 그리고 작년의 학급과 올해의 우리 학급을 비교해 보며 다 같이 어울리고 두루 친한 반이 또래 괴롭힘이 드문 것을 경험했다. 다 같이 어울려 친했던 반은 누구를 따돌림 시키지 않았고 한 학생을 대상으로 심한 욕을 하지도 않았다. 하지만 다 같이 어울리는 분위기가 아니어서 무리로 나뉘고 벽이 생겨 경계선이 뚜렷했던 반은 또래 괴롭힘의 가능성이 컸다.

다 같이 어울리게 되면 괴롭힘이 발생해도 서로 관심을 가지고 있는 상태이기에 그 또래 괴롭힘이 오래 지속되지 않았다. 그러므로 네 편 내 편으로 편을 가르지 않고 모두 친구처럼 생각하고 서로 받아주는 자세가 필요하다. 그 학생과 내가 어울리기 힘들 때는 그 학생과 어울릴 수 있는 학생을 찾아주는 것도 바람직하다.

또래 괴롭힘 피해를 당하고 있는 학생은 언어적, 신체적, 성격적으로 약점이 있고 대인관계에서 자신감이 현저하게 떨어지는 경우가 많다. 이러한 약점과 대인관계 능력의 부족을 가해자들은 괴롭힘의 구실로 삼는다. 가해자들이 약한 학생을 거리낌 없이 욕하고 따돌릴 수 있는 것은 교실 분위기가 그 같은 행동을 허용하고 있기 때문이다. 학생 개인의 노력도 중요하지만, 학급 전체가 관심을 가지고 편 가르지 않고 서로 어울리는 것이 효과적인 방법이다.

교실의 학생들이 편 가르지 않고 다 같이 어울리면 피해를 당하고 있는 학생에게는 희망의 계기가 될 수 있다. 피해를 당해도 학생들이 두루 어울리는 상태여서 서로 관심을 가져 주기 때문이다. 더구나 다른 학생들에게 다가가는 방법을 잘 모르는 학생에게도 주변 학생들이 다가와 손을 내밀며 어울려 주기 때문이다.

학교 교육관계자들은 '우리 학교' 또는 '우리 교실'에는 또래 괴롭힘이 없다고 말할 수 있다. 그런데 자세히 들여다보면 현실은 그렇지 않다. 어느 곳에서나 또래 괴롭힘을 만날 수 있다고 생각해야 한다. 인간 사회 모든 곳에서 갈등은 있게 마련이며 주도권 다툼을 위한 투쟁이 있기 때문이다. 교실에 또래 괴롭힘이 있다고 보고 그것을 해결하려는 태도가 중요하다.

한 발 더 나아가 피해 학생이 가진 긍정적 요소를 학급에서 인정해 주는 것이 좋다(박종철, 2013: 153). 그림을 잘 그리거나 글을 잘 쓰거나 게임을 잘하거나 노래를 잘하거나 운동을 잘하거나 십자수를 잘 놓는 등의 피해 학생이 가진 매력을 발굴해 주고, 그것이 학급에 있는 친구들에게 인정받을 수 있는 분위기를 만들어 주는 것이 중요하다. 이렇게 피해 학생의 강점이 인정을 받게 되면, 피해를 당했던 학생도 학교생활과 대인관계에서 자신감이 생겨 다른 학생들과도 어울리고 행복한 학교생활을 할 수 있게 될 것이다.

3. 또래 괴롭힘 감소를 위한 교실에서의 노력

주변인들과 학교의 구성원들이 또래 괴롭힘을 줄이기 위한 방법으로써, 학생들이 반 활동을 통해 친해질 기회를 만들어 가고, 공감하며 다름을 인정하는 공동체 문화를 배우는 것이 필요하다.

1) 반 활동을 통해 친해질 기회를 만듦

또래 괴롭힘을 줄이기 위해서는 반 활동을 통해 학생들이 서로 친해질 기회를 만드는 것이 중요하다. 그런데 면담 참여자들은 학급에서 친해질 기회가 부족함을 아쉬워하고 있었다.

혜경이는 연도가 바뀌어 한 학년 올라가거나 학기가 바뀌는 초기 활동의 중요성에 대해 이야기했다. 학년 초 새로운 학생들로 학급이 구성되었을 때 다 같이 어울릴 수 있는 프로그램이 필요하다는 것이다. 학급 구성 초기부터 학생들이 함께 어울리게 되면 반에 장벽이 없어져 무리가 나뉘거나 홀로 있는 애들이 안 생긴다고 보았다. 종인이는 학생들이 다 함께 어우러져 할 수 있는 활동을 통해 친해질 기회를 마련할 수 있다고 보았다. 한 달에 한 번 정도는 학생들이 친밀해지는 활동을 갖는 것이 필요하다고 이야기하고 있다.

반 활동을 통해 친해질 기회를 만드는 것에는 모둠 활동이나 모둠 과제도 시행해 볼 수 있다. 종인이는 학급에서 모둠을 만들 때도 친한 학생들끼리 편성하는 것이 아니라, 친한 친구, 안 친한 친구를 섞어 편성하면 서로를 알아가며 장점도 발견하고 친밀감이 높아지게 된다고 이야기하고 있다. 그 과정에서 자연스럽게 왕따도 줄어들 것이라고 하였다. 은미도 같은 생각을 하고 있었는데, 모둠을 잘 운영하면 소속감도 높이고, 피해 학생과도 어울릴 수 있는 계기가 된다는 것이다.

> 반에 무리가 나뉘거나 혼자 앉는 애들이 안 생겼으면 좋겠어요. 그래서 학년 초 새로운 반에 왔을 때, 적응 기간에 다 같이 어울려서 놀 수 있는 프로그램이 있었으면 좋겠어요. 〈천혜경. 2014.10.22〉

> 한 달에 한 번 한 시간 정도를 애들이랑 같이 그렇게 모둠 과제 하면서 애들이랑 이야기를 나누고 그러는 게 나을 것 같아요. 모둠을 만들어 친한 친구도 안 친한 친구도 섞어 놓으면서, 이렇게 애들한테 하면 친밀감이 높아질 것 같아요. 그러면 자연스럽게 왕따도 줄어들지 않을까요. 〈박종인. 2014.11.09〉

> 피해자랑 반 아이들이랑 학생들이 같이할 수 있는 활동이라든지 그런 비슷한 걸 하면 소속감도 있고 좋을 거 같아요. 〈성은미. 2014.12.05〉

특별한 기회가 없으면 한 교실에서 생활하면서도 어울릴 기회를 갖지 못하는 학생들이 있는 게 현실이다. 주변인들은 반에 있는 학생들이 다 같이할 수 있는 활동으로 인해 애들끼리 친밀감이 쌓이게 된 경험을 이야기하였다. 혜경이는 새로운 반이 편성되었을 때 '적응 기간'을 만들어 다 같이 어울릴 수 있는 프로그램을 시행하는 것이 좋다고 했다. 이런 프로그램을 학년 초에 실시하면 소심하여 친구들에게 다가가지 못하는 학생도 어울려 친구를 만들 수 있는 계기가 된다.

중학교에서는 모둠 활동을 많이 하는데 이러한 모둠도 구성을 잘 하면 모둠원 사이에 친밀감을 높일 수 있다. 모둠 활동을 통해 소속 감도 생기고 소그룹 활동의 장점도 얻게 된다. 교사는 학생들이 서로 친해질 수 있는 프로그램을 선정하여 시행해 볼 필요가 있다.

> 학년 초에 다 같이 어울려 놀면서 모두 친구가 되는 프로그램 같은 것을 수업시간에 과목처럼 한 1~2달 했으면 좋겠다. 〈서술형 설문지. 42〉

> 학기 초반에 반 아이들끼리 서로 친해질 수 있도록 단체활동 같은 것을 많이 하는 계기를 마련해야 한다. (단, 앉아서나 서서 듣는 프로그램 은 삼가) 〈서술형 설문지. 48〉

학년 초에 다 같이 어울릴 수 있는 프로그램을 실시하고, 단체 활동으로 친해질 수 있는 계기를 만들어 주어야 한다. 그러면 학생들이 얘기를 나눌 기회도 생기고 속마음도 터놓을 수 있다.

학생들은 반 활동과 반 대항 행사를 통해서 친해진 경험을 가지고 있다. 합창 대회, 축구, 피구 같은 반 대항 경기 준비를 위해 연습을 하는 과정에서 자주 모이게 되면 학생들 사이의 친밀감은 확대된다. 다른 반과 시합을 위해 우리 반의 학생들이 모여서 활동을 하는 과정에서 우리 의식이 생긴다. 시합이 있는 날 함께 응원하면서 친해지기도 한다. 또한, 단체 활동을 하면 팀이라는 것이 생기고, 팀워크도 쌓여 서로를 이해하게 된다. 다만 단체 활동으로 순위를 정하거나 지나친 경쟁을 부추기는 활동은 자제해야 한다.

> 반끼리 할 수 있는 걸 자주하면 또래 괴롭힘 그런 것도 안 생기지 않을까요. 얼굴을 자주 보니까 익숙해지는 것도 있고요. 저희 학교에 합창 대회, 반대 항도 같은 것도 있어요. 남자들은 축구, 여자들은 배구, 피구 등을 하면서 반끼리 자주 할만한 걸 하면 좋을 것 같아요. 〈김지연. 2014.12.09〉

> 괴롭힘 없이 다 같이 어울려서 노는 활동을 하는 게 좋아요. 단체활동 같은 거 있잖아요. 그런 거 하면 서로 팀워크도 쌓이고 괴롭힘도 없을 것 같아요. 〈현정우. 2014.11.18〉

많은 중·고등학교에서는 학년 초에 학생들 간의 어울림이나 반 활동을 통해 친해질 기회를 만들어 주기보다는 학업 분위기 조성을 강조한다. 학년 초에 어울리는 시간 갖는 것을 조심스러워 하며 경계하는 학교도 있다. 학년 초부터 그런 활동을 하면 학생들이 풀어진다는 것이다. 학생들이 해이해지면 면학 분위기에도 도움이 안 될 뿐더러 생활지도도 어려워진다는 것이다. 학년 초부터 엄하게 생활 지도를 하고 교과교육을 강조해야 입시에서도 훌륭한 성과를 낼 수 있고, 문제도 덜 생기고 사건 사고도 안 생겨서 학교 입장에서 좋다.

그러나 또래 괴롭힘 없는 행복한 학교생활, 서로 어울리는 학생문화를 조성하기 위해서는 다른 관점에서 생각해 볼 필요가 있다. 인지적 영역의 교육목표 달성에만 급급해 할 것이 아니라 정의적 영역의 교육프로그램을 제공해야 한다(박아청, 2008: 308). 청소년에게 오로지 교과교육만을 강조하는 것에서 벗어나 감정과 정서적 측면, 그리고 친밀하게 어울릴 기회를 갖게 하는 것이 필요하다.

2) 공감하고 다름을 인정하는 공동체 문화 배우기

> 연구자: 또래 괴롭힘을 목격한 대부분의 다른 학생들은 어떻게 행동했어요?
>
> 이진희: 대부분 가해자 애들이 잘못했다는 생각을 안 해요. 마치 문화처럼 저격글 올리는 게 나쁘다고 생각하지 않고 단지 감정표현이라고만 생각하는 것 같아요. 더군다나 주도권 같은 것을 잡고 있는 애들이 그러니까 나쁘다는 생각을 하지 못하는 것뿐만 아니라, 나쁘다는 생각이 들어도 말을 하는 애들이 없는 것 같아요. 〈2014.11.02.〉

진희가 바라본 교실의 학생들은 가해자가 심각하게 잘못했다고 생각하고 있지 않았다. 주변인들은 가해자가 SNS에 피해 학생에 대한 저격글을 올리는 것에 대해 나쁘다는 생각을 안 하고 가해자의 단순한 감정표현이라고 생각했다. 더구나 반에서 주도성 있는 학생들의 행동이어서 주변인들이 나쁘다는 인식을 안 한다는 것이다. 설사 가해자들이 하는 행동이 나쁘다는 생각이 들어도 나쁜 행동이라고 말하는 학생들이 없다는 것이다.

재형이는 다른 사람의 감정을 이해하는 것과 공감능력의 배양에 대해 얘기했다. 공감하는 능력은 내가 상대방의 기분을 느끼고, 내 감정을 표현하고, 말로 이해시키는 것이라고 했다. 민수는 반의 대부분 학생들은 공감이나 배려성을 가지고 있지만, 가해자들은 공감이나 배려성이 부족하고 이기적이라고 했다. 준비물을 안 가져와서는 다른 애들 것을 거의 빼앗다시피 하면서 가져간다고 했다. 상대방의 기분을 생각 안 하는 학생들이 가해자가 될 확률이 높다는 것이다.

> 내가 저 사람 기분에 공감할 수 있어야 하고, 내가 표현을 잘할 수 있어야 하며 말을 잘할 수 있어야 하고, 다르다는 것을 인정하여서 받아들여야 하고, 방관자가 되지 말아야 하고, 도와줄 수 있으면 도와주어야 하고, 딱딱한 수업이 아니라 대화하면서 재밌게 웃고 떠들면서 배울 수 있는 수업이 있었으면 좋겠습니다. 〈박재형. 2014.10.29〉

신민수 : 대부분 저처럼 공감이나 배려성은 많은 편이에요. 근데 노는 애들은 그런 게 없어요. 이기적이죠. 공감하는 게 없고.

연구자 : 예를 든다면 어떤?

신민수 : 준비물 같은 것도요. 오늘 무슨 과제를 해야 하는데 우리가 준비물을 가져오고 자기가 안 가져 왔으면 애들 거를 거의 뺏는 식으로 하죠. 상대방 기분을 생각을 안 하는 거죠. 〈2014.10.23.〉

상대가 약해 보여도 그 존재를 인정하고 존중하는 자세를 가지면 남을 괴롭힐 일은 없다. 남의 기분은 생각지 않고 자신의 편리와 이익을 위해 다른 사람의 감정을 무시하는 것은 괴롭힘 행동의 시작이다.

다른 친구들이 왕따시키는 게 아니라 그 친구한테 '뭐가 다르니까 우리 이런 점은 이해하자.'라고 하는 것 같이 타협하려는 자세가 있었으면 그런 일은 없지 않을까요. 자라온 환경 때문에 자기가 생각하는 게 맞다고 생각하는 경우가 있어요. 예를 들어, '저렇게 하는 게 아닌데 쟤는 저렇게 하네! 우리 집에서는 저렇게 안 배웠는데, 쟤는 이상하네!'라고 생각하는 게 아니라, 내가 아무리 이상해도 그거를 인정하고 받아들일 수 있는 자세가 되어 있어야 학교폭력이 감소 되고요. 〈박재형. 2014.10.29〉

주변인들이 또래 괴롭힘 상황에서 방관 행동보다 방어 행동을 선택하게 하기 위해서는 타인에 대해 공감하는 방법을 익혀야 한다. 학생들은 서로가 다르다는 것을 인식하고 받아들여야 한다. 학생들이 상대방에 대한 공감과 다름에 대해 배울 때도 딱딱한 수업이 아니라 흥미를 주는 방법의 수업이 되어야 한다.

청소년들이 사람은 누구나 다른 특성을 가지고 있다는 것을 아는 것은 또래 괴롭힘 감소와 관련이 있다. 나와 상대방이 서로 다름을 인정하는 자세를 가지면 남을 욕하고 따돌릴 일은 없다. 내가 자라고 배워온 환경과 다른 학생이 자라온 환경이 다르다는 것을 인식하면, 내 기준으로 볼 때 이상하게 보이는 상대방의 행동도 인정하고 받아들일 수 있다.

> 은따라는 거 있잖아요. 은밀하게 티 안 나게 그 애가 기분 나쁘게도 아니고 '애네가 날 소외시키는 건가?' 할 정도의 은따 문제가 심각한 거 같아요. 사회적으로 논란이 되고 그런 건 아니지만, 좋든 싫든 같은 반 되면 1년간 볼 친구들이고, 학교 왔다 갔다 하면서 복도에서도 볼 친구들인데 뭐하러 일을 크게 만드나 이해가 안 되거든요. 〈이유진. 2014.12.05〉

유진이는 학교 현장에 은따가 심각하다고 생각하고 있었다. 은따는 많은 학생들이 동조자로 참여해야 한다. 혼자 누군가를 싫어한다고 그 학생을 은따시킬 수 있는 것은 아니기 때문이다. 유진이는 여러 학생들이 한 학생을 은따시키는 상황을 이해할 수가 없었다.

같이 어울리고 함께 할 친구들인데 어떤 한 명을 따돌리는 것은 옳지 않다고 보았다. 유진이는 반 학생들이 함께 생활하는 공동체를 생각하고 있었다. 같은 반 학생이 되었다는 것은 한 학교에서, 범위를 좁히면 한 교실에서 일 년간 같이 동고동락할 학생들이다. 학생들이 서로 이해해 주고 함께 어울리면서 공동체 문화를 만들어 갈 수 있는 것이다.

> 가해자가 피해자를 많이 괴롭히고 그러잖아요! 근데 그런 거를 없애기 위해, 서로 친하게 지내고, 잘 지내면서 어울려 지내는 그런 공동체 문화나 그런 것과 관련된 내용을 들었으면 좋겠어요. 〈전근영. 2014.11.14〉

학생문화는 학교에서 학생들이 공통적으로 가지고 있는 가치관, 태도, 생활양식을 말하며(김종두, 2013) 학생들의 생활과 태도에 영향을 미친다. 개인의 가치나 규범이 학교에서 하루 일과의 대부분을 보내는 학생들에게 학생문화가 된다(Suzuki, 2012; 김희박 역, 2013: 72).

공동체 의식은 서로 존중하고 더불어 살아가려는 자세를 의미한다. 타인을 이해하고 따뜻한 인간관계를 맺는 것으로 공동체 의식을 정립할 수 있다. 함께 어울리며 친하게 지내는 공동체적인 학생문화를 형성하면 가해자가 피해자를 괴롭히는 일이 줄어든다. 학생들이 공동체 문화를 형성하고 더불어 사는 사회를 만들면 또래 괴롭힘의 감소로 이어질 수 있다.

공감이란 상대방의 생각이나 감정을 알아주고 이를 상대에게 표현하는 것이다. 공감은 기본적으로 다른 사람의 정서 상태를 확인하여 어떤 상태라고 이름 붙이고, 상대방의 입장을 추측하는 인지적 요소, 그리고 이에 대해 정서반응을 할 수 있는 능력으로 이루어진다. 공감을 잘하려면 무엇보다도 먼저 상대방의 감정을 이해하는 것이 필요하다. 상대가 누구든 내가 더 우월하다거나 못났다는 생각보다는 상대방과 나는 대등한 인격체임을 알고 자신과 상대를 존중할 줄 알아야 한다(원호택 외, 1999).

상대방에 대한 공감 여부는 주변인의 행동에 큰 영향을 미친다. 방어자는 피해자의 고통에 정서적으로 공감함으로써 피해자를 옹호하고 도와주지만(김은아, 2011; 현안나 외, 2014), 방관자의 경우 피해자에 대해 잘 공감하지 못함으로 인해 상황을 방관한다(권혜선, 2013).

다른 학생에 대한 공감수용능력이 부족한 청소년은 피해 학생의 고통을 축소하여 해석하고 그가 당하는 고통을 제대로 느끼지 못한다(강차연 외, 2010: 239). 신체적, 언어적 폭력을 행하는 청소년은 상대방이 겪게 되는 신체적, 감정적인 손상에 대한 고려가 부족한 경우가 많으므로 인간관계 훈련을 통한 정서교육에 관심을 가져야 한다(박아청, 2008: 327).

또래 괴롭힘 해결은 다름을 인정하는 것에서 출발한다. 따돌림 가해자와 동조자들은 피해자가 이상한 아이라고 생각하고 어울리지 않았다. 그 '이상함'이라는 것은 다름에 속한다. 나와 다르다고 생각하니까 다른 학생을 쉽게 따돌리고 괴롭히게 된다. 인간은 나름 대로 서로 다른 특성을 가지고 있다는 것을 인식하고, 자신들과 다르게 행동하는 학생에 대해 이상하다는 생각을 갖는 것이 아니라 다를 수도 있다는 관점을 가져야 또래 괴롭힘을 줄일 수 있다.

내가 싫은 애, 마음에 들지 않는 애가 있다. 말하는 것과 행동하는 것이 마음에 들지 않는다. 그 애와는 말하고 싶지 않고 어울리고 싶지도 않다. 내 친구도 그 애와 어울리지 않았으면 좋겠다.

필자는 생각해 봤다. '이 학생은 어울리기 싫어하는 그 애의 모든 것을 알고 그렇게 판단하고 있는 걸까?' 대부분의 경우 답은 '그렇지 않다'일 것이다. 다른 사람의 모든 부분을 보고 판단을 하는 것이 아니라 내가 싫어하는 한 부분을 과장해서 보고 하나의 단점을 보고 판단하는 경우가 대부분이다.

면담 참여자들이 이야기한 사례에서 처음부터 이 학생을 따돌려야겠다고 마음먹고 시작한 괴롭힘은 거의 없었다. 가해자가 어떤 학생의 행동이 마음에 안 들거나 태도가 왠지 싫어서 말을 안 걸고 어울리지 않은 상태에서, 다른 학생들까지 같은 행동을 취하면 따돌림이 시작되는 것이다.

지금, 여기 교실에서 또래 괴롭힘 문제를 풀어가려는 노력이 절실히 필요하다. 주변인들은 교실의 학생들이 같이 공부하고 함께 생활하는 공동체의 일원이라는 인식을 가지고 있어야 한다.

괴롭힘의 요인이 되는 특성을 가진 학생도 자신의 부족한 점을 고치려는 노력을 해야 한다. 주변인들은 피해 학생이 보이는 괴롭힘의 구실이 되는 요인을 치유하도록 도움을 주어야 한다. 피해자들이 보이는 문제에 대한 개입과 상담 접근방법으로 촉진적 인간관계 기술 및 태도훈련[26], 자기주장 훈련[27] 등이 있다(강차연 외, 2010: 267-268; 백지숙 외, 2009: 443).

---

26) Rogers는 인간관계를 촉진하는 기술과 태도를 확인하여 이를 체계적으로 교육시키고자 했다. 대인관계를 향상시키기 위한 인간관계 촉진 기술로는 진실성, 존중, 공감, 구체성, 직면, 즉시성 등이 있다.

27) 자기주장훈련은 대인관계에서 타인을 존중하되 자신의 권리, 감정, 이익 등을 정당하게 주장하도록 하는 훈련이다. 이와 같은 주장적인 태도를 각종 상황에서 인식하고 실제 행동으로 옮길 수 있는 대인관계 증진 스킬 훈련이다.

제7장

또래 괴롭힘과 학교: 또래 괴롭힘 이해의 지평

또래 괴롭힘과 학교: 또래 괴롭힘 이해의 지평[28]

이 장에서는 또래 괴롭힘이 학교에서 어떻게 전개되고 어떤 현상으로 나타나는지 또래 괴롭힘 양상을 서술한다. 그리고 또래 괴롭힘 예방교육과 교사의 역할을 다룬다.

---

28)   지평地平 : 사물의 전망이나 가능성 따위를 비유적으로 이르는 말. ex) 유전 공학의 새 지평을 열다(국립국어연구원, 1999).

1. 또래 괴롭힘의 양상: 성별, 교실 분위기 그리고 연령

교실에서 남학생과 여학생은 어떻게 생활하고, 또래 괴롭힘이 남녀 간에 어떤 모습으로 나타나고, 주변인의 행동은 남녀별로 어떻게 나타나는지, 교실 분위기는 또래 괴롭힘이 있을 때 평상시와 비교해 어떻게 달라지는지, 또래 괴롭힘은 연령에 따라 어떻게 달라지고, 연령의 증가에 따라 주변인은 어떤 행동을 하는지를 파악한다.

남학생들은 소집단끼리 어울리는 경향이 드물고 '얘는 누구랑 놀고, 쟤는 누구랑 놀고' 이런 게 없이 반 전체 학생들이 서로 친하다. 어떤 때는 그룹으로 나뉘어 있는 모습이 보이기도 하지만 경계선이 뚜렷하지 않다. 반면에 여학생들은 평상시에는 서로 이야기를 잘하는 것 같아도 명확히 나뉜 무리가 있다. 그룹이 뚜렷해서 선생님이 조를 짜라고 하면 정확하게 어울리는 무리로 조 편성이 이루어진다.

> 남학생들은 집단이 따로 있다기보다는, 거의 반 전체가 친해요. 쟤는 누구랑 놀고, 쟤는 누구랑 놀고 이런 게 없어요. 물론 그 안에서도 조금씩 나누어져 있긴 하지만, 거의 그런 선이 보이지 않는데 여자애들은 그게 뚜렷한 편이에요. 이야기는 잘하는데 어떤 선생님이 조를 짜라고 하면 명확하게 나누어지는 조가 있어요. 〈박재형. 2014.10.29〉

남학생과 여학생의 대인관계 특징은 또래 괴롭힘의 발생, 남녀 주변인의 역할 행동에서도 나타난다. 남학생은 피해 학생이 누구냐의 여부에 상관없이 방어 행동을 하는 경향이 있다. 여학생은 평소에 어울리는 무리가 있고 어울리는 무리의 구성원에게 동조하는 경향이 있어, 자기 무리의 일원이 가해행위를 하면 동조행동을 선택하거나 방관을 하고, 구성원이 피해를 당하면 방어 행동을 한다.

남학생들은 물리적인 폭력, 여학생들은 관계 지향의 괴롭힘이 두드러진다(최지영 외, 2008).[29] 남학생은 신체적인 괴롭힘을 특징으로 하는 직접폭력, 여학생은 언어로 하는 간접적인 괴롭힘과 관련이 있다. 여학생에 비해 남학생은 왕따와 같은 방법으로 여럿이서 한 명을 괴롭히는 경우가 드물다.

여학생은 주로 언어적 괴롭힘 행동을 하는데 뒷담화를 한다거나, 친구들에게 그 애와 같이 놀지 말라고 하거나, 시비 걸기 등을 한다. 여학생들은 소곤소곤 이야기하면서 소문을 퍼뜨리고, 소문에 의해 말이 와전되기도 하면서 괴롭힘 행위로 발전해 가는 경우가 많다.

> 남학생이 폭력을 한다면, 여자애들은 뒷담화. 그렇게 소곤소곤 얘기하
> 면서 점점 소문이 퍼지다 보니까 안 좋은 일들이 일어나고 자기 친구
> 들에게 '개랑 놀지 말라' 그리고…. 〈박종인. 2014.11.09〉

---

29)　남학생과 여학생의 폭력 유형이 다른 이유는 남학생과 여학생의 우정 패턴이 다르기 때문이라는 해석이 있다. 여학생들은 친밀성과 소속감에 기초한 밀착집단을 가지는 경향이 있기 때문에 따돌림과 사회적 고립 형태의 괴롭힘이 영향을 미친다. 이에 비해 십대 남학생들은 보다 크고 보다 비조직적인 우정집단을 형성하는 경향이 있기 때문에 직접적인 공격방법이 효과적이다(송재홍 외, 2013: 74).

남학생은 활동적이다 보니까 신체적으로 폭력을 가하는 것이 많고, 여자들은 말을 많이 하니까, 친구들끼리 모여서 말로 왕따를 시키거나 간접적으로 많은 폭력을 주는 것 같아요. 직접적으론 많이 안 주고. 〈전근영. 2014.11.14〉

남자는 거의 괴롭히는 거예요, 왕따 같은 게 없고 일대일로 싸우거나 하죠. 여러 명이 한 명을 괴롭히지 않는 것 같아요. 반면 여학생은 거의 무리 지어서 싸우고, 한 명이 다른 한 명이랑 싸우면 거기에 속해 있는 애들이 거의 도와줘요. 〈박유리. 2014.11.14〉

남자의 경우 외현적, 여자의 경우 내현적 또래 괴롭힘이 많다. 남학생들은 신체적인 폭력이 있어도 오래가지 않고 시간이 지나면 어울려 다니기도 한다. 즉 남학생들은 마음에 안 들면 때리고 주먹질하고 그러다가도 얼마 후에 화해하고 어울리는 단순한 형태이다.

여학생들은 끼리끼리 모여 싫은 애 욕을 하는데, 일부러 욕의 대상이 되는 학생이 들을 수 있게 하기도 한다. 또한, 일부러 치고 간다거나 짜증 나게 시비를 걸고 뒷담화를 한다. 여학생들의 괴롭힘은 오래가고 화해를 해도 쌓인 게 안 풀릴 때가 많다.

또래 괴롭힘 상황에서 여학생은 더 심한 것 같아요. 남학생들보다요. 남자애들은 몸으로 하잖아요. 근데 여자애들은 말로 하니까. 언어폭력이나, 자기들끼리 모여서 얘기를 하면 그 사람한테는 안 들어가니까…. 그나마 나는 그냥 들은 거니까 '아 그랬구나.' 하고 넘어갈 수 있는데, 일부러 상대방이 들리게 그러는 경우도 있어요. 그거는 아니다 싶어요. 〈김수연. 2014.11.10〉

남자들은 솔직히 또래 괴롭힘이 없는 것 같아요. 만약에 치고받고 싸워도, 몇 분 뒤에 같이 놀잖아요. 솔직히 여자 입장에서는 그게 부러워요. 여자들끼리는 만약에 싸우잖아요? 그러면 한없이 오래가요. 화해하자고 하고 화해해도 쌓인 게 안 풀려요. 〈차예린. 2014.11.10〉

또래 괴롭힘 상황에서 남학생은 단순함, 여학생은 복잡함을 특징으로 들 수 있다. 여학생의 눈으로 볼 때 남학생들은 단순하다는 생각까지 든다. 남학생들은 상대가 마음에 안 들어 괴롭히는 행동을 해도 길게 가지 않는 특징을 보인다. 반면에 여학생들은 화해를 해도 서로 간에 쌓인 것이 안 풀릴 때가 많다. 그래서 한 여학생 면담 참여자는 남학생들에게는 또래 괴롭힘이 없다는 생각까지 하게 되었다. 반면에 남학생 면담 참여자들은 남학생의 또래 괴롭힘이 많고, 여학생의 또래 괴롭힘을 많이 보지 못했다고 이야기하는 경우가 있었다.

남학생과 여학생의 또래 괴롭힘이 다른 양상으로 일어나듯, 주변인의 역할 행동도 성별에 따라 차이가 있다. 종인이는 남학생은 또래 괴롭힘을 적극적으로 말리는 것으로 보이는데 여학생들은 적극성이 약하고 방어하는 행위도 말로 한다고 했다. 여학생이 남학생보다 방관하는 경향이 상대적으로 높다(유계숙 외, 2013). 희성이는 방어행동의 경우 남학생들은 가해행위를 직접 몸으로 막고, 여학생들은 그러지 말라고 말로 말리다가 선생님을 부르러 간다고 했다.

재형이는 남학생은 방관자가 많고 여학생은 동조자가 많다고 인식했다. 여학생들은 자신 주위에서 또래 괴롭힘이 발생했다는 것을 알아차리기 시작하면 가해자나 피해자의 잘잘못을 떠나, 자기 친구 또는 자기가 어울리는 무리의 학생에게 동조행동을 하는 경향이 강했다.

남학생인 근영이는 여학생들의 괴롭힘 사건에는 개입하기가 힘들다고 하였다. 남자들은 또래 괴롭힘이 신체적으로 일어나니까 확실히 말릴 수 있는데, 여학생들은 말이나 SNS로 하는 데다가 잘 드러나지 않는 경우도 많아서 내용을 알기가 힘들 때가 많다는 것이다. 여학생들은 소규모의 무리로 어울리는 경우가 많아 그 무리 내 또는 무리 간에 따돌림을 비롯한 괴롭힘 행위가 나타나도 다른 학생들은 잘 알지 못하는 경우도 있다.

> 남자는 적극적으로 행동을 보여 주면서 때리거나 말리거나 하는 형태로 많이 말리는데, 제가 여자가 아니라서 잘 모르겠지만, 여자는 별로 안 말린달까? 말려도 말로다가, 행동으로는 말리지 않아요. 〈박종인. 2014.11.17〉
>
> 남학생 같은 경우는, 행동으로 직접 말리는데, 여자애들은 방관하다

가, 말린다 해도 뒤에서 말만 조금씩 하고, 안 되겠다 싶으면 빠지고 그런 거 같아요. 대부분 선생님 부르러 가고. 즉 남자애들은 직접 막아서고, 여자애들은 뒤에서. 〈강희성. 2014.11.09〉

남학생들은 주로 또래 괴롭힘 상황에 신경을 잘 안 써요. 주로 방관자가 많죠. 그리고 또래 괴롭힘이 아니라 서로 싸웠을 때 풀리는 속도는 금방이에요. 길면 일주일인데, 짧으면 거의 30분 만에 풀리기도 하고요. 그런데 여자애들은 동조자가 주로 많은 것 같아요. 자기가 봤을 때 유리할 것 같은 그런 집단에 동조자가 돼서 같이 폭력을 하는 경우도 꽤 있고요. 그리고 친구랑 싸우면 거의 졸업할 때까지 안 풀리고 가는 경우가 되게 많아요. 〈박재형. 2014.10.29〉

남학생은 때리거나 그런 것 많이 하잖아요! 그런 것은 확실히 네가 잘 못했다 말하며 막을 수 있는데, 여자애들끼리는 말로 싸우거나 그러면 그거는 끼기가 되게 애매해요. 그래서 저도 남학생들은 막을 수 있겠는데, 여학생들은 못 말리겠어요. 〈전근영. 2014.11.14〉

중학교 교실에서의 또래 괴롭힘 상황을 구성하면 다음과 같다. 또래 괴롭힘이 발생하면 남학생과 여학생 대부분은 방관한다. 방어 행동을 하는 한두 명의 남학생은 직접 몸으로 막아선다. 그 뒤에서 몇 명의 여학생들이 가해행위를 하지 말라고 말로 한다. 그러다가 한두 명의 여학생들은 선생님에게 사건의 발생을 알리러 간다.

중학교 교실은 평소에 에너지가 넘치고 떠들썩하다. 그런데 또래 괴롭힘이 있을 때 교실 분위기는 조용하고 싸늘하게 변한다. 혜경이는 또래 괴롭힘이 있을 때의 교실은 너무 불편했다고 했다. 즐거운 교실이었는데 어딘가 모르게 싸해진 느낌이 들었다. 미연이는 또래 괴롭힘이 있을 때의 교실은 평상시보다 조용했었다고 했다. 가해자들끼리만 말하는 분위기였다. 그러다가 가해자들이 분리되어 괴롭힘이 없어지면서, 예전의 시끄럽고 모두 친하게 지내는 분위기로 되돌아 왔다고 했다.

진희도 항상 시끄럽고 밝은 분위기의 교실이었는데 또래 괴롭힘이 있을 때는 조심스러워지고 말이 없어지고 조용하게 된다고 했다. 유진이는 한 반 전체 인원인 31명이 다 같이 어울리다가 한 명이 따돌림당하는 현상이 벌어지면 반 분위기도 싸해진다고 했다.

> 너무 불편했어요. 뭔가 되게 즐거운 교실이었는데, 어딘가 모르게 싸해진 느낌! 〈천혜경. 2014.10.15〉

> 확실히 달라요. 괴롭힘이 있었을 때는 애들도 무서우니까 반 분위기가 되게 조용했거든요. 가해자 네 명끼리만 계속 말하고. 그런데 다 떨어지고 괴롭힘을 안 하니까 항상 시끄럽고 서로 친한 반으로 분위기가 굉장히 좋아졌어요. 〈오미연. 2014.10.27〉

> 평상시에는 항상 시끄럽고 밝은 분위기인데 만약에 그런 일이 발생한

상황이나 후에는 다 조용해지고, 조심스러워지죠. 거기에 대해서 먼저 말하는 애들이 없으니까 계속 그 사태가 파악될 때까지는, 다 조용하게 되는 것 같아요. 〈이진희. 2014.11.02.〉

31명이 다 친구고 우리 반은 공동체야, 같이 가는 거라고 했다가 그렇게 일이 터지면 교실 분위기 싸해진다 할까나? 네, 싸해지죠. 〈이유진. 2014.10.26〉

활발하고 떠들썩하다가도 또래 괴롭힘이 생긴 교실은 조용해지고 조심스러워진다. 서로 친했던 교실에 가해자가 있고, 피해자가 생기고, 가해자를 동조하는 학생들이 있고, 피해자를 방어하는 학생들로 나누어지면서 함께 어울리는 풍경에서 싸늘해지는 모습으로 바뀐다. 교실의 분위기를 통해 또래 괴롭힘이 일어나고 있는지, 여부를 알 수 있다.

연령에 따라서도 또래 괴롭힘 양상과 주변인 행동은 변한다. 초등학교 시기의 또래 괴롭힘 모습은 어떻게 나타나는지를 현재 중학교에 재학 중인 면담 참여자들이 초등학교를 다닐 때 자신들이 목격했던 장면을 통해 구성하였다. 또래 괴롭힘은 초등학교 저학년 때까지는 거의 보지 못했는데, 고학년 때 드러나 보이기 시작했다.

초등학교 저학년 때까지는 그럴 일이 거의 없어요. 고학년이 되면서 자기도 생각을 할 수 있게 돼요. 선생님 말씀이 아니라 자기가 생각했을 때 옳지 않은 것 때문에 학교폭력이 조금씩 시작이 되는데…. 〈박재형. 2014.10.29〉

1~5학년 때는 일진 그런 개념이 없어요. 그런데 6학년이 되면 일진이 생기면서 일진이라는 개념이 딱 박혀 버리니까 무리가 생기면, 그 무리가 '어 쟤 딱 봐도 약해 보인다. 쟤를 괴롭혀야지.' 하면서 그런 것 같아요. 〈박상호. 2014.11.18〉

정확히 몇 학년이라고 구분 지을 수는 없는데, 남자하고 여자하고 사춘기 오는 시기에 많이 그랬던 것 같아요. 여자애들 서로 스트레스도 많이 받고 그러는데, 누가 시비 걸면 싸우고 그러거든요! 남자도 그렇고. 시기로 보자면 빠르면 초등학교 6학년에서 중학교 3학년 정도에서 많이 다투죠. 그 정도까지가 제일 많은 것 같아요. 사춘기 때 성격 같은 게 많이 날카로워지잖아요. 〈전근영. 2014.11.14〉

어린아이는 선생님이나 부모에게 배운 대로 잘 따르다가 어느 정도 나이가 들면 상대방에게 나쁜 행동을 하게 된다. 이 시기가 초등학교 고학년 때다. 초등학교 고학년이 되면 내가 이 학생보다는 우월하고 이 학생은 나보다 약하다는 개념이 생기기 시작하고, 이때 또래를 괴롭히는 행동이 나타난다.

중학생 시기에 나타나는 또래 괴롭힘은 초등학교 때와 비교하여 복잡해지고 정도가 세지는 방향으로 변해간다. 초등학생 때는 또래 괴롭힘이 일어나도 금방 해결할 수 있지만, 중학생 시기에는 괴롭힘의 강도가 심해지고 괴롭힘의 지속시간도 길어진다.

사춘기가 되면 청소년의 신경·생리학적 변화로 성격이 날카로워진다. 중학생은 사춘기가 진행되고 있는 시기이다. 사춘기 시기는 다른 시기에 비해 또래 괴롭힘 발생에 취약한 시기이다.

> 1학년 2학기 때, 즉 2학년 올라가려고 할 때가 제일 심했던 거 같아요. 그때가 제일 폭력이 많이 일어났어요. 지금은 많이 나아졌고요. 중학교 1학년 초기 때는 서로 잘 모르니까요, 친하지도 않고. 근데 2학기 되다 보면 다 알아가니까…. 〈신민수. 2014.10.23〉

> 중1에서 중2 사이 그 정도에 많았던 거 같아요. 아직 모르는 애들도 있고, 친해지는 단계잖아요. 그래서 그때 그 정도에 많이 일어난 것 같아요. 〈김지연. 2014.12.05〉

또래 괴롭힘은 중학교 1학년 2학기 때부터 2학년 시기에 가장 심하다. 중학교 1학년 1학기는 탐색과 경쟁의 시기다. 초등학교를 졸업하고 중학교에 입학해서 누가 센지, 누가 약한지 다투면서 알아가는 때다. 몇 달이 지나고 상대방을 알게 되면 또래 괴롭힘은 본격화된다. 그래서 또래 괴롭힘은 1학년 여름방학 때부터 2학기, 그리고 2학년에 왕성해진다. 3학년 때 줄어드는 모습을 보인다. 이는 성숙한 인격의 성장이라는 내부적인 요인과 함께 고등학교 입시도 준비해야 하는 등의 외부적인 요인이 영향을 미친 것으로 본다.

> (초등학생 때보다) 방관자는 줄어들고 방어자는 늘어나는 것 같아요. 〈정재현. 2014.10.30〉

> 초등학교 때는 다 똑같은 거 같아요. 거의 말리지 않고 구경하는 거 같은데…. 대부분 말리는 걸 못 봤어요. (중학교) 1학년, 2학년 때는 말리는 애들이 좀 있어요. 두세 명쯤은 나와요. 〈신민수. 2014.10.23〉

> 방관자로 많이 바뀌죠. 어릴 때는 뜯어말리거나 아니면 같이 하자고 하는 애들이 있었는데, 커 가면서 휘말렸다가는 귀찮게 된다는 거를 이미 알았기 때문에 저 일에 신경 쓰지 않고 싶어 점점 방관자로…. 내가 괜히 저 일에 끼었다가 무슨 일을 당할지 모르는 거니까. 〈이유진. 2014.12.05〉

또래 괴롭힘을 목격한 주변인의 행동은 연령에 따라 달라진다. 면담 참여자들은 주변인의 행동이 변해왔음을 이야기했는데 학생마다 목격했던 양상이 같지는 않았다. 재현이는 주변인의 행동은 초등학생 때보다 중학생 때 방관자가 줄어들고 방어자가 늘었다고 했다. 초등학생 때는 방관자나 동조자가 많았는데, 중학교에 와서는 방어자가 많은 것을 경험하였다는 것이다. 민수는 초등학생 때의 주변인은 대부분 방관 행동을 하였는데, 중학교에 오니 두세 명쯤은 방어 행동을 한다고 하였다.

반면에 유진이는 초등학교에 다닐 때 방어 행동을 했거나 동조행동을 했던 학생들도 중학교에 와서는 대부분 방관자로 바뀌었다고 하였다. 또래 괴롭힘 상황에 끼어들었다가 무슨 일을 당할지도 모르고 귀찮게 된다는 것을 알기 시작하면서 신경 쓰고 싶지 않아져서 점점 방관자가 되어간다는 것이다.

2. 교사의 역할과 또래 괴롭힘 예방교육: 적절한 개입과 실질적 교육

　교사가 어떻게 하는 것이 또래 괴롭힘을 줄이는 데 효과가 있을까? 교사는 또래 괴롭힘을 해결하는 과정에서 '서둘러 끝내려 하지 않기', '비밀유지', '적절한 개입'의 자세를 가지는 것이 중요하다.

　학교의 학생들은 학교생활의 경험을 통해 또래 괴롭힘 사건에서 선생님의 역할에 큰 기대를 하고 있지 않았다. 혜경이는 또래 괴롭힘이 심한 경우가 아니면 선생님은 개입하지 않는 것이 낫다고 생각하고 있었고 재형이도 선생님이 또래 괴롭힘을 해결하려고 해서 좋게 끝나는 경우는 거의 없었다고 했다.

　재형이가 본 선생님은 또래 괴롭힘 사건을 해결하려고 삼자대면을 해서 대충 풀고 싶어 했다. 가해자와 피해자를 불러놓고 그냥 화해하라고 했다는 것이다. 이러한 방식에 피해자는 피해자대로, 가해자는 가해자대로 그 자리만 모면하고 싶어하는 것으로 보였다. 이렇게 할 경우 또래 괴롭힘의 근본적인 문제는 해결되지 않는다고 재형이는 생각한 것이다. 유진이가 본 선생님도 가해자와 피해자에게 서로 빨리 화해하라고 하였는데 그럴수록 해결은 되지 않았다. 선생님이 빨리 끝내려고만 하지 않는다면 해결책이 있다고 보았다.

　　폭력으로 가거나 심하지 않으면 선생님이 하실 일은 거의 없다고 생각해요. 그리고 선생님이 개입한다고 해서 그다지 나아지는 경우도 못

봐서⋯. 왕따 당하는 애를 옹호하고 가해하는 학생은 뭐라고 하면 오
히려 뒤에서는 더 심각해지더라고요. 〈천혜경. 2014.10.22〉

선생님이 해결하려고 해서 좋게 끝나는 경우는 거의 없었어요. 상담
선생님 같은 경우는 비밀을 유지해 주시면서 최대한 잘 되게 해 주시
는데, 다른 선생님들은 다른 업무가 더 바쁘시므로 그렇게까지 해 주
시지 못하신 거 같아요. 작년에는 선생님이 귀찮으니까 '너희끼리 얼
른 풀어라.' 했던 경우도 있었어요. 삼자대면해서 대충 풀고 싶어 하세
요. 선생님하고 가해자하고 피해자 불러서 그냥 '화해해라!' 이런 식으
로요. 선생님들이 피해 학생의 마음을 공감해서 최대한 피해자가 더
늘지 않도록 조용히 처리해 주는 게 가장 좋죠. 〈박재형. 2014.10.29〉

애들끼리 뭔 일이 있을 때 빨리 끝내려고만 하지 않으시면, '서로
빨리 화해해!' 이런 식으로만 않으신다면 될 거 같아요. 〈이유진.
2015.02.05〉

교사 입장에서는 또래 괴롭힘이 쉽게 해결되지 않으면 귀찮고 힘
들어져 빨리 끝내고 싶어진다. 그렇더라도 교사는 서둘러 마무리하
려고 하지 않고 내용을 정확히 파악한 후에 해결하려고 해야 한다.
교사가 또래 괴롭힘 상황을 빨리 끝내고 싶어 할수록 피해자는 고
통을 받게 된다. 주변인들은 선생님이 또래 괴롭힘 피해자를 옹호하
고 가해자를 추궁하면서 또래 괴롭힘이 더 심각해지는 것을 경험하

였다. 선생님의 개입으로 상황이 더 나빠진 것이다.

교사가 또래 괴롭힘 사건을 처리할 때 피해자를 옹호하고 가해자를 부정적으로 대하는 모습은 상황을 피상적으로 보고 빨리 끝내려고 하는 모습에서 연유한다. 교사의 이러한 태도는 다른 업무로 바쁘기 때문일 수도 있다. 관계로 얽힌 또래 괴롭힘을 해결해야 하는데 바쁘면 빨리 끝내고 싶은 생각이 들게 된다. 사실 교사가 다른 업무로 바쁜 경우 또래 괴롭힘 사건에만 전념할 수 없는 한계가 있다.

교사는 가해 학생과 피해 학생을 바라보는 과정에서 편견이 생길 수 있으므로, 나타나는 현상만 보지 말고 가해자·피해자 양쪽 말을 모두 들어 본 후에 정확히 상황을 판단해야 한다. 이런 측면에서 전문적이고 체계적으로 관여하는 상담교사의 존재가 필요하다. 방기연(2011)은 교사를 연구 참여자로 한 면담연구에서 또래 괴롭힘과 관련하여 교사들도 자신들의 지도는 효과가 없다고 지각하고 있다고 하였다. 학생들이 반항적이고 교사를 안 무서워하는 경향이 그 원인의 하나로 분석된다.

예린이는 선생님이 피해자 말만 듣고 가해자로 지목된 아이에게 피해자 쪽에서 사과를 받고 싶다고 하니, 가해자인 네가 사과하고 끝내라고 했다는 목격 경험을 말했다. 그랬더니 가해자로 지목된 학생은 억울해했다. 도대체 나는 잘못한 게 없는데 상대방이 무슨 피해를 받았다는 것인지 모르겠다는 반응이었다. 이 경우는 실제로 괴롭히지 않았는데 담임 선생님이 한쪽 말만 듣고 처리한 것으로 주변인인 예린이는 인식하고 있었다.

'그 친구가 너한테 사과를 받고 끝내고 싶다.'고 선생님이 한 친구에게 그랬어요. 담임 선생님은 뭣도 모르고 사과를 하라고 했는데 얘는 억울한 거죠. 내가 무슨 잘못을 했는지도 모르는 상황이니까요. 선생님은 무조건 피해자 편이었던 거 같아요. 피해자 말만 듣고 가해자한테 가서 말하고. 선생님은 피해자, 가해자 모두의 말을 들어줬으면 좋겠어요. 만약에 그게 진짜 가해자가 아니라 다른 가해자가 숨겨져 있을 수도 있는 거고, 무턱대고 피해자 얘기만 들으면 진짜가 아닌 가해자가 불이익을 얻을 수 있는 거고. 〈차예린. 2014.11.10〉

그걸 정확하게 파악하려면 가해자 의견도 듣고, 피해자 의견도 듣고, 학교 전체 의견도 들어야 해요. 사건 경위를 객관적으로 파악을 먼저 하고 나서, 감정적으로 대처하지 않는 게 중요해요. 〈이진희. 2014.11.11〉

교사는 또래 괴롭힘 사건을 감정적으로 대하기보다는 사건의 경위를 객관적으로 파악하는 것이 중요하다. 시간이 걸리더라도 '너희끼리 화해하고 얼른 풀어라.'가 아닌 진정한 의미에서의 해결점을 찾도록 노력해야 한다. 또래 괴롭힘 상황에서 교사는 가해자와 피해자의 입장을 모두 들어보고, 각자를 충분히 이해한 상태에서 개입해야 하며, 섣부른 개입은 오히려 역효과를 가져온다(이신애 외, 2013).

또래 괴롭힘을 목격한 주변인이 그 내용을 교사에게 알리는 것은
방어 행동의 하나다. 이런 방어 행동을 한 학생이 피해를 받지 않도
록 교사는 비밀 보장을 철저히 해야 한다. 비밀 보장이 안 될 경우
또래 괴롭힘 문제는 해결되지 않고 상황은 더 악화된다.

선생님이 가해자하고 피해자 둘 다 불러서 얘기하셨던 거예요. 그런
데 피해자는 너무 가시방석이었던 거죠. 얼굴도 마주치기 싫은데 억
지로 화해하라고 시키고, 얘네는 화해하는 척만 하고 얼른 나가고 싶
으니까요. 그리고 결국 따돌림은 멈추지 않죠.
제가 느끼기에 선생님들은 '다 비밀로 해줄게.' 이러고 지키지는 않는
것 같아요. 심지어 불러서 얘기하는 것도 아니고 전화로 누구는 어떻
던데 넌 어떠니 이런 식으로 물어보니까 반에서는 선생님 모르게 뒤
로 계속 폭력이 이어지죠. 많은 아이들이 그렇게 생각하고 있더라고
요. 〈박재형. 2014.10.15〉

가장 중요한 거는 선생님이 애들 이야기 들었을 때 그 말을 다른 사람
에게 전달하지 않는 거, 그게 가장 중요한 거 같아요. 중간에서 해결
하려고 애쓰시는 것 같기는 한데, 말을 전하고 전하다 보면 나중에 큰
일이 나더라고요. 〈천혜경. 2014.02.06〉

한 명, 한 명 다 불러다 놓고 조용히 얘기하며 하지 말라고 지속적으
로 가해자한테 얘기하면 될 것 같아요. 반 전체에서 얘기하는 건 좀

그래요. 〈박유리, 2014.11.14〉

미연이는 또래 괴롭힘을 해결하는 선생님의 비밀보장이 중요하다는 것을 절감하였다. 미연이는 피해자를 위해 학교폭력진술서를 써주었다. 그런데 그걸 가해 학생들이 알게 되어 난처해지고 보복의 위험에 노출되기도 했다. 미연이는 그 상황을 이야기하면서 선생님이 진술서를 잘 보관하지 않고 책상에 놔두는 바람에 가해 학생들이 보게 되었다는 것이다.

유리는 선생님이 또래 괴롭힘 해결을 위해 괴롭힘 상황을 반 학생들에게 말하는 것보다는 피해자나 가해자를 따로 불러 얘기하는 것이 낫다고 했다. 혜경이는 선생님이 학생들의 말을 양쪽에 전달함으로써 문제가 더 커진다고 했다. 피해자가 한 이야기를 가해자에게 '피해자는 이렇게 생각하고 있던데…'라고 전하면, 해결은 되지 않고 문제가 더 꼬인다는 것이다.

교사는 형식적으로 문제에 접근할 것이 아니라 상황에 맞는 적절한 개입을 해서 실질적인 해결을 위해 노력해야 한다. 또한, 교사와 학생들의 소통이 원활해야 한다. 교사는 학생들이 어떻게 지내는지 모를 수도 있으므로 시간을 만들어 학생들의 이야기를 들어줄 필요가 있다. 교사는 평상시에 반에 또래 괴롭힘이 있는지 없는지 잘 살펴보아야 한다. 개별 면담을 해서 괴롭힘 여부를 살펴보는 것도 좋은 방법이다.

어떤 반은 보면 남자, 여자끼리 완전 따로 놀고, 어떤 반은 다 같이 노는 경우가 있는데, 진짜로 다 같이 놀면 또래 괴롭힘이 없어요. 그래서 선생님은 개입 안 하고 그냥 애들끼리 놀 수 있는 자리를 마련하는 게 제일 좋아요. 〈차예린. 2015.02.06〉

선생님이 바뀌어도 또래 괴롭힘이 달라지진 않아요. 학생에게 면밀하게 관여하지 않기 때문이죠. 선생님들이 학생들이랑 개별적인 시간을 가지고, 면담을 하거나 학생들의 이야기를 잘 들어준다면 또래 괴롭힘이 줄어드는 데 도움이 될 것 같아요. 〈전근영. 2014.11.14〉

가해 학생들이 제일 많이 말하는 게 '장난치다 그랬다.'잖아요. 그런 걸 방지하려면 평소에도 장난식으로 했다고 해서 그냥 넘어가시면 안 되고, 선생님들께서 피해자가 생기지 않도록 작은 거에도 신경을 많이 써 주셔야 할 거 같아요. 〈이진회. 2015.02.05〉

선생님은 또래 괴롭힘 상황에 직접적으로 개입하기보다는 간접적으로 개입하고, 학생들끼리 어울릴 수 있는 자리를 마련해 주는 것이 우선일 수 있다. 학생들이 교실에서 따로따로 노는 환경 대신 다 같이 어울리는 분위기를 만들어 나가는 것 필요하다. 학생들은 학년이 올라가면서 담임 선생님이 바뀌어도 또래 괴롭힘 현상이나 빈도가 달라지는 것이 없다고 느끼고 있다. 대부분의 경우 교사가 또래 괴롭힘을 체계적이고 면밀하게 바라보며 문제를 해결해 주지 않았기 때문이다.

따돌림의 상황을 피해 학생들이 교사에게 알리지 않는 이상, 교사가 어떤 학생들이 어떻게 관여되어 있는지 명확하게 알기 힘들다. 교사 앞에서 피해 학생은 보복에 대한 두려움과 피해 학생임을 인정하고 싶지 않은 마음 때문에 별일 아닌 것처럼 위장한다(2013: 24). 또래 괴롭힘 문제를 해결하기 위해서는 제도나 권력의 힘을 가진 교사보다는 갈등 해결의 원칙을 확인하는 조정자로서의 교사, 또래 경험을 넘어서는 멘토로서의 교사 역할이 필요하다(조영선, 2011: 108~112).

교사의 적절한 개입이 또래 괴롭힘 해결에 큰 영향을 끼치는 것은 자명하다. 교사 앞에서는 화해하는 척해도 가해자는 가해자대로 피해자는 피해자대로 불만이고 양자 모두에게 도움이 안 된다. 학교폭력진술서 등의 문서는 다른 학생들이 보지 못하도록 철저히 관리해야 한다. 교사는 학생들과의 소통을 통해 또래 괴롭힘 현상을 파악하고, 학생 자신이 스스로 문제를 풀어나갈 수 있도록 할 때 또래 괴롭힘의 해결 실마리를 찾을 수 있다.

또래 괴롭힘 예방교육은 학생들이 또래 괴롭힘 상황에서 바람직한 역할을 하게 하는 데 필수적이다. 초·중·고등학교에서의 학교폭력 예방교육은 법에 정해져[30] 학기별로 1회 이상 실시해야 한다.

민수는 또래 괴롭힘을 재연한 영상을 본 다음에 교실에서 모둠별로 이야기했던 것이 참 좋았다고 했다. 영상의 사례에 대해 모둠별로 어떻게 생각하는지, 어떻게 하면 또래 괴롭힘을 막을 수 있는지 면담 형식으로 토론을 한 것이 유익한 경험이었다. 유진이는 토론을 통해 알아 가거나 함께 하는 활동을 통해 체험해 봐야 한다며 강의로 하는 방식은 학생들에게 효과가 작았다고 했다. 실제로 경험해 볼 수 있는 역할극을 통해 느껴보는 것이 가장 효과적이라고 했다.

앉아서 흘려듣는 그런 교육이 아니라 직접 알 수 있게 학생들에게 의견은 어떤지 물어보고 정확하게 대처방안도 알려 주고…. 〈이진희. 2014.11.11〉

---

30) 학교폭력 예방 및 대책에 관한 법률[시행 2014.11.19.]은 제15조(학교폭력 예방교육 등) 제1항에서 학교의 장은 학생의 육체적·정신적 보호와 학교폭력의 예방을 위한 학생들에 대한 교육을 학기별로 1회 이상 실시해야 한다고 규정하고 있다. 제3항에서는 학교의 장은 제1항에 따른 학교폭력 예방교육 프로그램의 구성 및 그 운용 등을 전담기구와 협의하여 전문단체 또는 전문가에게 위탁할 수 있다고 규정하고 있다. 학교폭력 예방 및 대책에 관한 법률 시행령[시행 2015.1.1.] 제17조(학교폭력 예방교육)에는 학교의 장은 학기별로 1회 이상 실시하고, 교육 횟수·시간 및 강사 등 세부적인 사항은 학교 여건에 따라 학교의 장이 정한다고 규정하고 있다. 학생에 대한 학교폭력 예방교육은 학급 단위로 실시함을 원칙으로 하되, 학교 여건에 따라 전체 학생을 대상으로 한 장소에서 동시에 실시할 수 있다고 했다. 교육할 때는 강의, 토론 및 역할연기 등 다양한 방법으로 하고, 다양한 자료나 프로그램 등을 활용하여야 한다고 규정하고 있다.

학생들이 나와서 학교폭력 사건을 재연하며 보여 주고, 어떻게 하면 이걸 막을 수 있을까 면담해 본 적이 있어요. 교실에서 모둠으로 그거에 대해서 어떻게 생각하느냐는 것을요. 〈신민수. 2014.10.23〉

또래 괴롭힘 예방교육 같은 것을 오면 이론만 하지 말아야 해요. 반에서 연극 같은 형식으로 역할을 바꿔서 동조자나 가해자들이 피해자의 마음을 이해할 수 있게 하는 프로그램이 필요한 것 같아요. 사실 예방교육이 아무 효과가 없거든요. 〈천혜경. 2014.11.17〉

말로 하지 말고 직접 경험해 봤으면 좋겠어요. 예를 들어, 자신이 직접 피해자가 돼서 가해자가 괴롭히면 어떨지를 경험해 보거나 자신이 가해자가 돼서, 괴롭혀서 받는 벌은 어떤 게 있는지 느꼈으면 좋겠어요. 실전으로 한번 해 본다는 거는 한번 모여서 연극… 〈정재현. 2014.10.30〉

또래 괴롭힘 예방 교육에서 강사의 일방적인 강의는 효과가 떨어진다. 실제적이고 경험적인 내용, 내가 질문할 수 있고 의견을 낼 수 있는 모둠 방법, 강사를 통해서 강의를 듣더라도 질문과 응답이 가능한 방법이 좋다. 학생들이 강사와 소통할 수 있고 실제적으로 참여할 수 있는 방법의 예방교육은 또래 괴롭힘 방지에 효과가 있다.

지난 20년간 학생들을 대상으로 다양한 괴롭힘 예방 프로그램을 시행해온 Kalman(2013)은 또래 괴롭힘 감소에 가장 효과적인 것은 학생들이 함께하는 역할극(Role Play)이라고 했다. 역할극은 단순히 인지적인 교육을 넘어 정서적이고 몸으로 경험해 보는 방식이다. 역할극은 학생들에게 강의와 조언을 통해 교육하는 것보다 재미있고 효과적인 방법이다. 한편 학교스포츠클럽을 활성화하는 방법(이석훈, 2012), 여가 레크레이션을 활용한 방법(최성훈, 2012), 종교 활동을 통한 방법(김경주, 서광봉, 이철원, 2013)이 학생들이 참여할 수 있는 또 다른 또래 괴롭힘 예방 프로그램으로 학자들은 제시하고 있다.

또래 괴롭힘 예방프로그램을 시행한 여러 학교를 조사한 Paramo(2012)는 성공적인 방법과 그렇지 못한 방법을 정리하였다. 또래 괴롭힘 예방 프로그램을 성공적으로 운영한 학교는 명확한 목표, 교직원과 부모의 참여, 규칙적인 모니터링, 측정 도구의 존재 그리고 1년 이상의 긴 시행이었다. 반면에 예방프로그램을 성공적으로 운영하지 못한 학교는 훈련받은 강사의 부족, 부모와 교사의 미참여, 모니터링의 부재로 파악되었다.

▼

▼

제8장

맺음말

▼

▼

맺음말

1. 요약

이 책은 또래 괴롭힘을 목격한 주변인의 경험, 주변인이 취한 행동과 그 맥락, 주변인이 바람직한 행동을 하게 하는 환경을 다루었다.

가. 또래 괴롭힘을 목격한 주변인의 경험

주변인이 학교 현장에서 목격한 또래 괴롭힘은 따돌림과 언어폭력이 많았다. 따돌림을 당하는 학생은 다수의 학생들이 생각하기에 '우리와 다르다'고 인식되는 학생이었다. 마음에 들지 않는 학생에게는 가해자의 언어폭력 행해졌다. 따돌림은 현재 중학교에서 발생되고 있는 괴롭힘의 대표적인 유형이다. 사회가 문명화되어 가면서 괴롭힘의 양상도 변해왔다. 신체적 폭력에서 관계적 폭력[31]으로, 직접적인 괴롭힘에서 간접적인 괴롭힘으로 형태가 바뀌었다(채효정, 2013).

내가 싫어하거나 마음에 안 드는 학생이 있으면 안 어울리면 그만이다. 굳이 신체적 폭력을 가하지 않아도 가해자와 가해자 주위의 학생들이 이 학생과 교류를 안 하면 충분히 이 학생에게 피해를 주는 목적을 달성할 수 있다. 이런 의미에서 따돌림 형태의 가해행위는 더 늘어날 것으로 예견된다.

가해자는 친구가 많고 주도성이 있는 학생, 자신을 높이고 타인을 낮추는 생각을 가지고 있는 학생이다. 상대방에 대한 배려나 공감이 없는 상태에서 자신이 우월하다는 생각은 자신보다 약하거나 처지가 안 좋은 학생들에게 괴롭힘 행위를 하는 것으로 나타난다. 가해자의 행동은 자신의 높은 지위를 타인에게 인정받고 싶어 하는 욕구의 발로라는 것도 알 수 있다.

괴롭힘 행위는 사회적인 의미가 있고 집단에서 우위성을 확보하기 위해 다른 학생들에게 보여주려는 의도도 있다. 가해자는 피해

---

[31] 관계적 폭력의 대표적인 행동은 따돌림이다. 가해 학생들이 대상자를 공격하기 위해 사회적 구조를 활용해서 집단을 조정하여 권력통제의 기제가 되는 집단 정체감을 형성하려는 행동적 특징을 지닌다. 이로 인해 따돌림을 목격하는 주변인들은 자신도 그러한 대상자가 될 수 있다는 불안감으로 이를 묵인하고 대상 학생과의 관계를 철회하거나 회피하는 등의 소극적인 동조를 하면서 직간접적인 피해를 경험한다(이규미 외, 2014: 23).

자와 둘이 있는 상황에서 괴롭히기보다는 무리로 있는 상황에서 더 가해행위를 일삼았다. 청소년들은 혼자 있을 때보다 무리로 있을 때 남의 감정을 헤아리는 데 둔감했다. 무리 속의 개인은 홀로 있을 때의 개인과 다른 행동을 했다.

주변인들은 또래 괴롭힘을 목격하며 가해자와 피해자에 대해 답 답함을 느꼈다. 소극적이어서 아이들과 친해지려는 노력을 하지 않고 친구를 사귀기 위해 다가가는 방법을 몰라서 괴롭힘을 당하는 피해 학생들이 주변인들은 안쓰러웠다. 또한, 괴롭힘 피해를 당하고 있는 학생들을 보며 자신들이 도와주는 데 한계가 있다는 것을 생각하며 안타까워하기도 한다.

한편 주변인들이 이렇게 피해 학생에 대해 가지는 안쓰러움은 방어 행동과는 별개였다. 즉 대부분의 주변인들이 피해 학생을 보고 안쓰럽다는 반응은 보였으나 이러한 학생들 중에서 많은 수는 방관하는 행동을 했다.

나. 또래 괴롭힘 상황에서 주변인이 취한 행동과 행동의 맥락

또래 괴롭힘을 목격했을 때 가해자와 피해자에 대한 주변인의 인식은 행동에 영향을 준다. 주변인이 또래 괴롭힘 상황에서 가해 학생을 어떻게 대하고 피해 학생을 어떤 시선으로 바라보는가는 중요하다. 어떤 방향으로 보느냐에 따라 중재와 개입의 방향이 달라진다. 피해자에게 문제가 있다거나 피해자가 원인을 제공하여 괴롭힘이 발생했다고 생각하는 주변인은 방어 행동에 적극적이지 않다.

또래 괴롭힘을 목격하게 되었을 때 주변인이 피해자를 몇 번 도와주었는데도 상황이 좋아지지 않고 괴롭힘 상황이 지속되면 가해자와의 관계를 생각지 않을 수 없게 된다. 더군다나 자신까지 피해를 받을 수 있겠다고 생각되면 방어 행동은 줄고 방관하는 태도로 바뀌어 간다. 또래 괴롭힘 상황에서 방어 행동에 나서지 못하고 방관 행동을 했던 학생들은 어쩔 수 없는 상황이었다고 이야기한다.

가해자가 괴롭힘 행동을 하고 있을 때 주변인이 직접 막아서는 방어 형태는 드물다. 가해자가 신체적으로 우위에 있으며, 대인관계에서 힘이 있었고 따르는 학생도 많아 주변인이 대놓고 나서서 방어 행동을 하기가 쉽지 않다. 대부분의 방어 행동은 피해자를 위로하고 챙겨주는 간접적인 방법이다. 피해자에게 다가가서 같이 앉아 주고, 토닥여 주고, 같이 식사해 줌으로써 따돌림 상태에서 벗어날 수 있게 해 주는 것이다. 또한, 그들은 학교폭력진술서를 써 주고, 선생님께 또래 괴롭힘 상황을 알리는 등의 방어 행동도 한다. 방어 행동을 하고자 했던 주변인들은 자신이 할 수 있는 방어의 형태를 찾아 행동했다.

또래 괴롭힘을 목격한 주변인은 어떻게 행동해야 할지 고심한다. 또래 괴롭힘을 목격한 자로서 방관해야 할지 방어를 해야 할지 선택해야 한다. 교실에 있는 학생은 역학구조와 관계로 엮여있다. 이 상황에서 주변인은 또래 괴롭힘 사건 당사자와의 관계를 중요하게 고려한다. 주변인은 그들의 친구들, 학급의 다른 학생들과의 사회적인 관계 때문에 또래 괴롭힘에 개입하지 못할 때가 많다. 주변인의 행동 선택에는 개인 특성(류경희, 2006; 신나민, 2012; 이상미 외, 2008)보다는 상황적 요인이 더 크게 영향을 미친다.

주변인의 행동은 개인적 특성이 아니라 학급의 맥락적 특성에 의해 더 많이 설명된다(이승연 외, 2012). 청소년 시기는 친구들과의 동조의식을 중시하고 무리 속에서의 관계를 중요시하는 시기다. 주변인이 다른 학생들과의 관계설정 문제 때문에 사회적으로 바람직한 현상인 방어 행동을 하기가 어려워지는 상황은 또래 괴롭힘을 줄이는데 부정적인 영향을 준다. 주변인들이 관계적 측면에서 손상을 받지 않으면서도 또래 괴롭힘 상황에서 방어 행동을 할 수 있는 분위기를 조성해 줄 필요가 있다.

가해 학생들이 누군가가 싫어서 따돌리고 있을 때, 방어 행동을 하려고 따돌림당하는 학생과 함께해 주는 주변인이 있다면 그 주변인도 피해자가 될 수 있다. 주변인이 피해자와 함께 있어 주는 방어 행동을 하다가 친구무리에서 떨어져 나올 수 있다는 생각이 들면, 그 주변인은 더 이상 방어 행동을 하기가 힘들다.

주변인의 또래 괴롭힘 상황에서의 행동은 상대적이고 가변성을 가진다(이종원 외, 2014). 주변인은 자신과 연관이 없으면 대부분 방관을 선택하지만, 피해자와 가깝거나 친할 경우에는 방어 행동을 한다. 학생들은 괴롭힘을 당하고 있는 대상이 자신의 친구일 때 개입하여 방어하는 경향이 많다(Coloroso, 2008; 염철현 역, 2013: 105).

그리고 주변인은 또래 괴롭힘 상황의 내막이나 사정을 모르는 경우 개입하기 어려워한다. 누가 가해자이고 피해자인지, 왜 또래 괴롭힘이 발생했는지, 어떤 전개상황인지 모를 때 주변인은 방관한다. 벌어지고 있는 상황에 대해서 잘 알지 못하는 경우, 주변인은 가해자가 피해자에게 하는 행위가 그럴만한 이유가 있을 것이라고 생각하는 경향이 강하다. 저간의 사정을 모르는 상태에서 또래 괴롭힘에 개입할 경우 주위에 있는 친구들의 지지를 얻지 못한다고 판단한다.

다. 주변인이 바람직한 행동을 하게 하는 환경

방어자 역할을 하는 주변인이 되기 위해서는 입장을 바꿔 생각할 필요가 있다. 가해자들이 피해자를 괴롭히고 있는 상황에서 피해자의 반응을 재미있어하며 웃는 주변인이 있다. 주변인이 가해행위를 보면서 재미있어하는 것은 괴롭힘 행위를 묵시적으로 동의하는 것이다. 주변인은 가해자의 입장에서만 또래 괴롭힘을 바라볼 것이 아니라 피해를 당하는 학생의 고통도 생각할 줄 알아야 한다. 이를 위해 학교에서는 실제적인 상황을 적용한 역할극과 같이 상대방의 마음을 이해해 보는 프로그램을 활용할 필요가 있다.

또래 괴롭힘을 목격한 주변인이 스스로 깨달아 방어 행동을 하는 것이 바람직하지만, 그렇지 못할 때는 옆에 있는 주변인이 알려 주어야 한다. 주변인이 다른 학생들에게 옳고 바른길을 알려주면 방어 행동을 하지 못했던 학생들도 또 다른 또래 괴롭힘 목격 상황에서 방어 행동을 하는 결과를 가져올 수 있을 것이다.

또래 괴롭힘을 허용하지 않는 교실 분위기를 만들기 위해서는 주변인이 먼저 나서는 것을 실천할 필요가 있다. 먼저 나서는 주변인이 있으면 다른 학생들이 방어하기가 쉬워져 괴롭힘이 발붙이지 못하는 교실이 된다. 주변인이 먼저 나선다는 것은 또래 괴롭힘이 일어나고 있는 상황에서 가해자에게 먼저 맞선다는 의미도 있지만, 가해자에게 가해행위는 안 좋다는 것을 말해주는 것, 방어 행동의 분위기를 만드는 것, 선생님께 알리는 행동을 하는 것을 내포한다.

또래 괴롭힘을 허용하지 않는 교실 분위기가 정착되면 방관하는 일이 오히려 부끄러운 일이 될 것이다. 이러한 교실 분위기를 만들면 많은 학생들이 친구 또는 다른 학생들과 관계가 얽히는 것을 염려하여 방어 행동을 못하는 일은 없을 것이다.

또래 괴롭힘을 줄이기 위해서는 반 활동을 통해 학생들이 친해질 기회를 만드는 것이 중요하다. 괴롭힘을 당하는 학생의 경우 특별한 기회가 없으면 한 교실에서 생활하더라도 다른 학생들과 친해지지 못하는 것이 현실이다. 그렇기 때문에 학년 초, 학기 초부터 일정한 시간을 정해 학생들이 친해질 기회를 제공하는 프로그램이 필요하다. 합창대회라든가 축구, 피구시합같이 반끼리 할 수 있는 활동을 마련하는 것이 필요하다.

서로를 친해지게 하는 단체활동은 학생들에게 재미를 느끼게 하려는 취지도 있지만, 활동을 통해서 사회적 관계를 형성할 수 있게 해 준다. 학생들은 함께 활동하면서 대인관계를 어떻게 해야 하고, 어떻게 팀워크를 만들어 가는지에 대한 방법을 배울 수 있다.

공감하고 다름을 인정하는 공동체 문화를 습득하는 것도 또래 괴롭힘을 줄이기 위한 방법이다. 반을 옮겨 오거나 전학을 온 학생이 따돌림을 당한 것은 학급의 학생들이 타인을 수용하지 못하고 공동체 의식이 부족했던 것과 관련이 있다. 타인의 관점을 수용할 줄 알고 더불어 살아가는 법을 배우고 실천할 수 있어야 한다. 다름에 대한 수용을 거부하는 문화가 강할수록 충돌이 생기고 또래를 괴롭히는 일이 발생하게 된다(이보경, 2014: 49). 학생들이 서로를 '우리'로 받아들이는 수용을 통해서 성숙해져 갈 때, 또래 괴롭힘은 줄어들게 될 것이다.

또래 괴롭힘 양상을 보면 남학생은 단순함, 여학생들은 복잡함으로 그려진다. 남학생 가해자는 신체적 폭력을 사용하는 데 비해, 여학생들의 괴롭힘은 언어적이고 내현적인 모습으로 나타났다. 여학생 또래 괴롭힘의 경우 소집단끼리 은밀히 진행될 때가 있어서 주위에서는 또래 괴롭힘이 있는지도 모르는 경우가 있다. 한편 또래 괴롭힘이 발생하면 교실에는 가해자, 가해자를 동조하는 학생들, 피해자, 피해자를 방어하는 학생들로 나뉘면서 함께 어울리는 풍경에서 싸늘해지는 모습으로 바뀐다.

또래 괴롭힘은 초등학교 고학년 시기에 나타나기 시작한다. 중학교에 들어와서는 1학년 입학 초기부터 다툼을 통해 서열이 정리되고 누가 친구가 많고 누가 약한 아이인지 어느 정도 분별이 된 후부터 괴롭힘이 잦아진다. 또래 괴롭힘은 1학년 중반 이후부터 2학년 시기에 한창 일어나다가, 중학교 3학년 때는 성숙한 인격의 성장이라는 내부적인 요인과 고등학교 입시도 준비해야 하는 등의 외부적인 요인의 영향을 받아 적어지는 양상이다.

2. 또래 괴롭힘을 줄이기 위한 실천

이 책은 또래 괴롭힘을 목격하고 있는 주변인에 관심을 두었다. 괴롭힘을 목격하고 있는 주변인이 또래 괴롭힘을 감소시킬 수 있는 긍정적인 역할을 할 수 있다고 보았기 때문이다.

가해자는 감정관리 능력의 부족 등으로 인해 또래 관계에서 요구되는 사회적 기술을 적절히 활용하지 못하는 경우가 많다. 학교에서는 학생들이 자신의 감정을 솔직하게 표현하도록 교육하고, 비폭력적인 방법으로 갈등을 해결하는 기술을 습득하도록 도움을 주어야 한다. 남을 괴롭히는 학생에게는 자아개념을 확립하고 자긍심을 살릴 수 있도록 가르쳐야 한다.

청소년 시기는 에너지가 넘치는 시기기 때문에 학교와 교실에서 이러한 에너지를 발산할 기회를 마련해 주는 것이 좋다. 남을 괴롭히는 것으로 자신의 서열이 높다는 것이나 권위를 인정받으려 하지 않도록 자기를 표현할 기회의 장을 마련해 주는 것이 필요하다. 청소년들에게 정상적인 에너지 발산의 기회가 없으면 남에게 피해를 주거나 비정상적인 방법으로 해소하는 경향이 있기 때문이다. 따라서 청소년들에게 각종 대회출전 등을 통해 실력을 발휘하게 함으로써 타인으로부터 인정받을 기회를 만들어주는 것도 고려해 볼 수 있다.

피해자를 보며 안쓰러워하는 도덕성을 지닌 주변인도 상황과 관계에 얽혀 방어적인 행동을 하지 않는 경우가 많다. 또래 괴롭힘을 목격한 주변인에 대한 도덕성 교육과 병행하여 방어 행동을 실천할 수 있는 환경을 만들어 주는 것이 중요하다.

또래 괴롭힘 주변인의 경험과 인식을 통해 교사와 교육에 주는 시사점을 정리하면 다음과 같다.

첫째, 교사는 또래 괴롭힘의 발생과 전개 상황, 사건의 당사자인 가해자와 피해자에 대한 정확한 인식이 있어야 한다. 약하고 친구가 없는 학생, 전학 온 학생, 반을 옮겨 온 학생, 특수 학급 학생, 장애를 가진 학생, 다른 학생들에게 행동이 이상하다고 놀림을 받는 학생, 무기력한 학생, 소극적인 학생들이 따돌림을 비롯한 괴롭힘의 피해자가 되기 쉬웠다. 교사는 이러한 학생들에게 주기적으로 관심을 가져야 한다. 피해를 당하고 있는 학생들은 다른 학생들과 교류를 잘하지 않는 데다가 활발하지도 않고, 다른 학생의 괴롭힘 행위에 대한 대응기술도 부족한 경우가 많기 때문이다.

교사는 피해자가 대인관계에서의 문제를 해결할 수 있는 능력을 발달시켜 주고, 괴롭힘을 당하고 있을 때 자기주장을 통해 맞닥뜨린 상황을 해결해 나갈 수 있도록 도와주어야 한다. 친구가 없는 학생에게 친구 사귀는 법을 알려 주고, 짝이 될 수 있는 학생을 만들어 주는 것도 좋은 방법이다. 또한, 피해당하고 있는 학생이 스스로 문제를 해결하기 어려운 경우가 많으므로 약점을 치유할 수 있는 전문가 상담이 이루어질 수 있도록 안내를 해 주어야 한다. 또래 괴롭힘 피해자는 사회성 계발을 위한 치료적 접근이 필요하다(임재연,

2013). 그렇지 않으면 지속적으로 또래 괴롭힘의 피해에 노출될 수밖에 없기 때문이다.

또래 괴롭힘 발생에 관한 개인 특성 요인 연구에 따르면 개인이 가진 특성 때문에 가해행위를 하게 된다(방기연, 2011; 최종진, 박균달, 구병두, 2013; 허승희 외, 2006). 반면에 필자는 또래 괴롭힘 행위를 상황적 요인으로 파악했다. 가해 학생이 지닌 개인적 특성보다는 학생들 간의 관계에 따른 상황 때문에 괴롭힘 행위가 일어나는 것으로 보았다. 공부를 잘하며 모범생이고, 선생님을 잘 따르고, 리더십이 있는 학생은 가해행위를 하지 않을 것이라는 판단은 맞지 않다. 상황에 따라 또래 괴롭힘 가해자가 되는 경우가 많으며, 또래 괴롭힘 피해를 받던 학생이 가해자가 되기도 한다. 교사는 주도성이 있고 모범생인 학생은 또래 괴롭힘 가해행위와 상관이 없다고 생각할 것이 아니라, 누가 남을 괴롭히는 행동을 하고 있는지 면밀히 살펴보아야 한다.

또한, 특수학급 학생이 일반 학급에 와서 수업을 들을 때 또래 괴롭힘을 당한 사례에 비추어 물리적인 통합교육을 하기 전에, 체계적인 계획을 세워 특수 교육, 장애인 교육을 해야 한다. 단순히 특수학급의 학생이 일반 교실에서 같이 공부하는 의미의 통합교육은 다른 방법으로 개선이 이루어져야 한다.

오늘날 통신기기의 발달로 학생들은 스마트폰과 PC를 일상적으로 사용한다. 학생들은 주로 SNS인 카카오스토리 등에 '반톡'을 만들어서 대화를 나누고 있는데, 또래 괴롭힘은 이러한 사이버 공간에서도 일어나고 있다. 가해 학생들은 자신들이 싫어하는 학생에게 사이버상에서 욕을 하고 비방을 하는 글을 써서 남들이 다 읽게 한다. 그리고 마음에 들지 않은 학생에게만 알려주지 않고 새로운 반톡을 만들어 그 학생을 따돌리기도 한다. 따라서 교사는 사이버상에서 어떤 일이 일어나고 있는지, 사이버상의 괴롭힘 행위는 존재하고 있지는 않은지에 대해서도 관심을 가져야 한다.

둘째, 교사는 또래 괴롭힘 사건을 처리하면서 누가 방어자인지, 가해자인지를 파악하는 분별력이 있어야 한다. 주변인이 방어 행동을 하기 위해 또래 괴롭힘 상황에 개입하면 얽히고 엮일 가능성이 있다. 교사가 보기에 방어자가 가해자의 모습으로도 보일 수 있다. 교사는 방어자를 가해자나 동조자로 취급하여 벌을 주거나 야단을 치면 안 된다. 상황을 면밀히 파악해 보고 방어를 하다가 생긴 일이면, 방어 행동을 하는 학생에게 지지와 칭찬을 해 주는 자세가 필요하며, 옳다고 생각하는 바를 행동으로 옮긴 학생에게는 격려해 주어야 한다.

또한, 방관하는 주변인 모두를 같은 부류로 취급하여 부정적으로 바라볼 필요는 없다. 방관자 중 많은 수는 피해자에 대하여 안타까워하며 미안한 마음과 불쌍한 생각을 하고 있었다. 그들은 많은 경우 주위에 있는 학생들과의 관계적인 측면 때문에 방어 행동을 실천으로 옮기지 못할 뿐이었다. 교사는 주변인들이 피해자에 대한 안타까움, 미안함에 그치지 않고 행동으로 나서서 피해자를 챙기고 방어할 수 있도록 방법을 알려 주어야 한다.

그리고 주변인이 작은 것에서 방어 행동을 시작할 수 있도록 분위기를 조성해 주고 힘을 북돋워 주어야 한다. 주변인이 방어하는 방법을 터득해 나가고 실천해 나가면 다음 또래 괴롭힘 상황에서는 방어 행동의 빈도가 높아질 것이다. 또한, 교사는 주변인들이 학생들 무리에서 떨어져 나오는 일이 없고, 주위 학생들과의 사이도 나빠지지 않으면서 방어 행동을 할 수 있는 분위기를 만들어 주어야 한다.

셋째, 학급의 활동이나 프로그램을 통해 학생들이 친해질 수 있도록 기회를 만들어 주어야 한다. 교사는 모둠 구성이나 조 편성을 할 때 대부분의 학생이 꺼려, 모둠과 조에 끼지 못하는 학생이 있는지, 모둠과 조에 속해 있더라도 은근히 따돌림을 받고 있지는 않은지 살펴보아야 한다. 필요할 때는 모둠과 조 편성에 개입하여 학생들이 함께 활동하는 데 도움이 되는 방향으로 지도해야 한다. 교사는 다양한 활동과 프로그램을 통해서 학생들이 어울릴 수 있는 분위기를 만들어 가야 한다.

더 나아가 학교에서는 방관을 부추기는 제도와 경향이 있는지 점검해 보아야 한다. 주변인이 방어 행동을 하다가 또래 괴롭힘에 연루되게 되어 증인으로 불리어 다니며 조사를 받는 상황이 되면, 방어한 학생은 내가 왜 방어 행동을 해서 불려 다니고 가해자에게도 안 좋은 소리를 듣고 있나 생각한다. 그런 경험이 있으면 다음에는 또래 괴롭힘을 보아도 방관하는 것이 상책이라고 생각하게 된다. 주변인이 피해자를 도울 때 발생하는 손실 지각보다는 이득에 초점을 두는 방안이 강구되어야 한다(서미정, 2008).

중등학교에서 또래 괴롭힘 예방 및 대책 교육과정 편성 시 고려할 점은 다음과 같다.

첫째, 교육과정은 청소년의 성별과 발달 단계를 고려해야 한다. 남학생은 외현적이고 단순한 방식으로, 여학생은 내현적이고 미묘하고 복잡한 방식으로 괴롭힘 행동에 관여하고 있다. 방어 행동의 경우 남학생들은 가해행위를 직접 몸으로 막고, 여학생들은 말로 말리는 경향이 있다. 이러한 남학생과 여학생의 특성을 고려해야 한다.

또한, 예방교육은 중학교에서 또래 괴롭힘이 본격적으로 나타나기 이전인 입학한 초기부터 실시하는 것이 중요하다. 또래 괴롭힘이 본격적으로 발생하기 전에 학생들을 사정査定하고 개입하는 것이 효과적이다(문영희, 2013).

둘째, 학생들이 사회적 관계를 배우는 데 도움을 주는 교육과정에 관심을 기울여야 한다. 한국의 청소년들이 다니는 중학교는 입시 위주의 주지 교과를 중심으로 교육과정을 운영하고 있다. 때문에, 학생들이 더불어 사는 삶을 배우고, 역지사지를 배울 수 있는 내용을 교육과정에 포함하는 것이 필요하다. 사회적 관계의 중요성을 습득하고 공동체로 살아가는 법을 알게 해야 한다.

괴롭힘이 없는 학교를 만들기 위해, 이론적 지식과 더불어 실제적으로 활용할 수 있는 교육과정을 확충해 갈 필요가 있다. 계획적, 의도적 교육과정 이외에도 잠재적 교육과정에도 관심을 가져 쉬는 시간, 점심시간, 청소시간에 학생들이 친하게 지낼 수 있는 환경을 조성해 주어야 한다. 또한, 중등학교의 창의적 체험활동을 적극적으

로 활용하여 학생들의 공동체적 삶의 자세와 건전한 경쟁을 익히는
활동을 교육하여야 한다.

▼

▼

부록

참고문헌

부록

또래 괴롭힘에 관한 질적 연구

연구자	연구 참여자	연구방법	주요 내용
Kleefisch (2007)	◦미국 인디애나주 지방 고등학교에 근무하는 여교사 9명, 남교사 4명, 총 13명 ◦장기간 또래 괴롭힘을 당한 피해 학생을 알고 있는 교사	◦각 참여자에게 10개의 면담 질문을 함 ◦각 참여자와 한 번의 면담을 했으며, 면담은 약 60분간 진행	◦고등학생 또래 괴롭힘 피해자에 대한 교사의 인식
Reed (2007)	◦설문조사를 토대로 관찰연구와 면담연구를 함, 설문조사는 학생들의 비평적 글쓰기 수업을 하기 전에 이루어짐 ◦관찰연구: 1교실 16명(남 6명, 여 10명) ◦의사소통 수업시간에 비디오카메라로 녹화 ◦면담: 4명(교사, 교장, 교감, 상담사)	◦미국 중서부에 있는 공립중학교 2학년 교실에서 비평적 글쓰기 수업을 통하여 또래 괴롭힘을 분석 ◦연구 내용: 목격한 또래 괴롭힘의 종류와 내용 ◦현장노트, 학생의 작문, 교실 토론 녹화물, 또래 상호작용 녹화물, 발표장면 녹화물 그리고 면담 녹음파일을 분석 자료로 함	◦연구문제 1. 비평적 글쓰기 활동이 학생에게 어떤 영향을 미쳤는가? 2. 학생주도의 프로젝트 활동은 또래 괴롭힘에 어떠한 영향을 미쳤는가? 3. 또래 괴롭힘은 또래 괴롭힘 예방에 관한 비평적 작문과 어떠한 관련이 있는가?

연구자	연구 참여자	연구방법	주요 내용
Harger (2009)	∘미국의 지방 초등학교 2개교에서 5학년 학생 53명, 교장·교직원 10명 총 63명과 면담을 통해 33시간의 녹음자료 얻음 ∘5학년 학생에 대한 참여관찰을 시행, 430시간 이상 관찰	∘드러나지 않는 학생들의 상황을 알고자 면담, 관찰연구 수행 ∘관찰은 5학년 교실에서 주로 이루어졌고, 식당과 운동장에서도 부수적으로 수행 ∘면담은 또래 간의 상호작용을 어떻게 하고 있는지 알아보기 위함	∘초등학교에서 발생하는 또래 괴롭힘과 교사들이 인지하기 어려운 학생들 간의 상호작용을 알기 위해 복합적인 방법을 사용

연구자	연구 참여자	연구방법	주요 내용
Solis (2009)	∘면담연구: 19명을 개별 면담, 개방형 질문을 사용 ∘학교 문서 자료 분석 ∘관찰연구: 복도, 식당, 스쿨버스 승강장 등의 장소에서 등하교 시간, 쉬는 시간, 점심 시간에 학생들 학교 생활 시간에 맞춤 ∘또래 괴롭힘에 관한 학급 토론: 연구자는 토론을 관찰, 591명의 학생들과 피드백을 함 ∘설문조사: 55명	∘면담 시간: 45분~90분, 두 달간 진행 ∘학교 문서 자료 분석: 또래 괴롭힘 징계에 관한 내용 분석 ∘관찰: 관찰 기록지에 해당 행동을 체크, 총 30시간 ∘또래 괴롭힘에 관한 학급 토론: 토론내용은 학생들의 또래 괴롭힘 경험, 연구자는 피드백 용지에 그 내용을 적은 후 분석 자료로 활용 ∘설문조사: 선택형 응답지, 16문항으로 구성	∘중학교 학생들의 또래 괴롭힘과 공격적인 상호작용에 관한 사례 ∘자료의 수집과 분석은 생태학적 모델에 근거함 ∘연구 내용: 또래 괴롭힘의 현상과 형태, 또래 괴롭힘과 공격에 관한 학생과 교직원의 인식, 또래 괴롭힘과 공격행위에 일조하는 학교 요인

Brown (2010)	◦또래 괴롭힘 피해 학생의 부모 ◦모 9명, 부모 1쌍 총 11명	◦반구조화된 질문으로 개별 면담 ◦면담시간: 45분~150분, 부족한 내용은 추가로 전화로 면담함, 분석은 현상학적인 방법을 사용	◦실례를 통하여 몇 가지 주제를 도출. 중학생 자녀의 또래 괴롭힘 피해에 대한 부모의 경험 ◦자녀가 당한 또래 괴롭힘의 발견, 신고, 이후의 삶으로 구분. 세 단계로 피해 학생 부모의 경험을 분석함
Lay (2010)	◦학창시절에 또래 괴롭힘을 경험했던 Estern New England 지방의 중학교에 근무하는 교사 20명	◦질적 연구의 한 방법인 현상학적 접근을 사용 ◦개방형 질문을 통한 개별 면담	◦주요 질문: 과거 개인의 또래 괴롭힘 경험이 근무하는 학교에서의 또래 괴롭힘 대응에 어떤 영향을 주었는가? ◦연구 참여자들은 학창시절 경험을 얘기함 ◦교사들이 근무하고 있는 학교에서 또래 괴롭힘 사건을 접했을 때의 경험을 분석

연구자	연구 참여자	연구방법	주요 내용
Pilkey (2011)	◦양적 연구, 질적 연구 병행 ◦양적 연구의 참여자: 중학교 1~3학년 516명 ◦질적 연구의 참여자: 중학교 3학년 학생 79명	◦7개의 개방형 질문에 Web 상에서 서술식으로 답글을 쓰게 함 ◦학생들이 컴퓨터에서 응답을 쓰는 데 약 20분 소요, 글을 쓰는 동안 어른들은 내용을 지켜보지 않음	◦중학교 학생들이 경험한 사이버 괴롭힘의 종류와 영향 ◦양적 연구로 중학생이 경험한 사이버 괴롭힘의 종류를 파악 ◦질적 연구로 중학생의 사이버 괴롭힘 경험과 영향을 분석
Murlette (2012)	◦텍사스 북쪽 지역 공립초등학교 상담사 28명	◦웹사이트를 통한 온라인상에서 개방형 질문으로 연구가 이루어짐 ◦연구 참여자는 에세이 방식으로 응답	◦초등학교 상담사들의 또래 괴롭힘 가해자, 피해자 가족과의 상호작용 전략과 경험
Paramo (2012)	◦또래 괴롭힘 위험요인, 보호요인, 예방 프로그램에 관한 실험연구 논문 25편을 분석함	◦논문 25편에 대해 체계적인 검토와 분석을 시행함	◦실증적인 자료가 나온 논문 분석을 통해서 위험요인과 보호요인을 밝힘 ◦논문 분석을 통해 시행되고 있는 또래 괴롭힘 예방프로그램의 성공과 실패 요인을 파악함
Kelly (2013)	◦12~13세의 또래 괴롭힘 피해 경험이 있는 학생 8명	◦면담연구 ◦면담 기간: 1개월 이상, 각 참여자와 1회 면담, 60~90분 소요	◦또래 괴롭힘 피해 경험에 대한 10개의 질문을 통해 심층면담 진행

최미경 외 (2001)	◦남 7명, 여 3명 총 10명	◦면담연구	◦또래 괴롭힘 피해 경험이 있는 중학생
박효정 외 (2006)	◦가해 학생 128 명, 학생부장교사 160명	◦한국교육개발원연구, 집단면담, 개인면담	◦학교 외적 요인, 내적 요 인, 개인적 요인 등에서 또래 괴롭힘의 양상, 원 인을 파악
이웅혁 (2006)	◦실업계고 남학생. 1학년 9명, 2학 년 3명 총 12명	◦면담연구, 비구조적 면담기법 사용	◦폭행 등을 행하는 이유 와 방식, 본인의 정서
문용린 외 (2007)	◦서울시 청소년 학 교폭력 상담기관 두 곳의 전화 및 사이버상담 사례 분석	◦상담사례 473건 분석 ◦초기코딩, 심층코딩, 주제생성의 단계를 거치는 개방적 코딩 방법을 사용	◦또래 괴롭힘과 관련하여 반복적으로 나타나는 내 용과 주제 도출

연구자	연구 참여자	연구방법	주요 내용
권현용, 김현미 (2009)	◦2000년 이후 출간된 상담 사례집에서 또래 괴롭힘 가해 사례 10건 분석 ◦가해자 10명(12~19세)	◦한국청소년상담원 등에서 출간된 상담사례집에서 10개의 사례 추출	◦사례집에 나타난 사례를 분석, 특히 가해 청소년의 심리 사회적 요인을 분석
김진호 (2009)	◦학교폭력 가해 청소년으로 법적 처벌이나 학교에서 사회봉사 이상의 징계를 받은 학생 ◦10명의 중·고등학생	◦면담연구	◦학교폭력 가해 청소년의 인간 관계적 특성
서정기 (2011)	◦피해자-가해자 대화모임에 참여한 피해자, 가해자, 당사자, 부모 13명	◦참여관찰, 심층면담, 2009년 7월~2011년 1월	◦자기 성찰, 상대방에 대한 감정, 갈등해결 경험
하정희 외 (2011)	◦폭력에 연루되어 폭력방지교육에 참여 중인 학생 중 여자 중학생 10명	◦면담연구, 반구조화된 개방형 질문	◦폭력 행위 이전의 경험, 가담 당시의 경험, 가담 직후의 경험

방기연 (2011)	∘또래 괴롭힘 담당 교사 10명	∘면담연구, 2010년 9월~2011년 9월	∘교사가 담당한 역할. 교사의 가해·피해 학생에 대한 인식, 또래 괴롭힘에 대한 인식, 교사의 대처방식과 그 어려움
이진숙 외 (2012)	∘14~19세 ∘남 6명, 여 9명 총 15명	∘면담연구	∘3개월 이상 또래 괴롭힘 피해를 당한 학생
이희연 (2013)	∘또래 괴롭힘 가해 또는 피해 경험 학생 ∘남 4명, 여 9명 총 13명	∘면담연구, 1인당 평균 2~3시간, 개인별 면담횟수 1회, 2013년 3월~5월 면담	∘또래 괴롭힘 가해 또는 피해의 경험
박일수 (2013)	∘초등학교 교사 5명	∘면담연구, 반구조화된 질문	∘또래 괴롭힘 예방 계획 및 예방프로그램은 무엇인가?
장가람 (2012)	∘교사 12명	∘면담연구, 포커스 그룹 연구, 반구조화된 질문, 2012년 3월~4월	∘학교폭력 발생의 원인, 학교폭력의 실태, 폭력 방지대책의 시행, 대책을 위한 제언
홍지영, 유정이 (2013)	∘피해 경험 어머니 10명	∘면담연구, 반구조화된 질문, 2012년 9월~11월	∘자녀가 경험한 또래 괴롭힘은 어떤 것인가? 사건 처리 과정에서 경험한 것은 무엇인가?

면담 전사자료

번호 : 04-01

참석자: 연구자, 참여자(동산중학교 2학년 5반 천OO, 여), 1회기

장소 : 동산중학교 상담실

면담일시 : 2014년 10월 15일

소요시간 : 32분 (오후 4:40~5:11)

연구자: 지금부터 면담을 하겠습니다. 1인당 면담시간은 30~50분 정도이고, 면담은 '예, 아니오.'의 폐쇄형 응답보다는 개방형의 응답으로 해 주셨으면 좋겠습니다. 그리고 비밀 보장이 됩니다. 연구자가 또래 학생들을 잘 모르니, 설명을 잘 해주면 고맙겠어요. 목격했던 또래 괴롭힘이 있으면 얘기해줄래요?

천OO: 저희 반이요, 원래 아이들끼리 사이가 좋았어요. 여자애들이 하나로 똘똘 뭉쳐있는 상태였는데. 8반에서 학교폭력대책자치위원회가 열리고….

연구자: 지금 몇 반인데?

천OO: 저 5반이요. 8반에서 학교폭력대책자치위원회가 열리고 어떤 애가 반을 옮겨오게 됐어요. 저희 반으로 여자애가요.

옮겨오기 전에 안 좋은 소문도 많았고 우리 반 애들이 반가워하지 않았거든요. 그전에 끼워주지 말자 이런 말도 많았고.

연구자: 미리?

천○○: 네, 미리. 그 애에 대한 소문이 안 좋았어요. 걔가 오니까 한마디로 남남이 된 거죠. 거의 우리 반이 아닌 것처럼…. 뒤에 앉아있는데 말 거는 사람도 없고, 그런데 그게 저희 반이 아무 말 안 하기도 했지만 걔도 아무 말 안 해서 저희가 아무 말 할 수도 없었어요. 쉬는 시간마다 나가서 말할 틈도 없었어요.

연구자: 그럼 8반에서는 어떤 일이 있었고, 언제 5반으로 넘어온 건데? 학생이 넘어온 날짜가 말이야.

천○○: 1학기 말이요. 이미 애들이 아주 친해질 대로 친해져 있었어요, 걔가 아마 학교폭력 때문에 학교폭력대책자치위원회가 열려서 온 애일 거예요. 피해자로 알고 있어요. 걔가 피해자인데 반을 옮겼더라고요. 근데 그게 말이 많았던 게 걔가 '피해자가 아니다. 반대쪽이 가해자인데 걔가 걸고 넘어져서…'라는 말이 있었어요.

연구자: 피해자이면서 가해자?

천○○: 사실 쌍방과실 이런 거였는데, 저쪽은 처벌을 받았고요.

연구자: 1학기 말쯤 오게 됐는데 오기 전에 끼워주지 말자고 얘기를 하곤 실제론 어떻게 됐는데?

천OO: 실제로도 끼워주지 않았죠. 안 끼워준 상태로 한참을 불편하게 갔어요. 사건이 일어나기 전에 끼워주지 말자고 한 중심인물이 있었거든요? 그런데 그 애가 왔는데, 그전에는 그렇게 욕을 하다가 옮겨 온 개한테 붙은 거예요. 무슨 일이 있었는지는 모르겠지만….

연구자: 아, 그 중심인물이 붙었던 거야?

천OO: 중심은 아니었지만, 계속 '나는 누가 우리 반에 오는 것이 싫다. 얘기도 하지 말자.' 이랬던 애가 있었거든요. 그런데 개가 새로 온 애하고 붙으면서 애들이 확 실망한 거죠. 그래서 둘만 우리 반에서 동떨어지는 사태가 발생했어요.

연구자: 그런데 왜 싫어했을까? 그 학생도 친해지면 좋았을 텐데….

천OO: 일단….

연구자: 오기 전부터 마음에 안 들었던 건가?

천OO: 오기 전에 마음에 안 들었던 것도 좀 있었는데 사실 왔을 때 차갑고, 별로 우리한테 마음을 열지 않았어요, 개도.

연구자: 아, 그 학생 자체도?

천OO: 중심적인 사건이 있었다고 한다면, '개가 원래 자기들 친구하고 화장실에서 우리 반 애들 욕하는 것을 우리 반 애가 화장실에 있다가 들은 거죠.' 그래서 '개가 우리 반 애들을 욕하더라 우리가 자기를 쌀쌀맞게 대하고 따 시킨다.' 이런 식으로 말을 한 거예요. 그래서….

연구자: 그래서, 어느 기간 동안 얼마만큼? 현재도 진행형인지, 아
　　　닌지? 지금은 상황이 다르게 반전이 됐는지 그대로인지?

천OO: 욕도 많이 먹고 애들이 뒤에서도 앞에서도 엄청나게 깠는데
　　　지금은 상황이 달라져서…. 우리 반 여자애들이 크게 세 무
　　　리로 나뉘어요. 하나가 제일 크고, 두 번째는 모범생 애들, 세
　　　번째는 주로 딴 반 애들하고 노는 그룹이 있었거든. 그런
　　　데 딴 반 애들하고 노는 그룹에 그 두 사람이 합쳐지면서 완
　　　전 우리 반에서 섬이 된 거죠. 욕을 안 먹던 세 번째 그룹까
　　　지도 우리 반에서 뭔가 따가 되는… 아, 이상한….

연구자: 그러면 한 반에 학생이 몇 명인데?

천OO: 서른세 명인가!

연구자: 서른세 명에서 여자 학생이 열일곱 명?

천OO: 네, 열일곱 명.

연구자: 열일곱 명 정도인데 큰 무리가 한 열 명 정도니? 큰 무리
　　　가 몇 명?

천OO: 큰 게 지금, 여섯 일곱 명!

연구자: 모범생 부류는?

천OO: 모범생 부류는 거기도 한 여섯 일곱 명 되는 것 같아요.

연구자: 그럼 딴 반하고 노는 그룹은?

천OO: 적어요. 서너 명 정도.

연구자: 아주 못 어울리는 상태에서 딴 반하고 어울리는 그룹이랑
　　　그래도 어울리는 그런 상태가 됐네요?

천OO: 그렇죠. 그런데 우리 반에서는 확 갈라져 버린….

연구자: 그런데 그 피해 학생은 왕따를 주로 당한 거죠? 다른 피해를 본 것은 없고?

천OO: 네, 왕따랑 뒷담화라든지 왕따를 당한 거죠. 잠깐이긴 했지만.

연구자: 그러면 다른 학생들이 등장한다면 그들은 역할을 했어요? 남학생들이라든가.

천OO: 특별히 등장한 사람은 없었어요. 저도 큰 무리에 속해있기는 한데, 반 전체 분위기가 어땠느냐면요, 그중에 목소리가 큰 애들 있잖아요! 걔내 말에 다들 그냥 따라가는 그런 분위기였어요. 안타깝죠.

연구자: 그 사건에서 본인은 어떻게 했어요? 행동을 보고서. 1학기 말에 반을 옮겨 왔을 때랑 그런 일이 생겼을 때.

천OO: 걔가 오기 전에, 애들이 소문을 만들어 낼 때 저는 그다지 큰일을 하지는 못했어요. 우리는 아직 실제로 본 애는 아니니까, 함부로 말하는 것은 아닌 것 같다고 애들하고 얘기할 때 말했었어요. 걔가 와서 지내보고 진짜 안 좋은 애면 어떻게 하는 게 낫지 않을까 하는 얘기를 했었는데, 막상 왔을 때는 애들이 다 등을 돌려서 대놓고 나서서 하지는 못했고요. 다른 애들이 완전 차가운 상태라면 저는 그렇게 피해자 학생하고 단절된 상태는 아니었어요. 가끔 학교 밖에서 만나면 인사하는 정도였거든요.

연구자: 그래서 그런 본인의 행동이 주도적으로 가해하는 학생한
　　　　테 어떤 영향을 미친 것이 있어요?

천○○: 큰 영향은 못 미쳤죠. 행동이 너무 작아서.

연구자: 그러면 피해받는 학생에게 본인의 행동으로 어떤 영향 미
　　　　친 것은 있어요?

천○○: 그것도 없는 것 같아요.

연구자: 그래요. 그럼 1학기 말에 반을 옮겨 오고 그 상황에서 어
　　　　떤 생각이 들었어요? 감정이나 생각 같은 거요. 그런 상황
　　　　을 보면서 어떤 생각이 들었어요?

천○○: 일단 걔가 반을 옮긴다고 할 때 처음에는 놀랐는데, 애들
　　　　이 계속 안 좋은 소문으로 말하고 다니니까, 약간 불안했어
　　　　요. 걔가 오면 진짜 왕따가 실제로 일어날 것만 같아서 불
　　　　안했고, 왕따를 당할 때 불편했어요. 즐거운 교실이었는데
　　　　어딘가 모르게 싸해진 느낌!

연구자: 음, 그럼 그 2학년 1학기 시작할 때부터 그 학생이 올 때
　　　　까지는….

천○○: 잘 지냈어요! 우리 반.

연구자: 아, 그러면 지금은 어때요?

천○○: 지금은 그 그룹이 조금 떨어져 있고 뒤에서 까긴 하지만
　　　　(멋쩍은 웃음) 그렇게 동떨어진 정도는 아니에요. 많이 나아지
　　　　긴 했어요. 불편했는데 크게 나서질 못해서 피해자에게 미
　　　　안하기도 했어요. 그럼에도 어쩔 수 없는 게… 자책감!

연구자: 음, 그러네요. 그 가해하는 학생에 대해서는 어떤 생각이 들었어요? 주동적으로 가해하는 학생들에 대한 생각은?

천○○: 다 친하고 착한 애들인데 갑자기 왜 이러지 하는 생각. 직접적으로 해한 게 없는데 왜 저럴까! 하는 생각.

연구자: 그래서 왜 저럴까! 하고 생각했는데 어떤 대답을 얻었어요? 왜 저럴까 하는 생각했어요?

천○○: 그러게요, 잘 모르겠어요. 그렇게 밀어낼 것까지는 아니었던 거 같은데, 왜 그랬는지 모르겠어요.

연구자: 그러면 피해를 당하게 된 학생에 대해서는 어떤 생각이 들었어요?

천○○: 답답했어요. 자기가 처음 왔으면 먼저 애들하고 얘기도 하려고 하고 쉬는 시간에 남아서 얘기할 틈이 있었으면 그래도 애들이 그렇게 나쁘게 생각하지 않았을 텐데 자기가 혼자 겉도는 걸 선택한 것처럼 보였어요. 그래서 답답했어요.

연구자: 이런 생각들이 그때부터 지금까지 같은 생각이었어? 아니면 중간에 생각이 변하고….

천○○: 어떤 생각이요?

연구자: 그러니까 피해자나 가해자에 대한 생각! 처음에 가졌던 생각!

천○○: 가해자를 보면서 처음에는 '왜 그러지?'라고 생각 했는데 그게 계속되다 보니까 불편해졌어요. 우리 반의 평화를 깨려는 것 같았어요.

연구자: 아, 가해자에게도 불편한 생각이?

천OO: 네, 들었어요.

연구자: 그러면 또래 괴롭힘을 목격하면 늘 이때의 사건처럼 행동
해요? 아니면, 어떻게?

천OO: 제가 목격한 사건이 별로 없어요. 이것도 한참 생각하다가
'아 맞다.' 하고서 가져온 건데. 그다음에는 없었어요. 직접
적으로 목격한 건 이번이 처음인 것 같아요.

연구자: 그래요. 그래서 본인이 이 사건을 목격하고 취한 행동에
대해서는 어떤 생각이 들었어요?

천OO: 사실 부끄러운 행동이죠. 나서서 그 친구랑 친구가 되어
주면서 이어줄 수도 있었는데…. 그런데 또 한편으로는 '그
럴 수밖에 없었다.'라는 생각도 있기는 해요.

연구자: 그런데 아까 말했던 그 한 명이 그 친구랑 놀아주는 바람
에 그 친구도 그런 거 보면 걔랑 놀면 나도 그렇게 되겠다
이렇게 생각도?

천OO: 그게 그런 생각은 없었거든요. 왜냐면 갑자기 붙은 애가
방식이 별로였어요. 다 같이 끼워주는 분위기였으면 괜찮았
을 텐데 자기 혼자만 걔를 에워싸고 오히려 더 분리시키려
는 약간 그런 것이 있었거든요. 걔랑 같이 우리 욕하고 그
러니까 우리들은 걔가 싫어질 수밖에 없었어요.

연구자: 1학년 때도 반에서 여학생들끼리 부류가 나뉘어요? 아까
세 부류라고 그랬는데?

천OO: 그게 반에 따라서 다른데, 우리 반은 그래도 덜한 편이에 요. 우리 반은 다 같이 잘 어울리는 반이에요.

연구자: 아, 반에 따라 달라진다?

천OO: 이게 놀 때 합쳐지기도 해요. 그래도 우리 반은 괜찮은데 다른 반, 옆 반 같은 경우만 봐도 아예 학기 초에 확 나뉘어 서 그다지 같이 놀지 않는 그런 반도 있더라고요.

연구자: 밥 먹을 때도 친한 학생들끼리만 먹고?

천OO; 네, 꼭 그러는 것은 없는데 대부분 그래요.

연구자: 본인이 목격하고 취한 행동에 대해서 다른 학생들은 학생 을 어떻게 대했어요?

천OO: 저도 같이 끌고 가려고 했죠. 그런데 제가 그러려는 생각 이 없는 것을 팍팍 티 냈거든요.

연구자: 무슨 생각을요?

천OO: 나는 걔를 따돌릴 생각이 없다는 것을요. 게네가 걔를 욕 할 때는 뚱한 표정으로 계속 듣고만 있다거나 자리를 피하 고 그랬으니까 뭐라고 하지는 못했어요, 사실. (웃음) 그랬으 니까 처음에는 저도 같이 끌고 가려고 하다가 나중에는 제 앞에서는 게네 욕을 안 하게 되더라고요.

연구자: 그리고 다른 학생들은 어떻게 했어요? 주로 그 학생을 왕 따시킨 학생도 있었을 거고 그 나머지 학생들 어떻게 행동 을?

천OO: 게네도 가만히 있었어요.

연구자: 그렇게 가만히 있는 학생들을 보고 어떤 생각이 들었어요?

천○○: 답답했어요. 목소리 큰 애들한테 끌려다니는 게 답답하고 바보 같다는 생각!

연구자: 그래요. 또래 괴롭힘 사건에서 선생님의 태도는 어땠어요? 선생님은 알고 있었어요?

천○○: 네, 알고 있었어요.

연구자: 어떤 태도를 취했어요?

천○○: 피해자가 반을 옮기면서 걔는 우리 반에서 얘기할 사람이 없잖아요. 그러니까 맨날 교무실에 가서 선생님이랑 얘기를 했거든요. 그런데 선생님은 다 알고 있음에도 그다지 큰 조치를 취하진 않으셨어요. 계속 자리를 옮긴다거나, 놀아줄 것 같은 애들 사이에 끼워 넣는다거나, 그런 식이었어요. 사실 두 명이 된 계기도 잘은 모르지만 아마 중간에 선생님이 있었을 것 같아요.

연구자: 그러면 그래도 선생님이 많은 역할을 하셨네요?

천○○: 그렇죠. 그런데 나서서 해 주셨으면 좋겠는데 계속 뒤에서만 하고, 큰 역할을 해주지 못하셨어요. 그리고 그 아이를 붙인 것도 그렇게밖에 할 수 없었나…. 왜냐하면 그 아이까지 다 같이 욕먹게 됐거든요.

(중간 생략)

연구자: 그렇죠. 학교, 우리 반 학생들 분위기, 학생들 전체 분위기가?

천OO: 이 사건처럼 그대로 놔둘 거 같아요. 아무것도 안 하고. 그냥 휩쓸려 가면 휩쓸려 가는 대로. (허탈한 웃음)

연구자: 그러면 오늘 여기까지 하기로 하고요. 또래 괴롭힘 사건 얘기에 대해서 빠뜨렸던 얘기가 있다거나, 전개 과정에서 사건이 있었다거나, 어떤 할 이야기가 있어요?

천OO: 다 말한 것 같은데요! (웃음)

연구자: 그럼 면담을 마치겠습니다.

[부록 3]

종합개요구성

영 역	추출 총괄 영어	1차 종합개요	2차 종합개요	3차 종합개요
1 목격한 또래 괴롭힘	◦욕(언어폭력)을 심하게 함 ◦보통 애들과 다르게 행동하는 애를 따돌림 ◦전학생이 따돌림을 당함 ◦반을 옮겨온 애를 따돌림 ◦신체적 폭력을 가함 ◦마음에 안 드는 행동을 한다고 심하게 욕함 ◦반 학생들하고 사이가 안 좋은 한 학생을 따돌림 ◦학생들이 불편하게 여기는 학생을 욕하고 시비를 검 ◦사이버상인 반톡에서 피해자를 괴롭힘 ◦싫어하는 행동을 많이 하는 애를 따돌림 ◦특수 학급 학생에 대한 언어폭력과 신체폭력 ◦행동이 느리고 뚱뚱하다는 이유로 따돌림 ◦따돌림당하는 애에게 장난치고 비웃음 ◦가해 무리가 피해자에게 심한 욕을 함 ◦힘이 약한 친구를 놀리고 따돌림 ◦마음에 안 든다는 이유로 카카오스토리에서 욕하고 나쁜 글을 올림	◦보통 애들과 다르게 행동하는 애를 따돌림 ◦전학생이 따돌림을 당함 ◦반을 옮겨온 애를 따돌림 ◦싫어하는 행동을 많이 하는 애를 따돌림 ◦마음에 안 드는 행동을 한다고 심하게 욕을 함 ◦SNS상에서 욕하고 나쁜 글을 올림	◦따돌림: 자신과 다른 애, 싫어하는 행동을 많이 하는 애 ◦언어폭력: 마음에 안 드는 애	◦따돌림: 우리와 다른 애 ◦언어폭력: 마음에 들지 않는 애

| 2-1 주변인이 목격한 가해자는? | ◦자신이 우월하다고 생각
◦피해자에 의해 가해 행위자로 지목되는 경우도 있음
◦친구가 많고, 위엄 있어 보이려고 함
◦주도성이 있음
◦무리 지어 다니며 두려움 없이 행동함
◦불량한 학생과 어울리다 가해자가 됨
◦피해자를 마음에 안 들어함
◦괴롭히는 맛이 있음
◦친구들이 따라오는 리더십 있는 학생
◦가해자와 피해자 간의 트러블 때문에
◦서열이 높은 학생
◦자신을 높이고 타인을 낮춤
◦자주 화내는 성격
◦상황 때문에 할 수 없이 가해자가 됨
◦감정을 가해로 표현
◦피해자가 약하고 반응이 재미있어서
◦충동적임 | ◦자신이 우월하다고 생각
◦친구가 많고 주도성이 있음
◦친구들이 따라오는 리더십 있는 학생
◦자신을 높이고 타인을 낮춤
◦감정을 가해로 표현
◦피해자가 약하고 반응이 재미있어서 | ◦자신이 우월하다고 생각
◦친구가 많고 주도성이 있는 학생
◦자신을 높이고 타인을 낮춤
◦피해자가 약하고 반응이 재미있어서 | ◦가해자: 주도성, 많은 친구, 자신을 높이고 타인을 낮춤 |

2-2 주변인이 목격한 피해자 는?	◦어투, 행동, 표정이 이상함 ◦어울리지 못함 ◦소심함 ◦특이한 행동을 함 ◦친구가 없음 ◦스스로 거리를 둠 ◦학생들에게 다가오려 하지 않음 ◦성격이 안 맞음 ◦무기력함 ◦행동이 답답함 ◦사회적으로 불리한 학생 ◦학생들이 싫어하는 이상한 행동을 함 ◦뚱뚱하거나 지체아이거나 느린 학생 ◦남과 다르고 약함 ◦가해자가 걸고넘어지는 학생 ◦의사소통을 안 함 ◦내성적임 ◦뒷담화를 함 ◦자기 의사를 표현을 잘하지 못함 ◦다수 학생들이 자신과 다르다고 생각 ◦마음에 들지 않으며 만만한 학생	◦어투, 행동, 표정이 이상함 ◦어울리지 못함 ◦소심함 ◦무기력함, 느림 ◦친구가 없음 ◦스스로 거리를 둠 ◦사회적으로 불리한 학생	◦어투, 행동, 표현이 이상함 ◦소심함 ◦무기력함, 느림 ◦친구가 없음	◦이상함 ◦무기력 함 ◦소심함 ◦친구가 없음

3 또래 괴롭힘을 목격하며 든 생각	◦가해자가 이러면 안 될 텐데 ◦피해자가 힘들었겠다고 생각 ◦학생들과 친해지려고 노력하지 않아 　안쓰러움 ◦피해자에게 답답함을 느낌 ◦안쓰러워 도와주고 싶었음 ◦불쌍하기도 하고, 답답해 보였음 ◦이유 없이 피해자를 괴롭히는 게 이 　해 안 됨 ◦딱하고 안쓰럽다 ◦가해자의 입장이 이해가 됨 ◦반 친구로서 이건 아니다 ◦안 어울려 주는 모습에 반 학생으로 　서 미안함 ◦같이 놀아주지 않고 건드리는 게 너 　무 하다고 생각함 ◦괴롭힘 당하는 것을 보기 싫고 가해 　행위를 그만뒀으면 좋겠음 ◦괴롭힘당하는 것이 불쌍했음 ◦중재를 못해서 후회됨 ◦가해자에게 화남 ◦가해 학생들이 하는 행동이 이해 안 　됨 ◦측은해 하는 마음 ◦피해자가 한 행동의 대가라고 생각 ◦가슴이 아픔 ◦당황스러움 ◦피해자가 버텨왔음을 생각함	◦가해자가 이러면 　안 될 텐데 ◦피해자가 힘들었겠 　다고 생각 ◦학생들과 친해지려 　고 노력하지 않아 　안쓰러움 ◦안쓰러워 도와주 　고 싶었음 ◦피해자에게 답답 　함을 느낌 ◦안 어울려주는 모 　습에 반 학생으로 　서 미안함 ◦가해 학생들이 하 　는 행동이 이해 안 　됨 ◦가해자에게 화남 ◦불쌍하고 측은함	◦답답해 보 　였음 ◦이러면 안 　될 텐데 ◦안쓰러움 ◦안 어울려 　주는 모습 　에 반 학생 　으로서 미 　안함 ◦불쌍하고 　측은함 ◦가해자의 　행동이 이 　해가 안 됨	◦전체적: 　답답함 ◦가해자: 　이러면 　안될 텐 　데 ◦피해자: 　안쓰러움

4-1 내가 취한 행동	◦가해자에게 그만하라고 함 ◦피해자에게 조언해 줌 ◦피해자를 뒤에서 도와줌 ◦가해자가 나의 친구라 막지 못함 ◦대놓고 나서지 못했으나 인사하고 지냄 ◦폭력행위를 막음 ◦직접 나서서 막지는 못했으나 상담해 주고 달래줌 ◦다른 학생들처럼 나도 피해 학생을 꺼려함 ◦피해자를 좋아하지 않았기에 아무것도 안 함 ◦방관하며 관심을 갖지 않음 ◦가해행위에 동조하지 않으려고 함 ◦혼자 두지 않고 챙겨줌 ◦심할 경우 말림 ◦같이 따돌림당할까 봐 가만히 있었음 ◦선생님께 말함 ◦피해당하고 싶지 않아서 방관 ◦당황스러워서 가만히 있었음 ◦피해자를 보호해줌 ◦피해자를 위로해주고 신고하는 데 도움을 줌	◦가만히 있음 ◦대놓고 나서지 못함 ◦직접 나서서 막지는 못했으나 상담해 주고 달래줌 ◦같이 따돌림당할까 봐 가만히 있었음 ◦피해당하고 싶지 않아서 방관 ◦다른 학생들처럼 나도 피해 학생을 꺼림 ◦혼자 두지 않고 챙겨줌	◦방관: 대놓고 나서지 못했음, 같이 따돌림을 당할까 봐 가만히 있었음, 다른 학생들처럼 나도 피해 학생을 꺼림 ◦방어: 혼자 두지 않고 챙겨줌, 직접 나서서 막지는 못했으나 상담해 주고 달래줌	◦방관: 가만히 있었음 ◦방어: 챙겨줌

4-2 나의 행동에 대해 든 생각	◦내가 도움을 준 방식이 맞는 방법이었다고 생각 ◦스스로 잘했다는 생각이 듦 ◦지켜본 나 자신이 나빴다고 생각 ◦피해자에게 미안하고 자책감이 드나 그때는 어쩔 수 없었다고 생각 ◦피하게 돼서 미안했음 ◦안 도와준 게 후회됨 ◦나의 방관은 자신감의 결여였다고 생각 ◦내가 이기적인 측면이 있었음 ◦뿌듯하고 착한 일 했다는 생각 ◦내가 행동을 잘했다고 생각 ◦특별하게 든 생각 없음 ◦왜 가만히 있었나 싶고 말렸으면 좋았겠다고 생각함 ◦가만있었던 내가 바보 같았음 ◦뿌듯한 느낌	◦지켜본 나 자신이 나빴다고 생각 ◦피해자에게 미안하고 자책감이 드나 그때는 어쩔 수 없었다고 생각 ◦안 도와준 게 후회됨 ◦왜 가만히 있었나 싶고 말렸으면 좋았겠다고 생각함 ◦내가 도와준 방법이 맞는 방법이었음 ◦뿌듯하고 착한 일 했다는 생각	◦방관: 피해자에게 미안하고 자책감이 드나 그때는 어쩔 수 없었다고 생각, 왜 가만히 있었나 싶고 말렸으면 좋았겠다고 생각함 ◦방어: 뿌듯하고 착한 일을 했다는 생각, 내가 도와준 방법이 맞는 방법이었음	◦방관: 어쩔 수 없는 상황 ◦방어: 뿌듯함

4-3 나의 행동으로 인한 영향	◦피해자가 스트레스를 덜 받고 웃는 얼굴이 됨 ◦가해자에게 영향 주지 못했고 피해자에게 도움이 되지 못함 ◦가해자, 피해자에게 영향을 못 미침 ◦피해자가 더 이상 폭력을 당하지 않음 ◦진술서를 써주고 또래 상담을 통해 해결에 기여함 ◦거의 영향을 못 미침 ◦가해자는 자제하게 됨 ◦피해자는 나를 좋아하게 됨 ◦같이 있을 수 있는 분위기를 만들어 줌 ◦피해자가 친구도 생기고 활동량이 늚 ◦피해자에게 심적 위로를 줌 ◦가해행위를 막고 피해자에 도움 줌	◦가해자, 피해자에게 영향을 못 미침 ◦피해자가 스트레스를 덜 받고 웃는 얼굴이 됨 ◦가해행위를 막고 피해자를 도움	◦방관: 가해자, 피해자에게 영향을 못 미침 ◦방어: 피해자가 스트레스를 덜 받고 웃는 얼굴이 됨, 가해행위를 막고 피해자를 도움	◦방관: 가해자, 피해자에게 영향을 못 미침 ◦방어: 가해행위를 막고 피해자를 도움
5-1 내 행동 의 이유	◦가해자와 친구라서 말리지 못함 ◦다른 학생들이 피하니까 나도 피하게 됨 ◦나와 상관없는 일 ◦같이 따돌림을 당할까 봐 가만히 있었음 ◦끼어들면 더 심해질까 봐 보기만 함 ◦트러블에 개입하여 피해를 받고 싶지 않았음 ◦용기가 없어서 직접 나서지 못함 ◦비슷한 일로 피해를 당해 봐서 도움을 줌	◦나와 상관없는 일 같이 따돌림을 당할까 봐 가만히 있었음 ◦트러블에 개입하여 피해를 받고 싶지 않았음	◦트러블에 개입하여 피해를 받고 싶지 않았음	◦개입하여 피해를 입을까 봐

5-2 내 행동의 이유 (내가 피해를 입는 부정적 결과 예상)	◦가해자가 친구가 더 많음 ◦가해자가 힘이 있음 ◦친구들이 떠나버리고 나도 따돌림당 　함 ◦피해자가 도움을 거부함 ◦가해자가 친한 친구라서 ◦자기가 안 해도 말릴 사람이 많다는 　생각 ◦'나만 아니면 돼' 라는 생각을 가짐 ◦방어하다 친구와 엮임 ◦또래 괴롭힘이 될 정도라고 심각하게 　생각하지 않음 ◦말리다가 그 사건에 끼어들까 봐 ◦가해자 친구들이 엮여있어서 ◦피해자 편에 서면 가해자랑 사이가 　나빠질까 봐 ◦가해자가 우위에 있음 ◦가해자가 서열이 높음 ◦동조자의 수가 많아서 목격자로 나서 　면 피해를 볼 수 있음 ◦피해자를 위해 몰래 진술서를 써 준 　게 비밀 보장이 안 됨 ◦방어해주다 피해자가 될 수 있음 ◦가해자를 따르는 학생들이 많음 ◦관계되고 싶지 않음 ◦나에게 영향을 미칠까 봐 두려움 ◦가해자 피해자가 같은 반이라 어느 편 　에 서기가 애매함	◦가해자가 힘이 　있고, 친구가 　더 많음 ◦친구들이 떠나 　버리고 나도 　같이 　따돌림당함 ◦가해자가 친한 　친구라서 ◦자기가 안 해도 　말릴 사람이 　많다는 생각 ◦방어하다 　친구와 엮임 ◦말리다가 　그 사건에 　끼어들까 봐	◦가해자가 　힘이 있 　고, 친구 　가 더 많 　음 ◦방어하다 　친구와 엮 　임 ◦말리다가 　그 사건에 　끼어들까 　봐 ◦내가 친구 　무리에서 　떨어져 나 　올 수 있 　음	◦방어하다 　친구들과 　엮임 ◦내가 친구 　무리에서 　떨어져 　나올 수 　있음 ◦가해자가 　힘이 있고 　따르는 　학생이 　많음

6 주변인은 어떤 상황에서 어떻게 행 동하는가	◦분위기에 따라 다름 ◦피해자가 원하는 방향으로 도와줌 ◦가해자가 잘못이라고 판단되면 방어해 줌 ◦가해자와 친분이 있을 때는 동조, 중립 에 서 있을 때는 방어 ◦심할 때는 말리고 그렇지 않으면 나서 지 않음 ◦주변에 엮인 애들이 없으면 방어함 ◦가해자가 힘이 세면 방관함 ◦주위에 애들이 적극적으로 말리면 같 이 말림 ◦나를 귀찮게 했던 학생이라 행동을 안 함 ◦주변에 보는 눈이 많으면 방어, 관심이 없으면 방관 ◦억울한 상황이면 들어줌 ◦싫은 아이면 방관, 피해당할 이유가 없 다고 생각되면 방어 ◦애들이 도와주면 같이 도와줄 수 있음 ◦괴롭히는 애들이 많으면 방어, 피해가 별로 없으면 방관 ◦사소하면 방관, 일이 커지면 방어 ◦피해자의 친절함이 발견되면 도와줌 ◦친하지 않을 때는 방관 ◦가해자가 안 보이는 상황에서 피해자 를 도와줌 ◦사건을 자세히 알면 도와줌 ◦심각해지면 선생님께 알림 ◦피해자와 친할 경우 방어, 그 상황을 모를 경우 방관 ◦장난일 때는 방관, 심각할 때는 방어 ◦한쪽만 일방적으로 당할 때는 방어 ◦분위기가 가해자가 불리한 분위기이 면 방어	◦분위기에 따라 다름 ◦가해자와 친분이 있을 때는 동조, 중립에 서 있을 때 는 방어 ◦심할 때는 말리고, 그렇지 않으면 나서지 않음 ◦주변에 엮인 애들 이 없으면 방어 ◦애들이 도와주면 같이 도와줌 ◦가해자가 안 보이 는 상황에서 피해 자를 도와줌 ◦피해자와 친할 경우 방어, 그 상황을 모를 경우 방관 ◦친구라면 도와주고, 나와 관련이 없으면 도움 주지 않음	◦나와 연관 이 없는 경우 방관 ◦피해자와 친할 경우 방어 ◦방어할 분위기가 형성되면 방어 ◦벌어지고 있는 또래 괴롭힘 상황을 모르는 경우 방관	◦나와 연관이 없는 경우 방관, 피해자와 친할 경우 방어 ◦벌어지고 있는 또래 괴롭힘 상황을 모르는 경우 방관 ◦방어할 분위기가 형성되면 방어

7 동조자, 방관자를 방어자가 되게 하기	◦친구들이 가해자에게 왜 그러면 안 되는지 알려줌 ◦방관자(동조자)에게 피해자의 마음 을 알려줌 ◦동조하면 안 되는 이유를 알려줌 ◦피해자 입장에서 서서 동조하지 말 라고 말함 ◦입장 바꿔 생각해 보기 ◦왜 동조해 주는지 이유를 물어보고 못하게 함 ◦한 사람이라도 제대로 대처하자 ◦리더십있는 학생이 피해자 편에 서 는 것이 중요 ◦같이 볼 친구들이라는 마음 가지기 ◦피해자를 혼자 두지 않음 ◦피해자의 입장을 역지사지 ◦가해자가 우위에 있는 분위기를 만 들지 않음 ◦괴롭힘 사건에 관심을 가지고 옳고 그름을 깨우쳐야 함	◦방관자(동조자)에 게 피해자의 마음 을 알려줌 ◦동조하면 안 되는 이유를 알려줌 ◦입장 바꿔 생각해 보기 ◦같이 볼 친구들이 라는 마음 가지기 ◦괴롭힘 사건에 관 심을 가짐 ◦옳고 그름을 깨우 쳐야 함	◦바른길 알려주기 ◦입장 바꿔 생각해 보기 ◦괴롭힘 사건에 관심을 가짐 ◦옳고 그름을 깨우쳐야 함	◦입장바꿔 생각해 보기 ◦관심을 가 지고 옳고 바른길 알려 주기

| 8 또래 괴롭힘을 허용하지 않는 교실 분위기 만들기 | ◦먼저 나서서 괴롭힘을 막는 것이 중요
◦편을 가르지 말고 화해시키는 행동을 함
◦가해자에게 미래에 악역향이 됨을 알려줌
◦반 전체 학생이 두루 다 친한 게 중요
◦보고만 있지 말고 말림
◦같이 나서서 괴롭힘을 막음
◦가해자에게 단호하게 대함
◦선생님께 알림
◦끼리끼리보다는 함께 어울림
◦한 명이라도 괴롭힘을 못하게 막자
◦친해지는 활동 필요
◦피해자가 어울릴 수 있는 친구 찾아 같이 놀게 함
◦피해자도 자신의 태도를 바꿔 친해지려고 해야 함
◦다 같이 친하게 어울림 | ◦편을 가르지 말고 화해시키는 행동을 함
◦반 전체 학생이 두루두루 친한 게 중요
◦가해자에게 단호하게 대함
◦한 명이라도 괴롭힘을 못하게 막자
◦다 친하게 어울림 | ◦먼저 나서는 것이 중요
◦편을 가르지 말고 화해시키는 행동을 함
◦반 전체 학생이 두루두루 친한 게 중요
◦한 명이라도 괴롭힘을 못하게 막자 | ◦먼저 나서기
◦편 가르지 않고 다 같이 어울림 |

| 9
또래
괴롭힘
감소를
위한
교실에서
의 노력 | ◦선생님이 서둘러 마무리하려고
  하지 않았으면 함
◦감정표현, 공감능력 배양 교육
◦즐겁게 어울릴 수 있는 교육이
  중요함
◦서열이 없어지면 될 것
◦피해자, 가해자에 대한
  적극적이고 지속적인 관심
◦토론형식의 강의가 좋음
◦친밀감 쌓는 활동하기
◦선생님이 한 학생의 의견을
  다른 학생들에게 전달하지
  않았으면 함
◦학교폭력 재연, 상황을 다룬 모
  둠 면담 필요
◦가해자, 피해자 면담 후 다 같이
  풀 방안 마련
◦선생님의 비밀유지 중요
◦직접 경험해 볼 수 있는 역할극
  필요
◦수업할 때 다 같이 어울리게 해줌
◦공동체 문화 프로그램 교육
◦친구끼리 잘 지낼 수 있는 행사 필
  요
◦또래 괴롭힘 해결방안과 대처방
  법 교육
◦칭찬과 긍정적인 말을 피해 학생
  에게 해 줬으면 함
◦아이들끼리 다 같이 놀 수 있는
  자리 마련
◦다 같이 어울릴 수 있는 단체활
  동 필요
◦팀워크 쌓기 교육
◦학교폭력 사례를 통한 교육
◦다름을 인정 | ◦선생님이 서둘
  러 마무리하려
  고 하지 않았으
  면 함

◦감정표현, 공감
  능력 배양 교육

◦선생님의 비밀
  유지 중요

◦직접 경험해 볼
  수 있는 역할극
  필요

◦공동체 문화 프
  로그램

◦또래 괴롭힘 해
  결 방안과 대처
  방법 교육

◦학교폭력 사례
  를 통한 교육

◦반 활동을 통해
  친해질 기회 만
  듦

◦다름을 인정 | ◦노력: 반 활동
  을 통해 친해
  질 기회 만듦,
  공감능력 키
  우기 활동,
  다름을 인정,
  공동체 문화
  배우기

◦교사: 서둘러
  끝내려 하지
  않기, 비밀유
  지, 적절한
  개입

◦예방교육:
  실제 사례
  중심, 또래
  괴롭힘 대처
  방법 교육,
  역할극 필요 | ◦노력: 반 활
  동을 통해
  친해질 기회
  만듦, 공감
  하고 다름
  을 인정하는
  공동체 문화
  배우기

◦교사: 서둘러
  끝내려 하지
  않기, 비밀 유
  지, 적절한
  개입

◦예방교육:
  실질적인
  교육,
  역할극
  필요 |

또래 괴롭힘 사례와 주변인으로서의 나의 행동

사례1(박재형 면담)

○ 남학생들의 욕이 일상화된 교실에서 적응이 안 되는 한 명의 남학생이 있다. 3학년 2학기의 일이다. 이 학생에게 특히 괴롭히는 학생은 세 명이었다. 학급의 대여섯 명 정도 빼놓고 남학생 대부분이 욕을 했다. 이 학생은 심한 욕을 들을 때는 스트레스를 받았다. 피해 학생이 2학기 반장이었는데 가해자들이 마음에 안 드는 일은 반장 탓으로 돌렸다. 가해자들은 툭툭 쳤고, 가끔 팔을 깨물거나 뒤에서 헤드록을 했다. 아프니까 하지 말라고 해도 계속했다.

이 학생은 학교생활이 싫어지고, 학교를 그만 다니고 싶다는 생각도 들었다. 울 때도 있었고 기분이 계속 안 좋았다. 나중에 피해 학생도 욕을 하게 되었다. 이 학생이 욕을 장난으로 넘겨버리기 시작하면서 상황이 많이 좋아졌다. 피해 학생이 욕을 하자 가해자들이 '우리랑 같구나!' 하면서 좋아했다. 피해 학생은 자신과 갈등이 있는 여학생 욕을 하고 다니면서 가해자 역할을 하기도 하였다.

○ 가해자들에게 '그만해라, 너무 말이 심한 것 같다.'고 말했다. 피해자에게는 '너무 힘들면 너도 똑같이 그렇게 해줘라.'라고 조언

해주었다. '내가 왜 욕을 하라고 했을까!' 후회하기도 했지만, 나중에 다른 학생들이랑 친해져 있고 스트레스를 덜 받는 걸 보니까 그래도 그게 제일 나은 방법이었고 맞는 방법이었다고 생각했다. 내가 다른 학생들을 도와주는 경우가 많으니까, 싸우거나 괴롭힘 사건이 발생하면 나와 친분이 있거나 같은 반 애들은 벌어지고 있는 사건을 나에게 말한다.

사례2(차예린 면담)

○ 1학년 때 여학생 한 명이 전학을 왔다. 전학을 온 이 A 학생은 학교에 대해 안 좋은 말을 하곤 했다. 그런 이유 등으로 이 학생은 학생들로부터 은근히 따돌림을 당하고 있었다. 2학년 2학기가 되면서 B 학생이 A 학생을 괴롭히지 않았는데, A 학생이 선생님께 B 학생이 자기를 괴롭혔다고 말해 B 학생에게 사과를 받아냈다. C 학생에게도 비슷하게 했다. D 학생도 A 학생을 크게 괴롭히지 않았는데 괴롭혔다고 선생님에게 말해 D 학생에게도 사과를 받아냈다. 그래서 반 학생들은 A 학생을 더 안 좋아하게 됐다. A 학생과는 어울리려고 하지 않았다. A 학생은 친구가 거의 없었고, 언어폭력과 따돌림을 당했다. A 학생은 한때 가해 무리를 피해 다니느라고 급식실에서 밥도 못 먹고, 화장실에서 도시락을 먹은 적도 있었다. 우울증약을 먹기도 했고, 자살 생각도 해 보았다. 나중에는 자기만 왜 당하느냐는 심리로 친구랑 싸워 가해자가 되기도 하였다.

○ 피해자를 개인적으로는 안 좋아했다. 그럼에도 학생들이 뒷담화 할 때 나는 안 했다. 또한, 이 학생과 같이 다녔던 학생에게 말하여 이들이 함께 점심을 먹을 수 있게 해 주었다. 급식실에서 다른 학생들이 다 먹고 마지막으로 이 학생이 밥을 먹었다. 스스로 잘했다는 생각이 들었다. 내가 도와준 걸 다른 학생들은 몰랐다.

사례3(박종인 면담)

○ 중학교 2학년 남학생이 있다. 이 학생은 소극적이고, 보통의 학생들과는 다르게 행동했다. 다른 학생들과 말을 안 하고 친구가 없어 따돌림을 당했다. 학생들이 모여 게임에 열중하고 있는데 전화나 카톡을 계속 보내 화를 돋우기도 했고, 모르는 학생에게 생뚱맞은 질문을 하는 등 상황에 맞지 않는 행동을 하였다. 주로 괴롭히는 학생들은 네 명 정도였다. 가해자는 자신의 기분이 나쁘거나 피해자가 실수할 때 때렸다.

피해자는 5~6일에 한 번은 맞은 것 같았다. 급식 보조식도 뺏기고, 돈도 뺏긴 적이 있다. 다른 학생들은 동참하면서 동조자가 되기도 하고 방관자가 되기도 하였다. 1학년 때도 목격되긴 했는데 2학년 때는 더 심해졌다. 괴롭힘 상황은 2학년 1학기부터 2학기까지 진행되었다. 이 학생은 속상한 적이 많았다. 2학기 말로 가면서 괴롭힘 횟수는 줄어들었는데, 요즈음도 가끔은 맞고 있다.

○ 가해자의 괴롭힘 행위를 보고 막아서고 싶었다. 그런데 가해자와는 친한 친구였기에 괴롭힘 행위를 막으면 가해 행동을 하는 친구와의 우정에 금이 갈 것 같아서 어떻게 할 수가 없었다. 그때 생각하면 내가 나빴다. 그때 막았다면 좀 더 피해가 줄었지 않았을까 생각하는데 그때는 어쩔 수 없었다. 몇 번 말린 적도 있으나 해결되거나 그러진 않았다.

사례4(천혜경 면담)

○ 1학기 말에 학교폭력대책자치위원회가 열렸고, 2학년 8반에서 한 여학생이 5반인 우리 반으로 반을 옮겨 오게 되었다. 쌍방 과실이라는 말도 있으나 상대방 쪽이 처벌을 받았고, 반을 옮겨 온 여학생은 괴롭힘 피해자였다. 기존의 5반 학생들은 이미 많이 친해진 상태였다. 안 좋은 소문도 있어서 반을 옮겨 오는 학생에 대해서 5반에서는 끼워주지 말자는 말이 오갔다. 이러한 상황은 목소리 크고 주도적인 학생이 이끌어 갔다. 5반으로 반을 옮겨온 학생은 학급 뒷좌석에 앉았다. 학생들이 말을 걸지 않았다. 반을 옮겨온 학생은 따돌림을 당했다. 학생들이 말을 안 걸기도 했지만, 전학 온 학생도 아무 말을 안 했다. 옮겨온 반에 마음을 열지 않았다. 그러다가 반을 옮겨 온 학생이 원래 5반인 학생 한 명과 친해지게 되었다. 반을 옮겨온 학생과 친해진 학생이 그 반의 다른 학생들을 뒷담화 하면서 그 학생도 왕따가 되었다. 둘이 따돌림을 당하는

상황이 되었다. 원래 5반이었던 학생은 가해자에서 피해자가
된 셈이다.

○ 그 학생이 반을 옮겨 왔을 때 애들이 다 등을 돌려서 대놓고
나서지 못했다. 하지만 다른 학생들이 완전 차가운 상태라면,
나는 가끔 학교 밖에서 만나면 인사는 하며 지냈다. 다른 학생
들은 나도 따돌림에 적극적으로 동참하길 원했으나 내가 그러
려는 생각이 없다는 것을 표현했다. 그래서 내 앞에서는 그 학
생 욕을 안 했다. 생각해보면 그렇게 불편했는데 크게 나서질
못해서 피해자에게 미안하기도 했다. 그런데도 어쩔 수 없었다.
사실 부끄러운 행동이었고, 그때를 생각하면 자책감이 든다. 나
서서 그 친구와 친구가 되어 학급의 학생들과 이어줄 수도 있
었는데 그렇게 하지 못했다. 그런데 또 한편으로는 '그럴 수밖에
없었다.'라는 생각이 든다.

사례5(신민수 면담)

○ 2학년 2학기 초에 벌어진 일이다. 내가 우리 반 친구와 화장실
에 갔는데 열 명 정도의 남학생들이 화장실을 사용하고 있었
다. 그중에는 나와 친한 다른 반 학생도 한 명 있었다. 다른 반
학생이 우리 반 학생에게 장난을 걸었다. 우리 반 학생이 짜증
이 나서 작은 소리로 욕을 하였다. 다른 반 학생이 그 말을 듣
고 때리기 시작했다. 장난을 먼저 걸었는데 상대방 반응이 안
좋자 화가 나서 때린 것이다. 평소에도 누가 말리면 앞에 보이

는 것 없이 행동하는 학생이었다. 피해자는 맞아서 울고, 넘어지며 허리를 다쳐 깁스하게 되었다. 가해자는 학교폭력대책자치위원회에 넘겨져 교내봉사 처벌을 받고, 피해자는 입원해서 며칠 학교에 못 나왔다.

○ 신체폭력이 시작되자 바로 막아섰다. 때리는 애를 말렸는데 애가 주체를 못 하고 계속 때리려고 하니까 나는 그 애를 잡은 채로 막아섰다. 맞는 학생에게는 가라고 했다. 나 혼자 말린 셈이다. 잘한 것 같다. 다른 학생들은 구경만 할 뿐 말리는 데 함께하지 않았다.

사례6(오미연 면담)

○ 장난기 많고, 욕을 많이 하는 편이고, 치맛단 박고, 머리 염색을 하고 화장을 하고 다니는 속마음은 순하고 여린 한 여학생이 있다. 주로 네 명의 여학생이 이 여학생을 괴롭혔다. "왜 잘나가지도 않는 학생이 저렇게 하고 지랄이야." 염색, 화장, 치맛단 박은 것을 꼴사나워하였다. 네 명이서 한 명을 집중적으로 욕했다. 두 명은 완전히 노는 학생이고, 나머지 두 명은 동조하며 같이 다니는 학생이었다. 그중 한 명이 비비를 빌려달라고하여 그 학생은 빌려주었다. 쓴 다음에 돌려주지 않고 그대로던져 버렸다. 책상에 낙서도 하고, 먹던 음식물 쓰레기를 그 여학생 자리에 버린 적도 있었다. 피해 여학생은 아주 힘들어했다. 점심을 먹고 반에 들어가는 것을 무서워했다. 이러한 괴롭

힘은 2학년 1학기 초에 시작해서 지속되다가 여름방학 무렵에 마무리되었다. 2학기에 가해자들이 같이 안 어울려 다니면서 괴롭힘이 해소되었다.

○ 애들이 욕할 때 그때 바로 나서지는 못했다. 하지만 수업 끝나고 점심시간에 상담해 주고 달래 줬다. 학교폭력진술서를 내가 써줬다. 진술서 써 주어 그 학생이 고마워했다. 진술서 써 준 것에 대해서 학생들은 그걸 왜 써주느냐고 나중에 들키면 어떡하냐고 했고, 어떤 학생은 잘했다고 했다.

사례7(김영호 면담)

○ 초등학교 6학년 내내 학생들이 한 남학생을 싫어했다. 이 학생은 힘이 없어 보이고 무기력해 보였다. 대부분이 학생들이 이 학생을 피했다. 일부 학생은 가끔 때리기도 했다. 이 학생은 때리는 학생을 피해 다녔다. 왠지 모르게 학생들이 싫어하니까 나도 꺼려지게 되었다. 가끔 등굣길에서 만나 말 걸면 대답은 해주긴 했다.

○ 애들이 싫어하니까 나도 꺼려지게 되었다. 그래서 나도 모르게 피하게 되고, 그래서 미안하기도 했다. 나라도 안 그랬으면 조금이나마 나았을 텐데… 그래도 개는 친구이고, 말릴 걸 하는 생각이 들었다.

사례8(김미선 면담)

○ 초등학교 6학년 때 지능이 약간 떨어지고 말을 잘 안 하고, 말할 때는 답답하게 하는 한 여학생이 있었다. 이 학생은 소심했고 친구가 없었다. 이 학생은 사람을 지긋이 쳐다보는 버릇이 있었다. 그걸 학생들은 기분 나빠했다. 또한, 학생들 사이에 있었던 일을 엄마에게 이르곤 했다. 한번은 이 학생 엄마가 찾아와 다른 학생을 야단치기도 했다. 그러다 보니 학급의 학생들이 이 학생을 더 피하게 되면서 왕따가 되어갔다. 선생님이 이 학생과 놀아주라고 세 명의 학생에게 부탁했다. 이 세 명의 학생은 선생님 앞에서는 잘 챙겨주는 척하였지만, 이 학생을 많이 괴롭혔으며 은근히 왕따를 주도하였다. 이 세 명의 학생은 사나웠으며 말을 걸면 화를 냈다. 말을 함부로 하였고, 기분 나쁘게 말하였다. 그러다가 초등학교를 졸업하였다.

○ 나는 아무것도 안 했다. 나도 피해자를 별로 좋아하진 않았다. 걔가 말을 걸면 대답해 주고, 그냥 반 애 이렇게 지냈다. 그때 생각해 보면 안 도와준 게 후회가 되고, 내가 찌질했던 것 같다는 생각이 든다.

사례9(정재현 면담)

○ 초등학교 3, 4학년 때의 일인데, 학생들이 한 학생을 불편하게 느끼면서 괴롭혔다. 주로 괴롭히는 학생들이 있었고, 가끔은 다른 학생들이 괴롭혔다. 이 학생이 잘못한 행동을 할 때가 있었

지만, 그것보다는 학생들은 재미로 괴롭히는 것을 계속했다. 이 학생이 아무 잘못이 없을 때도 시비를 걸고 욕하였고, 물건을 숨기거나 때리기도 하였다. 이 학생은 당하면 울기도 했다. 엄마도 학교에 오고, 선생님께 말하기도 하였다.

○ 나는 방관했다. 다른 학생들 일이니까 나는 관심을 가지지 않았다. 내가 왜 그때 방관만 했을까. 자신감이 없어서 그랬던가 생각했다.

사례10(박유리 면담)

○ 중학교 1학년 2학기 초에 여학생 둘이 다툼을 벌였다. 그중 한 학생은 말이 많고, 소리 지르고, 말을 가려서 안 하고, 욕을 잘했다. 그래서 학생들이 거슬려 하고 싫어했다. 반면에 그 여학생과 다툼을 한 다른 여학생은 사교성이 좋았고, 주도적인 학생들과 놀았다. 이 학생이 주도하여 반 대부분 학생들에게도 따라오게 해서 다툼이 있었던 여학생을 따돌렸다. 반 전체 학생들이 반톡에서 대화를 하는데, 그 학생 말을 무시하거나 욕하였다. 급기야 그 학생을 뺀 다른 톡을 만들어 학생들이 기존 반톡에서 나와 새로운 톡으로 옮기게 했다. 새로 만든 톡에 대해서는 그 학생에게는 얘기를 안 했다. 새로운 반톡에서 그 학생 뒷담화를 했다. 반에서는 뭐를 맞춰도 반톡에서 다 맞추기 때문에 그 학생만 몰라서 못 가져오기도 했다. 그 학생은 새로운 반톡이 있다는 것을 몰랐다가 나중에 알게 되었다. 어떤 한 학생

이 '반톡에 초대할까!' 하며 의견을 냈는데 대부분의 학생들이 그 학생의 말투가 싫다고 초대하지 말라고 해 지금도 그 학생은 반톡에 없다.

○ 나는 피해자, 가해자, 양쪽 다 친했다. 친구들이 걔 뒷담화할 때는 같이 뒷담화를 했다. 또한, 나는 친구들에게 그 학생 칭찬을 하면서 그 학생을 우리 쪽으로 들어오게 하려고 얘기를 하긴 했는데, 친구들은 신경을 쓰지 않았다.

사례11(전근영 면담)

○ 중학교 2학년 때의 일이다. 한 남학생의 행동이 특이했다. 입 냄새가 났고, 학생들이 싫어하는 행동을 많이 했다. 학생들이 싫어하게 되면서 이 학생에게 심하게 대했다. 주로 같은 반 열 명 정도의 남학생들이 집단적으로 짜고 장난을 쳤다. 공을 차고 주워오라고 시킨다거나, 때리고 도망간다거나 했다. 이 학생은 심하게 피해를 받을 때는 울기도 하였다. 장난을 치는 형태였으나 실상은 따돌림이었고 또래 괴롭힘이었다. 가해자들은 괴롭히는 것을 재미있어했다. 1학기 중간인 4월 말부터 10월 중순까지 6개월 정도 진행되었다.

○ 가해 무리는 평상시에 나와 친했던 학생들이었다. 그래서 괴롭힘 상황에서 막아서지 않았다. 하지만 괴롭힘 행위가 심할 때는 이 학생이 불쌍해 보였고, 그때는 하지 말라고 했다. 뿌듯했고, 착한 일을 했구나 생각했다.

사례12(이유진 면담)

o 3학년 2학기 중간고사가 끝난 시기인 10월 중순 우리 반에 전학생 한 명이 왔다. 전학 온 학생은 키가 작고, 예쁘지도 않고, 성격도 특이했다. 이 여학생은 전에 다니던 중학교 얘기를 했고, 수업시간에 이미 배우고 온 내용이라 말을 했는데 반의 학생들은 '쟤는 뭐지!'라는 반응을 보였다. 반 학생들은 이미 친해져 있는 상태였고, 텃세를 부렸다. 대놓고 괴롭히는 건 아닌데 소외감 느끼게 따돌렸다. 체험학습 조를 짤 때도 선생님은 학생들이 알아서 짜라고 했는데, 이 학생을 다 싫어해서 조 편성되지 못하고 혼자 남기도 했다. 학생들은 이 학생이 다가오면 얘기하다 흩어져 버렸다. 반 학생이 31명인데 삼분의 일 정도는 완벽하게 모른 척하고, 나머지는 그저 그런 상태로 대하였다. 이 학생도 졸업을 앞둔 시기에 전학 온 만큼 친해질 가능성도 없다고 생각하였다.

o 다른 여자애들은 끼리끼리 무리가 있는데, 나는 두루 다 아는 사이라 가서 앉아주고, 챙겨주었다. 내심 나 착하다! 뿌듯하다! 또 내가 한 명을 친구로 만들었구나 생각했다.

사례13(강희성 면담)

o 2학년 1학기 중반쯤부터 2학년 끝날 때까지 일어난 일이다. 학교에 도움 반(특수 학급)이 있다. 도움 반 학생이 일반학급에 수업을 들으러 올 때가 있다. 일반학급의 학생들은 다르다는 이

유만으로 이 학생을 일부로 툭툭 건드렸다. 언어폭력을 하였고, 손가락 욕도 날렸다. 이 학생은 그걸 너무 싫어했다. 툭툭 치면 이 학생도 똑같이 때릴 때가 있었다. 그럴 땐 센 학생에게 더 많이 맞았다. 어쩔 수 없이 선생님이 도움 반으로 다시 내려보냈다.

○ 처음에는 보고 있었는데, 너무 심하다 싶으면 막아섰고, 그 학생을 데리고 나갔다. 내 행동이 잘한 것 같았고, 맞게 행동한 것 같다.

사례14(김지연 면담)

○ 1학년 1학기 중반쯤에 네 명인 우리 무리에서 다른 무리에 속한 한 명 욕을 했다. 다른 무리에서 자기 무리의 한 명에 대한 욕을 누가 했느냐고 문자로 물어왔다. 우리 무리에서는 욕한 학생을 지목하여 알려 주면서, 그 학생 혼자만 그랬다고 하였다. 그러면서 같이 욕먹기 싫어서 이 학생과 안 어울리게 되었다. 재랑 놀지 말자고 얘기를 하면서 우리 무리에서 떨어뜨려 냈다. 타박도 많이 하였다. 이 학생은 혼자 지내게 되었다. 정신적 피해를 보았다. 나중에 이 학생이 너무 불쌍해 보여서 다른 학생들이 놀아주고, 우리 무리의 또 한 명이 놀아주기 시작하면서 따돌림은 해결이 되었다.

○ 나는 처음에 이 상황을 잘 몰랐지만 알고 나서도, 나도 같이 따돌림을 당할까 봐 가만히 있었다. 미안한 마음은 있었는데

나는 관계되고 싶지 않아서, 우리 무리의 학생들과 떠들고 그랬다. 피해자는 나의 이런 행동에 서운했을 것 같다.

사례15(현정우 면담)

○ 소심하고, 뚱뚱하고, 말할 때 더듬고, 행동이 느리고 남과 다른 학생이 왕따를 당하고 있다. 이 학생은 말을 잘하지 못하고 울기만 해서 학생들이 만만하게 대했다. 특히 네 명으로 이루어진 한 무리가 심하게 괴롭혔다. 가해자들은 험한 욕을 하면서 자주 밀었고 이 학생은 넘어졌다. 지나가는데 다리를 걸거나, 의자에 앉으려 할 때 의자를 빼서 엉덩방아 찧는 것을 보면서 웃었다. 2학년 겨울방학 때는 운동장에서 이 학생을 눕히고 쓰레받기로 때리면서 눈으로 덮기도 했다. 피해자는 우울해 했다. 어머니가 학교에 와서 보고 억울해하였으며, 사과했는데 받지 않고 경찰에 신고하였다. 가해자는 학교폭력대책자치위원회에 넘겨졌다. 그러면서 이 학생에 대한 가해가 줄어들었다.

○ 가슴이 아픈 일이었다. 그 일을 선생님께 내가 다 말했다. 좀 더 일찍 말했으면 운동장에서 그렇게 심한 일이 안 벌어졌었는데 하고 후회하기도 했다. 피해자는 항상 우울하고 기운이 없었는데, 내가 말하고 나서 해결이 되어가며 친구들도 생기고 그랬다. 다른 학생들은 나를 칭찬했다.

사례16(성은미 면담)

○ 중학교 1학년 1학기 초부터 A 학생과 B 학생은 서로 싫어하고 사이가 안 좋았다. 어느 날 B 학생과 C 학생이 같이 다니게 됐는데, C 학생이 B 학생에게 A 학생의 뒷담화를 하였다. 이때 B 학생은 C 학생의 말을 맞장구를 쳐 주었다. 그것을 C 학생이 A 학생에게 말했다. 맞장구를 친 것을 자기 욕을 한 것으로 생각한 A 학생이 B 학생을 더 많이 싫어하게 되고 괴롭혔다. A 학생이 주동자였고 그 학생 주위의 무리가 A 학생을 동조했다. 반 학생들도 A 학생에게 동조하며 B 학생 뒷담화를 하였다. B 학생이 얘기를 하려고 할 때는 반 학생들이 무시했다. 전체가 B 학생을 은근히 따돌렸다. 피해자는 많이 주눅이 들었다.

○ 나는 방관했다. 그 트러블 있는 데 개입하고 싶지 않았다. 괜히 얽히고 얽혀서 피해당하고 싶은 마음이 없어서 그냥 보기만 했다. 피해자에게는 미안한 일이었다.

사례17(박대현 면담)

○ 2학년 2학기 때 침을 많이 흘리고, 대화를 잘하지 못하고, 행동이 어눌한 한 명의 학생이 있었다. 장애인 끼도 있었다. 한 학생이 그 학생을 유별나게 괴롭혔는데 장난식으로 툭툭 쳤다. 툭툭 치면서 놀리는 말을 했다. 그 학생은 예민해져서 소리 지르면서 싫어하였다. 싫다고 소리 지르는 데도 계속 더했다. 학급에 있는 대부분의 학생들은 괴롭힘 행위를 보면서 재미있어

했고 웃기도 하였다. 학생들이 어울려 주지 않아 이 학생은 왕
따를 당했다.

o 목격 상황에서 나는 가만히 있었다. 내가 가해행위를 한 건 아
니지만, 반의 대부분의 학생들이 괴롭히는 장면을 재미있어하
고, 피해자의 반응을 보며 웃을 때가 있는데, 그때 나도 재미있
어하며 웃은 적이 있다.

사례18(김수연 면담)

o 1학년 1학기 말 즈음의 일이다. 우리 반에 일진 무리에 속한 B
학생이 있었다. B 학생이 장난을 치면 우리 반 학생들이 대부분
받아줬었는데, A 학생은 유독 그걸 꺼렸다. B 학생이 그걸 안
좋게 보고 일진 무리에게 얘기를 했다. 무리들은 A 학생을 심하
게 몰아세우기도 했다. A 학생은 다른 학생에게 B와의 일을 얘
기했는데, B 학생은 자기를 욕한 것으로 인식하고 A 학생을 티
나게 싫어했다. 가해자는 심한 욕을 하기도 하였다. B양을 동
조하는 무리도 몰아쳤다. 온라인상으로도 비슷하게 했다. A 학
생은 아직도 그 학생들을 보면 무서워한다. 학교에서 조처해 줘
서 그 가해 학생들 한 명도 A 학생과 같은 반에 안 섞여 있다.

o 내가 옆에 있긴 했지만, 가해자의 행위에 나는 당황스러워 말
을 못 했다. 멍하니 가만히 있었다. 피해자가 친구였는데 나에
게 실망했을 것 같다. 옆에 있는 데도 아무 말 안 해 주고 하니
까. 내가 바보 같았다. 왜 그렇게 가만히 있었을까!

사례19(박상호 면담)

○ 6학년 4, 5월쯤의 일이다. 신체가 약하고, 몸에서 이상한 냄새도 나는 한 학생이 왕따와 놀림을 당하고 있었다. 한 명이 주로 툭툭 쳤고 때린 적도 있다. 몇 명의 학생들은 이 학생을 놀렸다. 쉬는 시간에 열 명 가까운 반의 학생들이 무리 지어서 코를 부여잡고 냄새난다고 놀렸다. 이 학생은 반항을 못 했다. 반응이 재밌어서 그랬던 것 같다. 다른 학생들은 동조했다.

○ 나는 피해자를 보호하는 쪽에 섰다. 보호하는 차원 쪽에 선 계기는 나도 약간 놀렸었기 때문이다. 근데 그게 너무 미안했다. 운동회 때 두 명이 마주 보고 서로 손을 잡아야 할 때가 있었다. 그런데 왕따 당하는 이 학생을 애들이 다 싫어했다. 그때 내가 자원해서 이 학생과 짝이 되었다. 약간 불결한 느낌은 있었는데 뭔가 뿌듯한 느낌이 들었다. 아무도 안 하는 것을 내가 도맡아서 했다.

사례20(이진희 면담)

○ 2학년 1학기 때 여학생 두 명이 마음에 안 드는 한 여학생을 SNS 카카오스토리에서 욕을 하고 나쁜 글을 올렸다. 가해자들은 학교에서 주도권을 잡고 있는 학생들이었다. 피해자는 카카오스토리에 올린 것을 다 캡처해서 학교폭력대책자치위원회에 신고하였다. 학교폭력대책자치위원회에서는 가해 학생들에게 학급을 옮기게 하여 아예 격리하는 조처를 했다.

○ 피해자에게 말을 걸어주고 계속 괜찮다고 해 주었다. 그리고 괴롭힘당한 것을 학교에 신고하는 데도 도움을 줬다. 그렇게 하는 게 맞다고 생각했다.

참고문헌

강차연, 손승아, 안경숙, 윤지영(2010). **청소년 심리 및 상담**. 경기: 교문사.

곽호완, 김영환, 박영신, 장문선, 조현춘, 진영선, 최광선(2005). **일상 심리학의 이해**. 서울: 시그마프레스.

국립국어연구원(1999). **표준국어대사전**. 서울: 두산동아.

권현용, 김현미(2009). **학교폭력 가해청소년의 심리사회적 요인에 관한 질적 분석**. 한국동서정신과학회지, 12(1), 1-12.

권혜선(2013). **초등학생의 또래 괴롭힘 참여유형 간 관계 및 심리적 요인 분석**. 초등 도덕교육, 42, 1-26.

김경아(2011). **또래 괴롭힘 참여자 역할 유형에 따른 아동의 정서적 능력 및 아동이 지각한 부모 공감과의 관계**. 대전대학교 대학원 석사학위논문.

김경욱, 백서윤, 임정근, 곽은주, 이경재, 이혜미(2014). **이 선생의 학교폭력 상담실**. 서울: 양철북.

김경주, 서광봉, 이철원(2013). **학교폭력 가해 학생들의 문제행동 개선과정 탐색: 교회 여가활동을 중심으로**. 한국여가레크리에이션학회지, 37(1), 63-74.

김국현(2012). **중학생의 성별 및 또래 괴롭힘 참여자 역할 유형에 따른 사회적 유능감과 교사-학생관계의 차이**. 계명대학교 대학원 석사학위논문.

김동환(2013). **청소년의 또래 괴롭힘 피해경험이 자살 생각에 미치는 영향 -자아존중감의 조절효과-**. 청소년학연구, 20(8), 225-255.

김순혜(2012). 초등학교 학교폭력 피해아동의 위험요인과 보호요인 분석. 아동교육, 21(3), 5-17.

김연화(2009). 또래 괴롭힘 참여유형에 관련된 변인 탐색. 충북대학교 대학원 박사학위논문.

김연화(2013). 아동의 사회적 지위에 따른 또래 괴롭힘의 참여행동과 친구관계. 대한가정학회지, 21(2), 187-193.

김연화, 한세영(2011). 아동의 또래 괴롭힘 참여유형의 판별변인 분석. 아동학회지, 32(3), 19-41.

김은아(2011). 또래 괴롭힘 방어 행동과 공감, 자기효능감, 학급규준에 대한 믿음의 관계. 이화여자대학교 대학원 석사학위논문.

김정현(2014). 청소년의 종교성향과 괴롭힘 상황에서 주변인 역할의 관계: 친사회적행동과 도덕성의 매개효과. 이화여자대학교 대학원 석사학위논문.

김종구, 박지현(2014). 또래 괴롭힘(bullying)의 개념과 법적규율 -학교폭력예방 및대책에 관한 법률과 관련하여-. 일감법학, 27, 307-338.

김종두(2013). 교육사회학. 경기: 교육과학사.

김지미(2013). 부모의 심리적 통제가 아동·청소년의 또래 괴롭힘 참여자 역할 행동에미치는 영향 -도덕적 이탈의 매개효과를 중심으로-. 명지대학교 대학원 석사학위논문.

김지은(2012). 또래 괴롭힘 상황에서 주변또래역할에 따른 청소년의 공감, 친사회적 도덕추론, 집단규범 인식의 차이. 서울대학교 대학원 석사학위논문.

김진호(2009). 학교폭력 가해 청소년의 인간관계적 특성에 관한 연구. 전북대학교 대학원 박사학위논문.

김청송(2009). 청소년 심리학의 이론과 쟁점. 서울: 학지사.

김현주(2003). 집단따돌림에서의 동조집단 유형화 연구. 숙명여자대학교 대학원 박사학위논문.

김혜리(2013). 또래 괴롭힘 참여역할에 따른 인지적·정서적 공감의 차이. 한국심리학회지: 발달, 26(4), 1-20.

김혜원, 임광규, 임동훈(2013). 집단괴로힘 가해·피해·목격 경험이 청소년들의 심리사회적 적응에 미치는 영향. 청소년학연구, 20(5), 77-106.

류경희(2006). 청소년 집단따돌림에서 동조 행동의 영향 변인. 대한가정학회지, 44(12), 139-154.

류준혁(2013). 학교폭력의 실태와 해결방안. 한국방재학회지, 13(5), 72-83.

문영희(2013). 학교폭력의 예방을 위한 대처방안 -학교환경의 개선을 중심으로-. 법과 정책연구, 13(2), 619-645.

문용린, 최지영, 백수현, 김영주(2007). 학교폭력의 발생과정에 대한 남녀 차이 분석: 피해자 상담사례 분석을 중심으로. 교육심리연구, 21(3), 703-722.

박경애, 김혜원, 주영아(2010). 청소년 심리 및 상담. 경기: 공동체.

박아청(2008). 청소년과 아이덴티티. 경기: 교육과학사.

박일수(2013). 학교폭력 예방에 관한 초등학교의 사례 분석. 초등교육연구, 26(3), 93-117.

박종철(2013). 교실평화 프로젝트. 서울: 양철북.

박효정, 이희현(2013). 학교폭력 실태조사 현황 및 개선방안: 조사참여율 제고 및 결과 활용방안을 중심으로. 한국교육개발원.

박효정, 정미경(2006). 질적분석을 통한 학교폭력현상의 이해. 한국교육,

33(4), 167-197.

방기연(2011). 학교폭력 사건에 대한 교사의 인식과 경험에 대한 질적 연구. 상담학 연구, 12(5), 1753-1778.

배미희(2014). 청소년 학교폭력의 가해자, 피해자 및 방관자 예측모형 연구. 경기대학교 대학원 박사학위논문.

백지숙, 김혜원, 김영순, 방은령, 임형택, 주영아(2009). 청소년상담. 서울: 신정.

백지현(2010). 남녀 청소년의 또래 괴롭힘 참여자 역할 유형에 따른 인지적·정서적·사회적 특성. 이화여자대학교 대학원 석사학위논문.

서미정(2006). 또래 괴롭힘 완화요인의 탐색; 주변또래의 유형 분석을 중심으로. 부산대학교 대학원 박사학위논문.

서미정, 김경연(2006). 또래 괴롭힘 상황에서 주변또래 유형의 판별변인 분석. 아동학회지, 27(6), 35-51.

서미정(2008). 방관자의 집단 특성에 따른 또래 괴롭힘 참여 역할 행동. 아동학회지, 29(5), 79-96.

서정기(2011). 학교폭력에 따른 갈등 경험과 해결과정에 대한 질적 사례연구 - 회복적 정의에 입각한 피해자-가해자 대화모임을 중심으로-. 연세대학교 대학원 박사학위논문.

손갑주(2005). 또래 괴롭힘에 대한 아동의 방관자적 태도에 대한 분석. 숙명여자대학교 대학원 석사학위논문.

손강숙(2014). 학교폭력의 방어자 역할 경험에 대한 질적 연구. 아주대학교 대학원 박사학위논문.

손경원(2008). 학교폭력예방을 위한 사회 규범적 접근. 도덕윤리과교육, 26, 101-124.

송재홍, 김광수, 박성희, 안이환, 오익수, 은혁기, 정종진, 조붕환, 홍종관, 황매향(2013). 학교폭력의 예방 및 대책. 서울: 학지사.

신나민(2012). 청소년 또래 괴롭힘의 참여유형에 영향을 미치는 요인들: 공감 구인을 중심으로. 청소년복지연구, 14(4), 25-45.

신지은, 심은정(2013). 집단따돌림 관여유행에 따른 심리적 특성의 차이. 한국심리학회지: 학교, 10(1), 19-39.

심희옥(2005). 또래 괴롭힘과 대인간 행동특성에 관한 횡단 및 단기종단연구: 참여자 역할을 중심으로. 아동학회지, 26(5), 263-279.

심희옥(2008). 또래 괴롭힘 참여자의 사회적 지위 및 사회적 정서에 관한 연구: 성별을 중심으로. 아동학회지, 29(3), 191-205.

안태용, 노영천(2013). 초등학교 고학년 아동의 가족기능과 또래 괴롭힘 방어 행동 및 방관 행동의 관계에서 배려성의 매개효과. 상담학연구, 14(3), 1663-1678.

안효영, 진영은(2014). 또래 괴롭힘 상황에서의 주변인 역할 연구동향 및 과제. 열린 교육연구, 22(4), 95-117.

양계민, 정현희(1999). 학교폭력이 청소년의 심리적 적응에 미치는 영향: 가해자, 피해자, 일반학생의 비교를 중심으로. 한국심리학회지: 사회문제, 5(1), 91-104.

엄명용, 송민경(2011). 학교내 청소년들의 권력관계 유형과 학교폭력참여 역할 유형. 한국사회복지학, 63(1), 241-266.

오인수(2010). 괴롭힘을 목격한 주변인의 행동에 영향을 미치는 심리적 요인: 공감과 공격성을 중심으로. 초등교육연구, 23(1), 45-63.

오주화(2014). 중학생의 성별 및 또래 괴롭힘 참여자 역할 유형에 따른 학교적응과 부모-자녀 의사소통의 차이. 계명대학교 대학원 석사학위논문.

오지원(2013). 학급 공동체의식이 집단 따돌림 관여 행동에 미치는 영향 -주변인 유형(방관자, 가해동조자, 피해자 방어자)을 중심으로-. 서울대학교 대학원 석사학위논문.

오환희(2011). 청소년 집단괴롭힘 상황에서 참여자의 역할 행동에 영향을 미치는 요인. 대구가톨릭대학교 대학원 석사학위논문.

원호택, 박현순(1999). 인간관계와 적응 -삶을 위한 심리학-. 서울: 서울대학교출판부.

유계숙, 이승출, 이혜미(2013). 집단따돌림 참여자 역할에 영향을 미치는 개인·가족·학교 관련변인. 한국가족관계학회지, 18(3), 63-89.

이규미, 지승희, 오인수, 송미경, 장재홍, 정제영, 조용선, 이정윤, 유형근, 이은경, 고경희, 오혜영, 이유미, 김승혜, 최희영(2014). 학교폭력 예방의 이론과 실제. 서울: 학지사.

이문열(1987). 우리들의 일그러진 영웅: 1987 이상문학상 수상작품집. 서울: 문학사상사.

이보경(2014). 평화로운 학교 만들기 -학교폭력의 이해와 대처-. 경기: 교육과학사.

이상미, 유형근, 손현동(2008). 초등학생의 공감 및 자기존중감에 따른 집단따돌림 동조유형 판별분석. 상담학연구, 9(3), 1231-1244.

이석훈(2012). 학교폭력 예방을 위한 청소년 여가의 뉴 프레임; 학교스포츠클럽. 한국여가레크리에이션학회 학술세미나자료집, 31-38.

이승연(2013). 또래 괴롭힘: 주변인 개입과 사회적 맥락 변화의 필요성. 한국심리학회지: 학교, 10(1), 59-82.

이승연, 송경희(2012). 남녀 중학생의 부/모 애착과 또래 괴롭힘 방어, 방관 행동의 관계: 정서조절과 사회적 자기효능감의 매개효과. 한국심리학회지: 학교, 9(2), 393-415.

이신애, 김희정(2013). 여중생의 집단따돌림 방관경험과 해결방안 인식에 관한 질적연구. 학습자중심교과교육연구, 13(6), 507-538.

이용숙(2005). 교육인류학: 연구방법과 사례. 서울: 아카넷.

이웅혁(2006). 학교폭력 행위에 대한 질적 연구. 한국공안행정학보, 25, 245-265.

이인희(2012). 초등학생의 또래 괴롭힘 참여자 역할에 따른 스트레스 대처행동과 사회적 지지의 차이. 숙명여자대학교 대학원 석사학위논문.

이정민(2013). 중학생의 지각된 학급규준과 또래 괴롭힘 동조행동의 관계: 집단소속 및 또래지위 스트레스와 교사와의 관계의 조절효과. 이화여자대학교 대학원 석사학위논문.

이정아(2014). 지각된 어머니의 양육행동이 아동의 또래 괴롭힘 방어, 방관 행동에 미치는 영향. 동덕여자대학교 대학원 석사학위논문.

이종원, 윤상연, 김혜진, 허태균(2014). 권위주의 성격과 인기도에 따른 학교괴롭힘의 참여 역할. 한국심리학회지: 학교, 11(1), 109-135.

이지연, 조아미(2012). 학교폭력에 대한 청소년의 방관적 태도가 자기효능감과 대인관계에 미치는 영향. 청소년복지연구, 14(4), 337-357.

이진숙, 조아미(2012). 근거이론으로 접근한 학교폭력 피해 학생의 학교 적응 과정. 청소년복지연구, 14(1), 333-358.

이희경(2003). 문화성향·공감과 동조가 집단따돌림현상에 미치는 영향. 교육 심리연구, 17(4), 1-24.

이희연(2013). 학교폭력경험에 관한 문화기술지. 학교사회복지, 25, 275-309.

임재연(2013). 또래 괴롭힘 참여역할에 따른 긍정적 강점의 차이:또래 괴롭힘 예방을 위한 피해방어자의 긍정적 강점. 학교사회복지, 24, 131-151.

장가람(2012). 학교폭력현상 및 정책에 관한 교원들의 인식 연구. 이화여자대 학교 대학원 석사학위논문.

장은영(2012). 또래 괴롭힘 상황에서 귀인 편향과 방관적 태도. 계명대학교 대학원 석사학위논문.

전성희(2013). 한국 청소년의 기본심리욕구 척도 타당화. 숙명여자대학교 대 학원 박사학위논문.

전주연, 이은경, 유나현, 이기학(2004). 집단따돌림에 대한 동조성향과 심 리적 특성과의 관계 연구. 한국심리학회지: 학교, 1(1), 23-35.

정재준(2012). 미국의 학교폭력 방지대책. 서울대학교 법학, 53(1), 529-570.

정제영, 이승연, 오인수, 강태훈, 류성창(2013). 주변인 대상 학교폭력 예방 교육 프로그램 개발 연구. 교육과학연구, 44(2), 119-143.

조영선(2011). 학교의 풍경. 서울: 교양인.

조복희(1999). 아동발달. 서울: 교육과학사.

조윤오(2013). 기회이론을 활용한 학교폭력 피해요인 분석 -고등학생을 대상으로-. 피해자학연구, 21(1), 33-55.

차윤희(2005). 또래 괴롭힘 상황에서 학령기 아동의 역할과 사회적 이해. 연세대학교대학원 석사학위논문.

채효정(2013). 집단따돌림(왕따) 현상을 통해 본 폭력의 문명화 과정. 대동철학, 63, 147-177.

최기원(2012). 남녀 중학생의 도덕적 정서와 또래 괴롭힘 방어 및 방관 행동의 관계. 이화여자대학교 대학원 석사학위논문.

최미경, 도현심(2001). 또래 괴롭힘 피해아의 경험에 관한 심층면접. 한국가정관리학회지, 19(2), 31-46.

최성훈(2012). 학교폭력예방에 있어서 여가레크리에이션의 역할. 한국여가레크리에이션학회 학술세미나자료집, 17-27.

최유진(2013). 괴롭힘 피해상황에서 주변인 행동유형에 따른 피해 학생의 대응방식:통제욕구, 통제지각 및 대처전략을 중심으로. 이화여자대학교 대학원 석사학위논문.

최종진, 박균달, 구병두(2013). 학교폭력에 관한 이론적 고찰과 실태분석을 통한 해결 방안. 한국행정사학지, 32, 217-240.

최지영, 허유성(2008). 괴롭힘 상황에서의 참여자 역할 및 관계적 공격행동 지각유형에 따른 도덕판단력과 사회적 상호의존성. 청소년학연구, 15(6), 171-196.

하인진(2014). 학급응집력과 지각된 학급규준이 또래 괴롭힘 참여행동, 학교생활 만족도, 공감, 친사회적 행동에 미치는 영향. 조선대학교 대학원 석사학위논문.

하정희, 전미이, 손재환(2011). 여중생 학교폭력 가담자 특성에 대한 현상학적 분석. 청소년상담연구, 19(1), 69-85.

한상철(2009). 청소년학: 청소년 이해와 지도. 서울: 학지사.

한하나(2014). 괴롭힘 주변인의 행동과 감사, 공감, 학교소속감의 관계. 이화여자대학교 대학원 석사학위논문.

허승희, 이희영, 최태진, 박성미(2006). 초등학교 폭력 유형별 가해 및 피해자의 가해·피해 이유에 대한 지각 분석. 아동교육, 16(1), 259-280.

현안나, 김영미(2014). 지역사회의 집합적 효능감과 부모유대가 또래 괴롭힘 피해자 방어 역할에 미치는 영향: 공감능력의 매개효과. 청소년복지연구, 16(1), 129-153.

홍순혜, 원미순(2013). 아동의 강점과 학교폭력 피해 및 가해행동과의 관계. 청소년학연구, 20(10), 95-116.

홍지영, 유정이(2013). 학교폭력 사건 피해 학생 학부모의 경험에 대한 질적 연구. 청소년상담연구, 21(1), 107-145.

Adeoye, A. O. (2013). The moderating effect of home setting and religion affiliation on the effectiveness of contingency management and cognitive self instruction on bullying behaviour of secondary students in Nigeria. IFE PsychologIA, 21(2), 250-257.

Barhight, L. R., Hubbard, J. A., Hyde, C. T. (2013). Children's physiological and emotional reactions to witnessing bullying predict bystander intervention. Child Development, 84(1), 375-390.

Brown, J. R. (2010). Trajectories of parents' experiences in discovering, reporting, and living with the aftermath of middle school bullying. Doctoral dissertation, Indiana University, Bloomington, Indiana, USA.

Chen, L. M., Cheng, Y. Y. (2013). Prevalence of school bullying among secondary students in Taiwan: Measurements with and without a specific definition of bullying. School Psychology International, 34(6), 707-720.

Coloroso, B. (2008). The bully, the bullied, and the bystander: From preschool to high school-How parents and teachers can help break the cycle of violence. 염철현 역(2013). 괴롭히는 아이, 당하는 아이, 구경하는 아이: 학교폭력의 이해와 예방을 위한 실천방법. 경기: 한울.

Cooper, L. A., Nickerson, A. B. (2013). Parent retrospective recollections of bullying and current views, concerns, and strategies to cope with children's bullying. Journal of Child & Family Studies, 22(4), 526-540.

Cosma, A., Baban, A. (2013). The associations between bullying behaviors and health outcomes among Romanian school children. Cognition, Brain, Behavior, 27(4), 263-276.

Craig, W. M., Pepler, D., Atlas, R. (2000). Observations of Bullying in the playground and in the classroom. School Psychology International, 21(1), 22-36.

Daniel, B., Wassell, S. (2002). Adolescence: assessing and promoting resilience in vulnerable children 3. 강문희, 손승아, 안경숙, 김승경 역 (2008). 청소년의 탄력성 평가와 개입전략. 서울: 시그마 프레스.

Díaz-Aguado., M. J., Martínez. R., (2013). Peer bullying and disruption-coercion escalations in student-teacher relationship. Psicothema, 25(2), 206-213.

Dodaj, A., Sesar, K., Barisic, M., Pandza, M. (2013). The effect of empathy on involving in bullying behavior. Paediatrics Today, 9(1), 91-101.

Dunn, S. (2009). Upstanders: Student experiences of intervening to stop bullying.

Doctoral dissertation, University of Alberta, Edmonton, Alberta, Canada. Franks, J., Rawana, E., Brownlee, K. (2013). The relationship between strengths in youth and bullying experiences at school. Educational & Child Psychology, 30(4), 44-58.

Gini, G., Pozzoli, T., Borghi, F., Franzoni, L. (2008). The role of bystanders in students' perception of bullying and sense of safety.

Journal of School Psychology. 46, 617-638.

Goossens, F. A., Olthof, T., Dekker, P. H. (2006). New participant role scales: comparison between various criteria for assigning roles and indications for their validity. Aggressive Behavior, 32, 343-357.

Hageman, H. B. (2005). The role of adolescent peer witnesses as a means of confronting the bullying problem in schools. Doctoral dissertation, University of Connecticut, Mansfield, Connecticut, USA.

Harger, B. (2009). Interpretations of bullying: How students, teachers, and principals perceive negative peer interactions in elementary schools. Doctoral dissertation, Indiana University, Bloomington, Indiana, USA.

Hatch, J. A.(2002). Doing qualitative research in education setting. 진영은 역 (2008). 교육상황에서 질적 연구 수행하기. 서울: 학지사.

Kalman, I. C. (2013). Why psychology is failing to solve the problem of bullying. International Journal on World peace, 30(2), 71-97.

Kelly, C. (2013). The experiences of bullied adolescents: A case study approach. Doctoral dissertation, Capella University, Minneapolis, Minnesota, USA.

Kleefisch, N. H. (2007). Long-term bullying: Teacher perceptions of high school student victims. Doctoral dissertation, University of Phoenix, Phoenix,Arizona, USA.

Lay, D. J. (2010). Exploring how teachers' personal experiences with childhood bullying influence their response to student bullying. Doctoral dissertation, University of Phoenix, Phoenix, Arizona, USA.

Levine, M., Crowther, S. (2008). The responsive bystander: How social group membership and group size can encourage as well as inhibit bystander intervention. Journal of Personality and Social Psychology, 95(6), 1429-1439.

Murlette, B. M. (2012). Texas elementary public school counselors' interactions with families of students who are bullies or victims: A qualitative study. Doctoral dissertation, Texas Woman's University, Denton, Texas, USA.

Nickerson, A. B., Mele, D., Princiotta, D. (2008). Attachment and empathy as predictors of roles as defenders or outsiders in bullying interactions. Journal of School Psychology. 46, 687-703.

Orpinas, P., Horne, A. M. (2005). Bullying prevention: Creating a positive school climate and developing social competence. 한유경, 정제영, 김성기, 김성식, 장윤경, 박주형, 이주연, 오인수, 이승연, 서경혜 역 (2013). 괴롭힘 예방: 행복 한 학교문화조성과 사회적 역량 개발. 경기: 아카데미프레스.

Papalia, D. E., Olds, S. W. (1989). A Child's World: Infancy Through Adolescence. 이 영, 조연순 역(1991). 아동의 세계: 태내기에서 청소년기 발달까지. 서울: 양서원.

Paramo, J. A. (2012). School bullying: A systematic review of the literature. Doctoral dissertation, California State University, Long

Beach, Long Beach, California, USA.

Pilkey, J. K. (2011). The nature and impact of cyberbullying on the middle school student. Doctoral dissertation, Walden University, Minneapolis, Minnesota, USA.

Pozzoli, T., Ang, R. P., Gini, G. (2011). Bystanders' reactions to bullying: A cross-cultural analysis of personal correlates among Italian and Singaporean students. Social Developmwent, 21(4), 686-703.

Pronk, J., Goossens, F. A., Olthof, T., De Mey, L., Willemen, A. M. (2013). Children's intervention strategies in situations of victimization by bullying: Social cognitions of outsiders versus defenders. Journal of School Psychology. 51(6), 669-682.

Prior, S. (2012). Schooling gender: Identity construction in high school. Doctoral dissertation, Arizona State University, Tempe, Arizona, USA.

Reed, A. L. (2007). "I won't think about it the same way again": Critical literacy as an anti-bullying tool in the middle school setting. Doctoral dissertation, Indiana University, Bloomington, Indiana, USA.

Rigby, K., Johnson, B. (2005). Student bystanders in Australian Schools. Pastoral Care, June, 10-16.

Rock, P. F., Baird, J. A. (2011). Tell the teacher or tell the bully off: Children's strategy production for bystanders to bullying. Social Developmwent, 21(2), 414-424.

Salmivalli, C., Lagerspetz, K., Björkqvist, K., Österman, K.,

Kaukiainen, A. (1996). Bullying as a group process: Participant roles and their relations to social status within the group. Aggressive Behavior, 22, 1-15.

Salmivalli, C., Voeten, M., Poskiparta, E. (2011). Bystanders matter: Associations between reinforcing, defending, and the frequency of bullying behavior in classrooms. Journal of Clinical Child & Adolescent Psychology, 40(5), 668-676.

Seidman, I. (2005). Interviewing as Qualitative Research: A Guide for Researchers in Education and the Social Sciences. 박혜준, 이승연 역 (2009). 질적연구 방법으로서의 면담: 교육과과 사회과학 분야의 연구자들을 위한 안내서. 서울: 학지사.

Solis, A. L. (2009). A case study of bullying and other aggressive interactions among children in a public middle school. Doctoral dissertation, Union Institute and University, Cincinnati, Ohio, USA.

Steinberg, L., Vandell, D. L., Bornstein, M. H. (2010). Development: Infancy Through Adolescence. 곽금주, 김경은, 김근영, 김연수, 이강이, 한세영 역 (2012). 아동발달. 서울: 박영사.

Sutton, J., Smith, P. K. (1999). Bullying as a group process: An adaptation of the participant role approach. Aggressive Behavior, 25, 97-111.

Suzuki, S., Honda, Y. (2012). School Caste. 김희박 역(2013). 교실카스트. 서울: 베이직북스.

Taylor, D. (2012). The influence of gender, empathy, group norms, and prosocial affiliations on bullying roles. Doctoral dissertation, University at Albany, State University of New York, Albany, New York, USA.

Thompson, M., Grace, C. O. (2002). Best friends, worst enemies: Understanding the social lives of children. 김경숙 역(2012). 어른들은 잘 모르는 아이들의 숨겨진 삶: 당신 아이를 움직이는 또래집단의 힘. 서울: 양철북.

Ttofi, M. M., Bowes, L., Farrington, D. P., Lösel, F. (2014). Protective factors interrupting the continuity from school bullying to later internalizing and externalizing problems: A systematic review of prospective longitudinal studies. Journal of School Violence, 13(1), 5-38.

(Endnotes)